Ik ben een eiland

Ik ben een eiland

Tamsin Calidas

Vertaald door Hans Kloos

UITGEVERIJ PLUIM
AMSTERDAM/ANTWERPEN

De vertaler ontving voor deze vertaling een projectsubsidie van het Nederlands Letterenfonds.

Nederlands letterenfonds
dutch foundation
for literature

Eerste druk, april 2021
Tweede druk, april 2021
Derde druk, mei 2021
Vierde druk, juni 2021
Vijfde druk, juni 2021
Zesde druk, juli 2021
Zevende druk, augustus 2021
Achtste druk, september 2021

Oorspronkelijke titel *I am an Island*
Oorspronkelijke uitgever Transworld Publishers Ltd
Omslagontwerp Loudmouth
Foto's omslag en binnenwerk Tamsin Calidas
Typografie binnenwerk Perfect Service
Kaart Neil Gower
Auteursfoto Guy Reece / Striking Faces
Productiebegeleiding Tim Beijer
Drukkerij Wilco, Amersfoort

ISBN 978 90 830 9538 7
NUR 320

www.uitgeverijpluim.nl

MIX
Papier van verantwoorde herkomst
FSC® C004472

Voor Cristall, alle vleugels, wildernissen en stralende wateren

En geen vuur zal mij verbranden
ni teintera teine mi

En geen zon zal mij verbranden
no mo ghrian a losgadh mi

En geen maan zal mij verbleken
Cha leg a 'ghealch mo planadh

En geen water zal mij verdrinken
Cha teid usage a bhathadh dhomh

'De neerdaling van Brighid'
Carmina Gadelica

Inhoud

N
Ossian
Mager grasland
Brievenbus
Oud bos
Ruïne
Bramenstruiken
De zeestraat
Hoefijzer baai
Gaspeldoornheuve
De brande
Naar de wereld
Maansondergang

Naar de wereld
Zonsopkomst
Rocky Ridge
Croftweides
Kliffen
Schapenheuvel
Croftweides
Schuur
Huis
Lammerweide
Mijn boom
Voederbakken
Schuilplaats
Vuurheuvel
Het bos
Hazelaars
Haagdoorn
velden
Kreupelhout
Oever van het loch
Buizerdjong
Rotsen

Eerste akte

1
Meeuwen

Bij aankomst in Oban valt je allereerst de grijze zee op en een weggestopte, nauwe baai schuilend in de beschermende arm van zijn verzonken haven. Van veraf is het tij merkwaardig plomp, een vormeloze massa traag, rusteloos water. Sta je dichter bij de vissersboten en grote logge vaartuigen, dan ruik je de rimpelende, donkermetalen glans, de gegroefde goten waarin de diesel wegloopt als elke romp veilig wordt aangelegd, nog dichterbij getakeld of vastgesnoerd aan de kade vol stalen ringen.

Het geluid van de golven is niet heel anders dan het stadsverkeer. Maar zodra je je hoofd opricht en de frisse scherpte van zout in de lucht proeft, zul je merken dat dit uitspansel even anders, onbestendig en veranderlijk is als alles wat je hebt achtergelaten. Dan zul je, als je luistert, de meeuwen horen lachen. En daarachter nog de in je na-ijlende roep van de ganzen, wegtrekkend in een lage v.

Het is een bijzonder moment als je het kompas opnieuw raadpleegt en je koers hervindt. Ik droomde er al jaren van om naar een ruige, open horizon te turen – al vanaf de dag dat ik een oude kaart van Schotland had gevonden en aan de muur had geprikt van mijn appartement. Hij hing over de volle lengte van de nauwe gang waar ik hem altijd zag als ik erlangs liep, onder zo'n hoek dat je blik in die leegte tussen enorme lappen land valt. Het is altijd tijdens zo'n overgang, dat je van de ene ruimte naar de andere gaat, dat je hart opengaat en je aan het dromen slaat. Dan drukte ik mijn neus tegen het dikke papier, snoof zijn dompige geur op, terwijl mijn vinger de brokkelige kustlijn volgde van de afgebroken eilandjes en eilanden van de Buiten-Hebriden die tegen het verkwikkend tij van de Atlantische Oceaan zwoegden, over de Minch, de Noordzee en de Little Minch, naar de kronkelige fjordenkust aan de Noorse Zee. Terwijl ik mijn ogen sloot, vervlogen op zulke ogenblikken het verkeer, het geschreeuw op straat, de buren die deuren dichtknalden, in aanstormend vers vlokschuim, de dikke krullende toppen van brandingsgolven die de zoutdronken lucht verzadigden, de meeuwen die de hemel openscheurden met een hunkerende, krijsende kreet.

Ik stelde me dan voor dat die grote vogels me op de een of andere manier uitdaagden, als het al niet was om ze te volgen, dan op zijn minst om van een wilder leven te dromen. Ik weet niet wat het is met meeuwen, maar ze kunnen je ogen aansporen om zich naar boven de einder te richten, om naar een nog verdere hemel te zoeken voorbij wat nabij is en nog op de horizon ligt. Maar altijd als ik hun klagelijke roep hoor, slaat mijn hart aan en durft iets anders te gaan zwerven. Het is alsof er iets vanbinnen loskomt, zich bevrijdt van al de nauwe banden en dichte netwerken die je verstrikken in een leven waarvan je weet dat het voor jou te opeengepakt is. Het kan je versteld doen staan als je je ogen weer opent en je dat gekreukte papier van zo dichtbij ziet, je eigen vel er strak tegenaan. Dan liep ik snel naar de deur, zwaaide hem open en stond ik met geheven blik, schouders breed, over de auto's en bussen heen naar een ijle, lichtblauwe lucht te kijken.

Dan hoorde ik de meeuwen en zag ik ze zweven, ver weg, witte spatten licht die ver boven de stad rondcirkelden. Binnen in een blauwe baan die alle continenten en ruimtes omsloot, trok mijn kompas me voort, regelrecht van hartje Londen naar Oban en die door de golven opgeworpen eilanden, omspoeld door hun rusteloze zee.

Op Obans doorweekte promenade begint de naald van het kompas te wiegelen.

'Nou, wat vind je ervan?'

'Hmm?' vraag ik terwijl ik de hoge kraag van mijn trui tot aan mijn oren trek.

'Kijk.'

Ik kijk op terwijl Rab, mijn man, me een krant toesteekt die onder de spetters zit. We staan dicht tegen elkaar aan, huwelijksreisgewijs, in een nauw portiek, alleen is het een verstrengeling die eerder voortkomt uit noodzaak dan uit verlangen, een poging om op adem te komen en de wind en de regen te ontlopen. We staan allebei te rillen in veel te dunne jacks, doorweekt tot op het bot, en het koude metselwerk biedt amper beschutting tegen zo'n volle hoosbui, die we zullen leren kennen als een terugkerend kenmerk van het klimaat rond Oban. Het is een bui die zomaar opduikt, alsof alle open wateren van de hemel omlaagstorten in een woest regengordijn. Langs heel de grauwe promenade spat water van de glanzende bestrating, ketst en keilt tegen elk voorhanden oppervlak. Het is een ontzagwekkend doorweken. Ik voel mijn tenen in mijn schoenen rimpelen en wit en kletskoud wegtrekken.

Aangezien de wind de krant bijna uit zijn handen rukt, rennen we lachend in kleddernatte jeans de straat over een rokerige, van turf doortrokken kroeg in. Als de deur opengaat, is het alsof we een andere tijd, een andere wereld binnenstappen. Alles is van hout binnen, knus bruin en warm, verlicht door kleine petroleumlampen. Wanneer ik door het raam naar de boten kijk, valt me in dat ik hier geen enkele familie, vrienden en emotionele banden heb. Dat is een onbekend, maar merkwaardig bevrijdend gevoel. De hemel is al gaan schemeren, met een dieper blauw aan de randen, waardoor je ogen zich aan het licht vastklampen en knipperen, verbijsterd als het je daagt dat je heel ver van huis bent. En zelfs na de lange vermoeiende rit ben ik nog opgewonden omdat ik besef dat Schotland een ander, dynamisch land is, een heel andere wereld dan ons Londense leventje met zijn belemmeringen. Soms kan een bestaan strak zitten zoals een trui waar je al lang uit bent gegroeid, die je hindert in je bewegingen, waardoor je je uit wil rekken en van het ding af wil. Jaren had ik stiekem verlangd om die laatste draad los te rukken. En nu, nog natintelend van de kille, om me heen wervelende wind, voel ik me plotsklaps alert en helemaal monter. Verandering is fris, scherp en verkwikkend. Ze laat je rillen van opwinding en kou.

'Nou, wat vind je ervan?' vraagt Rab opnieuw, een halfuur later, twee op de bar uitgeschonken whisky's gloeien als barnsteen in het zachte licht. Hij slaat zijn vingers rond het bedrupte glas.

'Ik denk dat ik hier wel aan zou kunnen wennen,' zeg ik met stralende ogen. Ik neem een gespannen slok van de whisky en voel de warmte door me heen stromen. Plotseling voelt het vooruitzicht het leven over een andere boeg te gooien tegelijk als een droom én ook angstaanjagend reëel. Ik zit nog te rillen, mijn jeanspijpen plakken aan mijn benen, mijn haar is doornat, het water loopt in mijn ogen.

'Hier, kijk maar eens.' Rab geeft me de krantenpagina. Die is zo teer en nat dat hij al scheurt aan de randen. Ik leg hem neer en strijk hem voorzichtig glad. Een deel van de inkt loopt door van de regen. En dan zie ik het.

Het is een kleine advertentie, met een postzegelfototje van een verwaarloosde, vervallen *croft*, zo'n typisch Schots keuterboerderijtje, op een eiland. Jaren droom ik al van de golven en een ruige horizon, en hier is het dan.

Alle details waren vaag, maar ik wist dat dit zo'n toevallig moment was dat je leven voorgoed kon veranderen. Die open hemel met daaronder zijn huisje, schuren en uitgeputte velden sprak me aan. Misschien was het dat aura van kalme verlatenheid dat me direct aantrok. Ik zette mijn glas neer en voelde iets in mij opklaren.

Niks zeggen, dacht ik, in de hoop dat Rab zou blijven zwijgen. Ik hield mijn adem in en balde mijn vingers tot vuisten. In mijn hart was geen twijfel. In mijn hoofd wist ik dat het perfect was, op één ding na. Het was op een eiland. En op een eiland wonen was nu net, hadden we gezegd, wat we nooit zouden doen.

'En met alles erop en eraan, toch?' Rabs stem buigt vragend omhoog. We kijken elkaar aan. En dan kijken we weg. We weten allebei wat we niet zeggen. Dus zeg ik het hardop voor hij het doet, die belofte die we hebben gedaan.

'Niet op een eiland,' zeg ik met een grimas. 'Het is te afgelegen. Te onpraktisch, moeilijk om iets te doen, onmogelijk om er werk te vinden. En het wordt ook lastig om je er thuis te gaan voelen. Kun jij het je voorstellen, het eilandleven?' Ik laat mijn ogen wegschieten de verte in en schud het hoofd. 'Nee, dat dacht ik niet. Veel te geïsoleerd.'

'Oké, volgende dan.' Rab haalt zijn schouders op, slaat de pagina om. Maar er is verder niks, niets wat nog in het oog springt.

We blijven plakken in de kroeg, praten door met de hoofden bij elkaar, broedend op ideeën. Als ik uit het raam kijk, zie ik de wolken wegtrekken. Daarbuiten, drijvend in die zee, liggen al die eilanden. En op eentje, dat net wat apart ligt van de rest, staat een klein verwaarloosd boerderijtje leeg, dat er echt op wacht dat er iemand komt en het vindt, ervan houdt en er eindelijk een thuis van maakt. Ik probeer er niet aan te denken, maar het blijft door mijn hoofd spoken, op zoek naar mij. Terwijl ik naar de donkere zee kijk, weet ik dat ons een nieuwe richting wacht. En al slaat het nergens op, het voelt alsof wij, net als de ganzen, een wilder zicht of ingeving van het hart volgen en elk op de een of andere manier thuiskomen.

Ik had genoten van mijn eerste jaren in Londen. Ik woonde in Notting Hill in een appartement op de begane grond met een klein ijzeren hekje naar de gemeenschappelijke tuin. Het was een rustig toevluchtsoord midden in West-Londen, met toegang tot een drukke, kosmopolitische buurtgemeenschap. Ik zat er al jaren voor de film uitkwam, toen je nog met contant geld je groenten in een bruine papieren zak kocht, alle straatverkopers kende en je sigaretten bij de caissière van de speelgoedwinkel haalde op de hoek van Kensington Park Road. Het leven was een mandalaketting, een glinsterend, broos snoer van feesten en niet-aflatende, razendsnel rondgaande beweging. Het was een tijd van hoop en dromen van je mooie leven, en britpop zong de wereld weer echt.

Ik heb nooit gesnapt waarom niemand anders gebruikmaakte van de gemeenschappelijke tuin. Het was er rustig en mooi, dus lag ik 's avonds vaak in dekens gewikkeld te luisteren hoe de verkeersgolven aanzwollen en wegebden in het duister, en omhoog te kijken naar een bleek handjevol sterren. We keken allemaal op onze eigen manier naar de horizon met een soort ongerust gevoel dat het nu of nooit was. Iedereen probeerde te slagen, een eigen slipstream te vinden. In werkelijkheid redde ik me het gros van de tijd, net als iedereen die ik kende, door me goed vast te houden.

Die eerste maanden leefde ik op udonnoedels, misosoep, rijstwafels, zuurzoete caipirinha's met zoveel limoen dat je ogen ervan traanden en bruine rollen 35mm-film. Fotoshoots leidden tot de BBC en vandaar naar de uitgeefwereld en uiteindelijk naar reclamewerk. Merknamen markeerden de dagen van de week. De tijd verstreek. Mijn carrière begon hard te gaan terwijl ik nieuwe zakelijke voorstellen in goede banen leidde en geregeld naar de VS vloog voor shoots op locatie. Aangezien ik steeds meer uren maakte, was er zelfs tijdens de Atlantische oversteek hoog boven de wolken geen respijt in zicht. Alleen een bruiner wordende waas die aan de skyline van de stad plakte, alsof de onrust ergens overkookte.

En op een dag kwam alles plotsklaps dreunend tot stilstand. Ik kreeg een ongeluk. Een Londense zwarte taxi reed op volle snelheid door rood en vol op de huurauto waar ik in zat. De ambulance kwam en met de zwaailichten aan bracht die me vliegensvlug naar het ziekenhuis waar ik een lange metalen koker in werd geschoven voor een spoed-MRI. De pijn was niet te harden. Ik kon amper lopen, slapen of in bed liggen, en al helemaal niet staan, zitten of mijn nek draaien zonder het uit te schreeuwen. Uiteindelijk dienden ze me morfine toe. Het was een opluchting dat die verschroeiende pijn even ophield. Ik had een verbrijzeld heiligbeen, whiplash in de nek en borstwervelkolom, een door de impact naar voren gekanteld bekken, een gebroken, ontwricht staartbeen dat helemaal omgedraaid in een hoek van 90 graden stond, en ernstig ingezakte lendenwervels. Het is verbazingwekkend wat het lichaam kan weerstaan en uithouden. Tijdens de intensieve revalidatie zette ik een streep onder en door mijn leven. Van het ene moment op het andere viel er door een donkerdere lens een ander licht in mijn dagelijkse bestaan. Ineens was ik me bewust dat ik sterfelijk was. Het was alsof heel Londen aan het koorddansen was tussen leven en dood.

Na mijn herstel besefte ik dat ik iets anders zocht. En toen leerde ik iemand kennen. Dat was de katalysator voor mijn verhuizing van mijn woning in Notting Hill naar een grotere ruimte een kilometertje verderop. Ik raakte verliefd op Rab. Hij had iets grilligs en oorspronkelijks. Er ging een onweerstaanbare, onbekommerde charme van hem uit en het klikte meteen tussen ons. Ons nieuwe huis lag dicht bij een spaarbekken waardoor ik altijd het geluid van de meeuwen hoorde, een wilde krijs waar ik dol op was. Onze kleine wijk met zijn vanbuiten stralende gezicht en kleine straatjes was een op gezinnen ingerichte buurt en anders dan die waar we vandaan kwamen. Op een dag won ik een zak goudvissen op een kermis waar we met vrienden heen waren gegaan en naderhand kiepten we ze in een zelfgemaakte vijver in onze achtertuin. Ik begon de droom te krijgen dat ik ooit zelf een gezin zou hebben en hoopte dat ik nog in staat zou zijn om kinderen te krijgen, na al dat structurele letsel aan mijn lichaam. En toen kwam er een zomer die alles veranderde.

In Londen zijn buurten vergankelijk en kunnen ze net zo snel veranderen als de hemel waar laaghangende wolken langs jagen. De saamhorigheid werd verontrustend onzichtbaar en een ontmoedigende, van streek makende, troosteloze sfeer doordrong de hele buurt. Het leek alsof wij niet de enigen waren die dat bespeurden. Op straat begonnen de mensen sneller te lopen, met gebogen hoofd, en keken ze je nog amper aan als je langsliep. Medemenselijkheid is iets kwetsbaars, iets oplettends. Van de ene dag op de andere zat ons pand onder de graffiti, sneuvelden ruiten en werd de politie gebeld. Maar na een tijdje sprak zelfs die niet meer met ons, omdat niemand er iets aan kon doen. We hoopten dat we het konden uitzingen.

Op een dag kwam ik thuis en schreeuwde ik het uit terwijl ik door de achtertuin liep. De planten waren kapot gerukt, een paar bloeiende waren helemaal losgetrokken. Ik had mijn hand voor mijn mond en vocht tegen de tranen terwijl ik in de vijver keek. Blikken vol verf waren over het muurtje gegoten en dreven nu in het water. Daartussen, verstopt in het riet, de verbleekte, opgeblazen lijkjes van onze prachtige, stralende kleine vissen. Iets stierf er ook in mij die dag.

Een buurman werd overvallen, vervolgens een andere tegen de grond geslagen. Ik hield op met door de buurt wandelen. Die weken waren een tijd van spanning en nagelbijten, toen alles verduisterde en verwilderde. Stress is onzichtbaar, nauwelijks merkbaar en sluipend, het stapelt zich mettertijd op. Die ongerustheid is als een smeulend vuur. Er is maar één schreeuw, één moment van angst nodig om die flakkerende sintels in lichterlaaie te zetten.

Afgemat door maanden waarin het zo doorgaat, begin ik 's nachts wakker te worden, buiten adem met een bonzend hart. En dan ben ik er op een dag getuige van dat een man een vrouw uit zijn auto gooit en haar probeert te schoppen terwijl ze op de grond ligt. Het is een prachtige vrouw met mooie gelaatstrekken en ze heeft chique kleren. Ik kijk stomgeslagen toe, vastgenageld tot ik mijn eigen stem hoor schreeuwen. Soms duurt het heel even voor je in beweging komt wanneer het geweld recht voor je neus plaatsvindt. Het schokt me. Het voelt alsof ik terug word gezogen in een verleden dat ik me niet wil herinneren, een stomme film in slow motion waarin een kind omver wordt gegooid, tegen de grond wordt gewerkt. Het is mijn schreeuw die me uit mijn verlamming haalt. Het geluid van mijn stem brengt me in de war. Hij klinkt anders: woest en razend, losgelaten uit een plek binnen in mij waarvan ik niet wist dat hij bestond.

'Blijf van haar af!' gil ik terwijl ik de vrouw bij haar arm naar het huis sleur. De man rukt aan haar jack. Hij is groot, met brede schouders en een schorre, kwade stem. Ik ben bang dat hij naar mij gaat uithalen, want hij blijft maar tegen me doorgaan: 'Hou je bek, stom kutwijf!'

Zo blijf ik doorschreeuwen en de vrouw vasthouden in een gestoord touwtrekgevecht. Er is niemand op straat, maar ik weet zeker dat er mensen naar buiten staan te kijken. Ik ben ten einde raad, maar niemand komt me helpen; de auto's blijven gewoon langsrijden. En dan kondig ik het aan: 'Ik ga een foto van je maken', en doe alsof ik mijn telefoon tevoorschijn ga halen terwijl ik weet dat ik die binnen heb laten liggen. Eindelijk springt hij in zijn auto en schreeuwt: 'KUTWIJF! Ik kom je nog wel halen!' Dan geeft hij plankgas, zwarte strepen achterlatend op het wegdek.

Ik kijk hem na, en nu sta ik te huilen en te trillen. Het is een vreemde gewaarwording, zo boos en zo bang zijn, alsof er aan twee kanten aan je wordt getrokken. Ik voel me verkild vanbinnen en toch is mijn lijf klaar voor alles, zo vol adrenaline dat mijn stem te hard is. Ik hoor hem overslaan door mijn boze uithalen heen. De vrouw houdt op met huilen, kijkt me aan alsof ze me nu pas ziet en zegt: 'Bedankt.' En dan: 'Mag ik even binnenkomen? Ik denk dat ik ga flauwvallen.'

Als ik haar eenmaal binnen heb, ga ik snel iets warms voor haar maken. Dat doet zo'n schok met je. Dan moet je iets warms en zoets binnenkrijgen. Ik laat haar alleen achter op de bank in mijn voorkamer. Als ze een uur later weggaat, geef ik haar mijn nummer. 'Bel me als je thuis bent,' vraag ik haar, 'dan weet ik dat je veilig bent.' Maar dat doet ze niet.

Weer later vraag ik Rab: 'Hé, heb jij mijn sleutels gezien? Ik kan ze nergens vinden.' En ik ben verbaasd als het taxibedrijf me belt. 'Ze heeft ons uw nummer gegeven. Ze zei dat u voor haar zou betalen.'

'Waarom doet ze dat?' vraag ik Rab.

Hij kijkt me aan en zegt dan: 'Omdat het kon.'

Die nacht word ik weer wakker met bonzend hart. Terwijl ik mijn ogen open, weet ik subiet dat er iets niet klopt. Ik houd mijn adem in, en daar heb je het – ik hoor iets op de overloop. Een seconde later komt een vreemde de kamer in en staat hij voor me terwijl ik daar lig, verlamd door angst. Een grote donkere gestalte met brede schouders. Pas later denk ik: ik heb jou eerder gezien. Eerst open ik mijn mond en ik denk dat ik schreeuw. Maar er komt geen geluid uit. Het is net als onder water zijn en je zo hard door dat duister voorttrekken dat je het oppervlak daar net boven je kunt zien, maar je weet dat de lucht in je longen op zal zijn voor je er bent. En plotseling schreeuw ik echt. Alsof ik langzaam bijkom uit een droom. Maar deze nachtmerrie is nog gaande: de man buigt zich dichter over me heen. Rab wordt wakker.

'Godverdomme!' brult hij terwijl hij overeind springt. Hij staat te schreeuwen en woest met zijn armen te zwaaien en dan zie ik hem naakt achter de insluiper aan rennen, zijn voeten denderen de trap af en weg de straat op. Ik sla iets om me heen en hol achter hem aan, trillend, een paar minuten later. Ik wil niet dat Rab alleen tegenover die man komt te staan. Ik voel me niet veilig in mijn huis, op geen enkele plek meer die ik ken.

We staren elkaar aan. Ik sla mijn handen voor mijn mond en begin weer te trillen.

‘Het geeft niet,’ zegt hij, ‘ik zet er wel nieuwe sloten in.’
Ik denk aan die kleine stralende vissen.
‘Ik trek het niet meer,’ zeg ik.
We trouwden. We brachten onze weekenden door bij het spaarbekken met krijsende meeuwen, glinsterende tinkelingen van metaal en zeildoek dat in de wind flapperde. We begonnen na te denken over onze verhuizing naar een nieuwe plek, waar ons leven en werk meer in evenwicht zouden kunnen zijn, en ons huis een veilig, rustiger toevluchtsoord. Ik vestigde mijn hoop op een plek om een gezin te stichten. Verlies en teleurstelling had ik al meegemaakt, en ik was al bijna vierendertig.

2
Atlantische Oceaan

Als je vanaf de Londense Westway naar het noorden rijdt, beland je al snel in een stedelijke woestenij van rokende industrieterreinen en troosteloze betonnen parkeerplaatsen, allemaal omkaderd door een neongloed die zo hard schittert dat je amper het eerste flakkerende licht van het natuurlijk ochtendgloren aan de hemel ziet. Daarboven vliegen meestal stil meeuwen met zwarte ruggen, geen water in zicht – zo nu en dan klinkt hun schril gejammer. Het is een grimmige, eenzame roep. Ik denk dat ze in de rouw zijn.

Deze route neem ik elke dag in het donker naar werk en ik merk dat ik er in de war, rusteloos van raak. Van dag na dag voortploeteren ga je zomaar allerlei vragen stellen waarop je het antwoord niet kent. Soms kom je op een punt waar je de ogen opslaat naar de hemel en je schrap zet, je schouders optrekt onder alweer een nieuwe lading paniek.

En dan besluiten we op een dag een paar weken vrij te nemen

voor een rondreiszoektocht in het noorden in Schotland, om plekken te bekijken waar we misschien zouden willen wonen. We vertrekken in het donker zodat we de verkeersdrukte ontlopen en rond lunchtijd arriveren en we niet onze eerste dag verdoen met rijden. Als je bestemming vaststaat, weet je dat je niet moet stoppen als alles zacht en groen begint te worden. Je houdt je blik op de weg, je voet op het gaspedaal en dat houd je ingetrapt, op naar het noorden. En de wilde schoonheid is schokkend – als je het donker uit blijft rijden zijn zonsopgang in, recht zo die gaat, dan gaat de hemel langzaam open, komt hij omhoog en wordt het licht poreus. Hier zijn er alleen bergen, heide en frisse luchtvlagen die regen rondspetteren. Een paar uur lang wordt de hele horizon steil geschoren, duizelingwekkend, geaccentueerd door het gladde gezwiep van ruitenwissers en het gestage vallen van de regen, waardoor je het hoofd in de nek moet leggen om de top te kunnen zien. De lange rit is vermoeiend, maar we zijn helemaal begeesterd.

Als ik uitstap en me uitrek, houd ik mijn adem in. Over de baai vliegen de ganzen regelrecht het centrum van dat broze licht in, een leistenen vlaag miezer als een gordijn waar de horizon de zee in valt. Zodra ik de ganzen hoor roepen, hun stemmen die de lucht openbreken, weet ik dat ik weer moet ademhalen. De lucht in Schotland verschilt van de schrale lucht in Londen. Ik adem mijn longen vol met die schone, zoete, frisse, natte bries.

'Dit is prachtig,' zeg ik terwijl ik me naar Rab draai. Maar hij hoort me niet omdat de wind de woorden uit mijn mond rukt en mijn stem afsnijdt. Het is een opluchting om niets te zeggen. Het heeft geen zin om tegen de elementen in te gaan. Ik draai mijn gezicht de wind in en ik haal alleen maar adem.

Een paar dagen later ligt Oban er leeg bij in de regen. Alleen de makelaar is er nog om ons de weg uit te leggen. 'Je krijgt je auto niet op de veerboot op zo'n korte termijn, dus bereid je voor op lopen,' licht ze ons in.

'En als we van de boot komen en die vijf kilometer lopen, dan wacht iemand ons daar op?'

Ze haalt de schouders kort op. 'Maar als er niemand is, geeft dat niet. De deur is wel open. Verwacht er maar niet veel van. Het is al vijf jaar niet bewoond.'

Terwijl ik wegloop, kijkt ze nog eens naar me, een snelle, koele, vorsende blik. 'Jullie zijn niet van hier. Wil je er echt niet nog eens over nadenken voor je er helemaal heen gaat? Ga er nu maar niet op hopen. Het is een heel andere wereld daar, alleen maar schapen en boeren, één winkeltje en verder niets dan zee rondom.'

'Dat geeft niet,' zeg ik. 'We gaan gewoon.'

'Het eilandleven, dat is anders. Dat is niet voor iedereen weggelegd.' Ze gooit me die woorden nog na terwijl de deur achter ons dichtknalt.

Misschien niet, maar misschien wordt het wel ons stukje hemel op aarde. Een kleine rots is dit eiland, losgeslagen van de rest van de wereld. Alleen maar een lange horizon, een lege hemel en een prachtige blauwe zee. Diep vanbinnen hoopte ik dat het voor mij zou zijn weggelegd.

Het was een gure dag in maart met een loodgrijze betrokken lucht en het waaide. De oversteek was lastig geweest en de schipper waarschuwde ons dat het veer terug misschien niet zou varen. Er werd wind tegen tij voorspeld met zo nu en dan hevige buien. Uiteindelijk besloten we het erop te wagen. Als het moest, was ons idee, dan konden we proberen te overnachten in een bed and breakfast. We wisten niet dat er maar eentje was en dat die in maart niet open was.

Het was als voorspeld al dringen op het autodek en een grote boerenvrachtwagen met hoog opgetast hooi nam drie van de vier resterende plekken in beslag. Twee auto's die in de wachtrij hadden gestaan, werden achtergelaten terwijl de oprijklep omhoogkwam van de aanlegplaats.

Het eiland was zo'n vijfentwintig kilometer lang, en rond het middel nog niet eens een kilometer, met ongeveer 120 bewoners, plus zo'n tien niet-permanente huurders. De schipper bezwoer ons dat als we de vijf kilometer van het veer te voet zouden afleggen over een leeg, één wagen breed weggetje vol diepe gaten, we in een paar uur heen en weer zouden kunnen zijn. Hij maande ons de laatste boot terug niet te missen. Het had iets heel gedenkwaardigs om die glanzende veerboot weg te zien stampen op de golven over die snelle zee-engte terug naar het vasteland, terwijl wij op pad gingen over het weggetje.

'Dit zal wel de hoofdweg zijn,' zei Rab peinzend terwijl hij over zijn schouder terugkeek. 'Toch meer een karrenspoor dan de dorpsstraat.'

'Hoe moet dat als het spitsuur is, vraag ik me af.' Ik glimlachte en dacht aan Londen. Je kon nergens passeren of draaien. 'Evengoed stukken beter om te lopen.'

Zo nu en dan stapten we snel in de modderige berm als een auto vol deuken of een roestige, ouderwetse trekker langs kwam rammelen. De weg was zo smal dat je wel een glimp van de inzittenden moest opvangen. Er werd vaart geminderd en de gezichten binnen in de wagen namen ons goed op door de beslagen ramen voor ze langzaam weer verder reden. Een enkele keer kwamen we langs auto's die bij het passeren plompverloren op de weg waren blijven staan. Met de raampjes omlaag gedraaid en rokende sigaretten werd het nieuws van de dag uitgewisseld terwijl de motors stationair draaiden. Op één plek gaat er tussen de wagens een fles heen en weer. Zangerige, ritmische stemmen nemen de dag door. Alle ogen staren nieuwsgierig naar ons als we langslopen. En een keertje zegt iemand: 'Nieuwkomers.' Ja, denk ik, maar hopelijk niet lang. Ik pik het woord op en proef de toon en weerklank. Op een dag zal het, hoop ik, anders klinken, omdat we vertrouwd en bekend raken.

De wind beet bitter door onze jassen; zelfs door handschoenen en met fleece gevoerde mutsen heen. Meeuwen zaten in elkaar gedoken bij schapenvoederbakken vol water, de grond bezaaid met biezen en oud, verwaaid hooi. Op de hoge *beinns* en heuvels lag nog een dikke laag sneeuw, de steile karen glinsterden, watervalletjes van de eerste dooi kwamen brullend de hoge toppen afzetten.

We vonden het kleine boerenhuis ergens aan het eind van een ruig karrenspoor dat van een helling kwam en achter een oude stenen schuur langs liep waar de oorspronkelijke rietdekkersspanten nog te zien waren. Er zat geen deur in de schuur. Op de grond lagen gladde kasseien en flagstones, verder niets dan decennia aan mest, stro en lege zwaluwnesten. Het onbewoonde stenen huis met zijn grijze muren was verwaarloosd, vochtig en zag er uitgestorven uit. Er zat geen slot op de voordeur, en hij ging bij de eerste poging meteen open. Weifelend klopten we aan en liepen naar binnen. Er was niemand. Vanbinnen leek het kleiner: slechts vier kale kamers met bijna een meter dikke muren van uit de grond opgegraven keien. Er was geen enkel geluid van verkeer te horen, en ook niet van buren. Onze ogen schoten zoekend heen en weer.

Het was de ingevallen stilte die me trof. Die had iets poreus, alsof de hele hemel erin was gezonken tot er amper nog iets anders in kon. Geen luide stemmen, geen stenen door de ramen. Geen geratel van stokken over traliewerk, of voorbijdenderende bussen. Binnen hing een stilheid als van koel, helder water. En ik wist dat dit de stilte was waarnaar ik heel lang op zoek was geweest. Het deed er niet toe dat het huisje geen water had, geen elektriciteit, geen regengoten en geen verf op de muren. Het deed er niet toe dat er geen verwarming en isolatie in zat. En ook niet dat het binnen even ijskoud was als buiten, met slechts één stenen haard in een van de zijmuren. Het deed er niet toe dat het onbemind was en ruim vijf jaar onbewoond, en ook niet dat alles duidde op muizen, vogelnesten en ratten onder het dak.

Er stond een antieke, lekkende caravan buiten die als slaapplek kon dienen, voor hoeveel maanden het ook zou duren om de boel bewoonbaar te maken. Er lag een klein *loch* met zoetwater in het laagste deel van de croft vanwaar emmers water konden worden gehaald om ons te wassen. Buiten stond een onverwarmd aanbouwtje van golfplaten tegen de noordgevel, waar de hulp bij het lammeren vroeger zijn slaapplaats vond. De aarden vloer werd gecompleteerd met muren die zorgvuldig waren behangen met krantenpapier van de *Oban Times* uit de jaren vijftig. De zorgvuldigheid die daarmee gepaard moest zijn gegaan, trof me. Ik pakte van een houten kast een klein huishoudboekje waarin shillings en penny's in de kantlijn stonden geschreven. Naast de dunne, vochtige matras lag een King James-bijbel in een minuscuul lettertje en stond een kleine petroleumlamp met linnen kousje. Toen ik buiten stond, waren heuvels en bergen het enige wat ik kon zien.

'Wat vind je ervan?' vraagt Rab terwijl we teruglopen naar de veerboot.

Ik heb geen twijfel. Ik kijk alleen maar naar hem, met een grote glimlach.

Zodra ik twee streepjes bereik op mijn telefoon heb, doe ik een bod. Zes weken later is de croft op het eiland van ons.

Op de dag dat we naar het eiland verhuisden, zat de schrik er plotseling in toen ik alleen op het dek stond terwijl het veer wegvoer. Er was een probleem ontstaan. De laadklep van onze vrachtwagen zat te laag om op de verouderde boot te komen, ook al waren we van het tegendeel verzekerd toen we zes weken daarvoor de kaartjes hadden gekocht. Op de kade hief Rab zijn handen in de lucht, berustend in deze onverwachte wending van het afgelopen uur.

'Maak je geen zorgen, ik kom wel bij je,' schreeuwde hij. 'Ik vind wel een boot om op de een of andere manier de oversteek te maken.'

'Hoe dan?' riep ik terug. 'Er zijn geen andere boten. Dit is de laatste die vandaag uitvaart.'

'Ik weet niet,' haalde hij zijn schouders op. 'Maar ik bedenk wel iets.'

Terwijl het opklaarde, zat ik op het dek te kijken hoe Rab en het vasteland in de verte verdwenen en mijn vorige leven van mij wegdreef. Ik had niets te eten in de auto. Het enige wat ik bij me had, waren de kleren aan mijn lijf. En mijn bejaarde kat in haar mandje, die met wijd open ogen rondstaarde terwijl de veerboot de zee-engte in trilde waar de golven steeds sterker deinden.

Van de laadklep af het eiland op rijden gaf me een vreemd, verwarrend gevoel. We hadden deze dag samen nauwgezet gepland en nu kwam ik hier alleen aan. Ik vond de croft weer en het huis dat daar in zijn eigen prachtige wildernis lag. Het erf was opvallend genoeg nog verder overgroeid met bramenstruiken, en wat op een pad naar het huis moest lijken, lag verborgen onder een overvloed aan wilde bloemen – stralende monnikskap, vingerhoedskruid, dotterbloem, gele lis en wilde orchidee groeiden erop los.

Toen ik de deur openduwde, slaakte ik een zucht van opluchting. Het was nog net zoals ik me herinnerde. Zonder water en elektriciteit in het huis liepen er ook geen leidingen, en de vloer en muren waren vuil, zaten onder het stof en iets wat eruitzag als een nest van vogels of muizen. Maar dat deed er niet toe. Het was thuis. En voor ik de overblijfselen van generaties wilde diertjes die in deze constructie woonden, weg ging vegen, legde ik mijn handen op de dikke, kale stenen muren en fluisterde: 'Ik ben er nu. Ik weet niet wie je bent en ik weet dat je me niet kent. Maar ik weet dat we het samen zullen gaan rooien. Ik ga niet meer weg. Jij bent mijn thuis.'

Naderhand stak ik een paar twijgjes aan en verbrandde ik het samenveegsel en de troep in een kleine vuurkorf buiten. Ik luisterde naar de knetterende vlammen die het stof en vuil van die kleine offerande lieten ontbranden. Ik draaide mijn gezicht in de wind en de nu donkerende blauwe lucht, en zag de Avondster oplichten terwijl het uitspansel van halfduister naar de eilandschemering gleed en verder naar een nevelige, lichtende nachthemel. Ik luisterde naar de stilte en voelde de adem van het alleen-zijn zich om me heen winden. En een paar uur lang nam de stilte de vorm aan van onbekende wilde geluiden – van uilen, vleermuizen, buizerds en ganzen die uit die donkerende hemel riepen. Die momenten zijn me na aan het hart gaan liggen. Alsof ze verzadigd waren van onbegrensde mogelijkheden.

Ik zal die dag nooit vergeten dat ik de tocht ondernam om mijn leven op het eiland te beginnen. Alleen als een vreemdeling aankomen was zo'n bewogen lotswisseling die pas jaren later een diepe weerklank kreeg. Ik houd het er graag op dat het de eerste keer was dat ik moest leren mijn angsten onder ogen te zien en te vertrouwen op een onbekende toekomst.

Terugkijkend had ik toen geen idee dat die eerste jaren alleen maar het begin zouden vormen van een heftige, wilde, intens moeilijke periode die mijn moed, veerkracht en volharding tot brekens toe op de proef zouden stellen, en nog verder. Groeien is niet altijd makkelijk en soms moet een nieuw zaadje gestimuleerd, zelfs gedwongen worden om te groeien.

3
Eiland

Al voor ik mijn ogen open, weet ik dat het te vroeg is. Een broze maneschijn stroomt door de gebarsten caravanramen waarvan er een paar halfopen zijn blijven hangen, en de condens glanst helder op het glas. Slappe theedoeken, opgehangen aan een nylon vislijn die aan de dunne wanden is vastgemaakt, wapperen zachtjes in de wind. Slaperig knipper ik met mijn ogen naar het kleine crofthuis, ineengehurkt op het open veld, de bergen diep in de schaduw erachter. Ik kijk hoe de wilde grassen wuiven. En plotseling herinner ik me waar ik ben.

'Daar ben je,' zeg ik zachtjes. Mijn ogen tasten de gestalte van het kleine huis af. Het lage silhouet gloeit spookbleek, als een dwaallicht flakkerend in de schemering. Ik vind het prachtig het daar met mij te zien ontwaken, wachtend tot de zon opkomt. Ik tel de dagen tot we er eindelijk in kunnen trekken. Het is een verlangen, een diep hunkeren naar een andere plek dat ik nog nooit heb gekend. Toen we het huis voor het eerst zagen, leek het zo verlaten en onbemind. Het doet er voor mij alles toe dat het wordt bemind en bewoond, na zoveel jaren onverzorgd, verwaarloosd, alleen gelaten te zijn geweest. Ik verlang ernaar er een thuis van te maken, dat die massieve muren me omarmen. En het op een dag, hoop ik, te vullen met kleine rennende voetjes en gelach.

Daarboven is de Melkweg, uitgeworpen over een overgangsleegte, een glinsterend, ontploffend oplichten. Gloeiende stralende speldenknopjes klonteren samen, verlichten het spectrum van een horde glanzende witte schitteringen. Ik heb gehoord over deze met sterren bezaaide, vreeswekkende citroenhemels in de Highlands, maar niets heeft me voorbereid op deze verbijsterende lichtstraling. Ik heb nog nooit zulke schoonheid aanschouwd.

'Ben je wakker?' zeg ik zachtjes, als naast me Rab even beweegt.

Het blijft lang stil. Dus probeer ik roerloos te blijven liggen en kijk ik naar zijn ademende lichaam, vurig hopend dat hij zijn ogen opent.

Ik sta versteld van hoeveel verschil een paar korte weken kunnen maken, vrij van de Londense spanningen. Ik bespeur minieme veranderingen in mijn lijf terwijl mijn strakke huid ontspant en op begint te rekken als reactie op de zilte wind en zonneschijn. Mijn haar vol zoute knopen is een donker roodbruine ragebol. We worden steeds fitter en slanker. Ik heb al weken geen make-up op. Een zakspiegeltje dat ik haastig in de krochten van mijn handtas had gepropt, is al tijden verdwenen. Op het laatst houd ik op er nog naar te zoeken en het voelt merkwaardig bevrijdend dat de trossen zo los lijken gegooid van onze oude gewoontes.

Mijn handen zijn wit bespikkeld van de ruwe stenen muren en zitten onder de sneetjes en minieme roze krauwtjes. Als ik ze omdraai, zijn mijn knokkels ruw en rood van het schoonschrobben van de droge, schilferende pleisterkalk. Als we klaar zijn met schrobben, kletsen we stralende witte muurverf op de muren waarop het weer zijn sporen heeft nagelaten, en ik schilder de gebarsten deur en vensters hemelblauw. Bij zonsopgang breken de ruiten het licht in een flakkerende lazuren waas, tot dat achter de horizon zakt en de lucht weer verglijdt tot ochtendschemering. Bij zonsondergang vergloeien de bronzen luchten van binnenuit tot vergetelheid. En dan is er weer een dag voorbij. We vorderen traag met het werk, maar het is al bijna midzomer. Niets wijst erop dat de hittegolf zal stoppen.

'Nooit gedacht dat we dit zouden doen, maar kijk ons nu eens,' mijmert Rab geregeld. En ik glimlach verlegen als hij zachtjes mijn hand omdraait omdat ik me nog steeds even knijp als ik die ring om mijn vinger zie. De dunne band is als een lichtstraal hoop. We zijn pas zes maanden getrouwd; en al zes korte weken, duizend kilometer en een plons water weg van ons oude Londense leventje. Het is opvallend hoe vol ons nieuwe leven lijkt, nu het afgepeld is tot zijn kern. We wonen hier met niets dan twee volgepropte tassen met onze kleine spulletjes, een oude Vespa-scooter, een barbecuerooster en een klein kampeergasstelletje. Soms moet ik lachen om hoe weinig we nodig hebben. En een andere keer lijkt het heel precair. Ik vraag me af of het land ons werkelijk kan voorzien in onze eerste behoeften. Ik hoop dat we deze ruige eenvoud kunnen volhouden, en het geloof in onszelf, onze standvastigheid. Ik weet dat ons leven niet zo gladjes en ongecompliceerd zal verlopen, al is ons denken nog zo vrij en ontbreekt alle rommel. Ik besef dat we misschien niet goed genoeg zijn voorbereid op het einde van de zomer. En toch ben ik blij dat we ons uit overdreven voorzichtigheid niet hebben ingehouden. Ik houd mezelf voor dat het aan ons is om dit te laten slagen. Het voelt als een geschenk, alsof we helemaal niets te verliezen hebben.

Elke ochtend hebben we nog steeds elkaars hand vast onder het dekbed. Een landschap dat je niet kent, stelt je in staat alles anders aan te voelen waardoor je ogen helder en open naar de wereld kijken. Dat vervult met rust. Maar op sommige dagen doet het me ook plotsklaps stilstaan. Vreemd dat een zo kalme aanwezigheid je zo tot zich kan aantrekken. Zelfs nu de lange grassen hoger groeien, voelt die brede horizon soms verontrustend kaal. Het is een ruimte die volkomen verstoken is van de gebruikelijke afleidingen. Er zijn geen winkels op het eiland, op een postkantoortje na dat goed voorzien is van niet heel veel levensmiddelen, en ook geen sociale centra zoals restaurants, hotels, tearooms, kroegen of ontmoetingsplaatsen. Voorzieningen zijn beperkt. Er is een klein basisschooltje, maar geen huisarts of politieagent, alleen een parttime verpleegkundige en een vrijwillige brandweer, maar geen andere hulpdiensten. De kerk organiseert zo nu en dan recreatieve activiteiten waarbij de plaatselijke vrouwenvereniging kopjes thee schenkt, maar met zo'n vergrijzende bevolking zijn op de meeste zondagen slechts een paar harde kerkbanken gevuld met gelovigen. Een smal weggetje loopt van noord tot zuid met hier en daar afsplitsingen die allemaal stranden op kiezels en rotsen. Het grondgebied is klein en perkt in, in de greep van een woeste getijdenzee die aan komt golven van de nog wildere Atlantische Oceaan. Je kunt onmogelijk vergeten dat je door water bent omringd. Waar je ook staat, onderga je het koude zoute tij en het schreeuwen van de meeuwen. Soms als ik over de wuivende grassen naar de rusteloze zee sta te staren, is dat uitzicht wonderlijk overweldigend.

Op sommige dagen kan het zo leeg voelen dat ik vraag: 'Waar is iedereen?' Het is moeilijk om werkelijk te bevatten dat hier amper meer dan een handjevol andere mensen wonen. Op de weg rijdt weinig verkeer, alleen een trekker of gammele auto komt zo nu en dan langs rammelen. Als de dagen weken worden, doet het heel natuurlijk aan om op zoek te gaan naar anderen om die hemel mee te delen en elkaar nader te komen. Ergens thuishoren vereist een gemeenschap en mensen. Ik zeg het niet hardop, maar het vergt ook acceptatie. We zijn bereisd, maar dit eiland voelt in zijn landschap afgelegener dan alle andere plekken waar we ooit zijn geweest. Als ik de heuvels verken, voel ik een vrijheid door me heen gaan die ik niet ken. Dit landschap herbergt een ruwe, opwekkende aanwezigheid in zich. Als er geen andere afleidingen zijn, verstil je de natuur in.

Tegen elkaar aan liggen in een aftandse caravan en kijken hoe iemand van wie je houdt zachtjes ademt, met een bleke dageraad die door de ramen komt stromen, omlijst door de schaduwen van de bergen erachter, is een vervulling van alles wat ik in het leven zou willen doen. Het is wild en bevrijdend. Zien dat Rab gelukkig is, laat me stil bewegen. Het is een opluchting dat ons leven weer op de rails is. Maar er is deze ochtend iets wat anders is. Terwijl ik me opricht en mijn hoofd draai om goed te kunnen luisteren, begint de caravan zachtjes te wiegen. Ik hoor barsten in de droge, roestende panelen schieten, grove splinters loskomen.

Terwijl Rab zich omdraait met zijn arm voor zijn gezicht tegen het licht, zet ik mijn voeten op de vloer. Ik sla een zachte wollen deken om me heen en duw de deur van de caravan open om te kijken wat er aan de hand is. Als ik naar buiten stap, vegen zaadknoppen langs mijn blote benen en het gras schittert kalm glinsterend in de lege velden. De frisse lucht en het sterrenlicht vallen koel op mijn huid.

Uit de schaduwen komt een zacht briesend geproest vergezeld van plots getrappel. Een zwiepend geluid valt samen met mijn eigen kreet van verbazing. Onze koeien zijn uit eigen beweging met hun kalveren op de voet vanuit de velden van de croft hierheen komen lopen. Even later staat Rab naast me.

'Wat krijgen we nou?'

We kijken elkaar aan. En dan schieten we in de lach. Dit is zo prachtig en belachelijk.

'We zullen een paar palen moeten slaan om ze te omheinen,' verzucht Rab, terwijl hij vermoeid zijn hand over de gescheurde panelen van de caravan laat gaan. 'En die gaten dichten.'

'Sst,' zeg ik. 'Niet nu.'

Geen van beiden zeggen we wat de ander nu denkt, dat als het herfst wordt, de wind erdoorheen zal waaien.

'Kijk, ze zijn gewoon nieuwsgierig.' Ik spreid mijn vingers om hun glanzende zomervacht zacht te beroeren. Het is ons eerste echte treffen met de koeien sinds we ze gekocht hebben op de markt op het vasteland. Het was zenuwslopend om Rab onze biedingen te zien doen in de veilingring waar opgeheven handen en knikjes met het hoofd elkaar razendsnel opvolgden. We stonden allemaal te dicht opeen met het zwetend lijf stijf tegen de stangen van de lage biedingsarena, de felle lampen, nat zaagsel, de stank van mest en urine, de dichtknallende hekken, het oorverdovende loeien van koeien die de ring in werden gedreven. Je kon amper nadenken met de niet-aflatende stem uit de luidsprekers die je trommelvlies haast liet scheuren en de verkoop voortjoeg. Ik merkte dat er geen andere vrouwen in het gedrang rond de veilingring stonden. Er zaten alleen hoog boven in de houten stalles kleine groepjes bij elkaar geschaard. Ik vroeg me af of ik daar bij hen zou moeten zitten.

Het heeft tien hele dagen geduurd voor de koeien gewend waren op de croft. Hun adem is warm en zoet, geurend naar het gefermenteerde zomergras vol kruiden en kleine wilde bloempjes. Ik let erop dat ik niet te haastig beweeg terwijl hun natte neuzen zachtjes blazen, ons behoedzaam ruiken, hun tongen traag raspend tevoorschijn komen om de lucht te proeven, met trillende flanken, gespannen, vol compacte, ingehouden energie. Eentje met een wat donkerdere kleur steekt zijn nek uit en geeft me een kopje, schrikt op en trekt zich snel terug. 'Ze zijn nog niet aan ons gewend,' zeg ik. 'Maar dat duurt niet lang meer.' En ik denk aan de schapen die we nog gaan kopen en waarbij we ook geen ervaring hebben in het hoeden en fokken. Ik houd me voor dat het net is als met alles in het leven. Er is altijd iets wat je voor het eerst doet.

'Hoe zijn we aan zo'n groot gezin gekomen?' vraag ik me af terwijl Rab zich omdraait en zijn armen om me heen slaat.

Ik verlang ernaar zwaar te worden als een maan die daar hangt, in afwachting terwijl de seizoenen komen en gaan. Ik sluit mijn ogen en doe een wens. Die is simpelweg een kind in mijn armen kunnen houden.

Soms zou ik de dag stil willen zetten. Dat deze idylle nooit zal barsten. Loom verglijdt de tijd zoals de beekforellen geluidloos het water ziften onder het rimpelloze oppervlak van het loch. Eén reiger komt zwoegend met zijn grote lijf het riet uit klapwieken. De droge hitte laat de krachten weglopen. En de hele tijd blijft de zomer voortschieten, even moeiteloos als de zwaluwen die eroverheen scherend insecten vangen, hun snavel even erin steken voor ze weer omhoog stuiven.

Elke ochtend trekken we onze overall aan over ons blote lijf. Bij het stroompje vul ik emmers, plens het water over de muren en schrob jaren puinstof, vuil en aangekoekt roet weg. Het is verwarrend, het besef dat wij in een huis gaan wonen dat ten onder is gegaan door onverwachte tegenspoed en dat de eigenaar niet meer op de croft kon of wilde blijven waar hij of zij was geboren. Met onze komst is dit leven nu dood en verdwenen, een andere erfgenaam verkiest pragmatisme boven erfgoed en verkoopt het huis aan ons. Terwijl ik aan het schrobben ben, hoor ik Rab buiten over het lage dak kruipen terwijl hij oude dakleien repareert en de dunne metalen nokrand vastmaakt. Het dak zit vol gaten en kieren, de gebarsten, verweerde leien zijn zacht van het mos. Ik probeer me de onbekende winter voor te stellen, als de zee hoger zal komen en de stormwinden door de engtes zullen komen waaien. Ik ben blij dat ons huis hier zo neergehurkt zit, met een gevel zonder fratsen, en laag bij de grond blijft. Ik herinner me het gezegde over hoge bomen die een prooi worden van de meedogenloze wind.

Terwijl we ons het land rondom het huis eigen maken, ontdekken we prachtige, verlaten plekken. Het gras wemelt van wilde orchideeën, hondsviooltjes, gele lis, stinkende gouwe, diepblauwe ereprijs en de eerste bleke grasklokjes. Maar als je wat dieper graaft, liggen onder die dunne huid vergane begraafplaatsen en ondiepe vuilstorten. Een stapel stenen bedekt kromme hoorns, een gebroken runderschedel, kapotte flessen en een stapel dunne, verbleekte botten. En het doet mij me afvragen wat er nog meer net aan het zicht onttrokken ligt.

Op een dag besluiten we dat het tijd is voor een al lang uitgestelde vrije dag. En omdat het rugby op de buis komt en wij geen tv hebben, maakt Rab de oversteek naar Oban voor een pint en een paar uurtjes voor zichzelf. We zijn wekenlang onafgebroken samen geweest. We hebben allebei een beetje ruimte nodig. Maar ik wil niet naar Oban, dus blijf ik alleen op de croft. Het gras is zo lang dat als ik in de zon erin ga liggen ik helemaal verborgen ben, denk ik – dus ik ga liggen en trek mijn T-shirt en jeans uit. Het gras kietelt aan mijn vel. Het ruikt heerlijk, met al die knappende zaadknoppen. En dan denk ik: als het hier niet kan onder deze lege hemel in het welvende grasland, waar anders kan ik dan vrij zijn. Ik doe alles uit. De zon schijnt warm op mijn gezicht. Ik dommel weg, luisterend naar de vogels en de geluiden van de wind.

Een tijdje later word ik pardoes wakker, me gewaar van iets wat anders is. De vogels stuiven plotseling uit de boom boven mijn hoofd. Dat zegt me dat ik niet alleen ben. Instinctief reik ik naar mijn kleren, en dan verstar ik. Twee mannen komen naar me toe lopen over de velden, snel, ergens tussen een drafje en rennen in. Ik weet dat ze me gezien hebben. Wat gênant, denk ik, maar nu zullen ze me in ieder geval wel wat privacy gunnen en een andere richting kiezen. Maar dat doen ze niet. Ze wijken niet van hun pad en houden hun pas niet in. Ze komen recht op mij af. Plotseling zit ik mijn kleren aan te sjorren zo snel als ik kan. Het is een worsteling om me aan te kleden zonder op te staan en me nog verder bloot te geven. Als ze bijna bij me zijn, rol ik van ze weg met mijn rug naar hen toe, terwijl ik verwoed mijn jeans dichtknoop. Het volgende moment torenen ze boven me uit, terwijl ik plat op mijn rug lig en hun schaduwen over mijn lichaam vallen. Ik houd mijn arm voor mijn gezicht, kijk met toegeknepen ogen tegen de zon in. Maar het enige wat ik zie zijn twee schaduwen; de zon brandt achter hen, het schelle licht vol in mijn ogen.

'We wilden je niet laten schrikken,' zegt een van de twee verontschuldigend. De ander lacht, buigt voorover en steekt zijn hand uit. 'Kijk eens wat we hier hebben.'

Ik pak zijn hand niet aan. Ik rol op mijn zij en kom snel overeind. Ik ben van de wijs gebracht. Ik frot mijn haar strak in een knot en zet een stap naar achteren, terwijl ik onhandig zaadjes en grasknoppen van me af klop. Mijn blik gaat van de een naar de ander. Dan kijk ik omlaag naar mijn blote tenen.

Ik heb het gevoel dat ik ontzettend in het nadeel ben. Maar ik sta hier volledig terecht met allebei mijn voeten stevig op mijn eigen croft. Ik vraag me af of het gangbaar is dat je mensen over velden ziet lopen die niet van hen zijn, of kijken ze daar hier anders tegen aan?

Ik weet niet waarom, maar ik hoor me mezelf verontschuldigen. En dat verwart en stoort me nog meer, omdat ik me nog meer van mijn à propos, van mijn stuk gebracht voel.

'Het spijt me, maar ik had jullie niet gezien,' zeg ik onbeholpen.

De tweede man lacht. 'Aye, maar wij jou wel.'

Blozend werp ik hem een blik toe en hij knipoogt naar me. Mijn wangen branden, dus kijk ik snel weg.

'Ach, let maar niet op hem, *lass*.' De eerste man geeft hem spottend een duw. Hij heeft heldere, lichtbruine ogen, een doordringende, uitgeslapen blik.

Ik buig me naar voren om mijn spullen op te pakken: een boek, een paar sportschoenen. De mannen komen niet in beweging.

'Maar wat zijn jullie aan het doen?' vraag ik onhandig. 'Ik bedoel, waarom zijn jullie hier?'

'Goeie vraag. Wat waren we aan het doen?' Hij draait naar zijn vriend. 'Ik denk dat ik naar jou aan het zoeken was.' Hij knipoogt. 'Maar dat klopt ook niet,' grinnikt hij en hij schudt het hoofd. 'De zon is me in de bol geslagen.' Hij staart naar me, ongegeneerd. 'De beesten zijn gaan zwerven. We waren op zoek naar een ooi.'

Ik sla mijn armen over elkaar. Ik weet niet zeker of ik hem wel geloof. Het voelt als een flinterdun, krachteloos gebaar en misschien dat daarom de woorden zo vreemd mijn mond uit rollen. 'Dat is raar, want deze velden zijn leeg,' zeg ik. 'Er zijn hier geen schapen, er grazen alleen koeien.'

En dat is zo. Er is geen schaap te bekennen. De veiling waar we een kudde hopen te kopen is pas over een paar weken.

'Ah, dat is misschien wel zo, maar net nog niet.' Hij grijnst. 'Vreemd wat je soms verstopt op verborgen plekjes vindt liggen.'

Ik kijk hem stomgeslagen aan. Op zulke momenten zou ik zo graag snel, fel en ad rem zijn. Ik begin door te krijgen dat je hier scherp van de tongriem gesneden moet zijn met al dat uitdelen van plaagstoten en afbakenen van grenzen en territorium dat hier plaatsvindt. Ik speur tevergeefs naar een toepasselijke reactie. De juiste woorden schieten me pas uren later thuis te binnen als ik er niets meer aan heb.

'Het spijt me maar ik wil niet onbeleefd zijn,' zeg ik, 'maar er zijn hier geen schapen. En dit is mijn croft.'

Waarop de eerste man zijn blik op mij vestigt en langzaam zijn armen over elkaar slaat. 'Ah, maar daar vergis je je,' zegt hij rustig.

Ik kijk hem perplex aan.

'Aye, lass, nooit vergeten dat je op Hectors croft zit.'

Ik schud mijn hoofd. 'Nee, dit is onze croft, van mij en Rab. We hebben hem onlangs gekocht.' Maar zodra de woorden mijn mond hebben verlaten, wil ik ze weer terugtrekken.

'Aye, dat is zo. En je mag hem noemen hoe je wilt,' brengt hij ertegen in. 'Maar deze croft is altijd Hectors croft geweest.'

En plotseling hangt er een stekelige spanning in de lucht. Het is alsof we elk nog een stap van elkaar af zijn gaan staan. Ik voel een windvlaag tussen ons door trekken, alsof het plotseling koud is geworden.

'Je hebt dit plekje nu ook gekocht, hè? En er je vlagje geplant, ongetwijfeld. De overwinning met het chequeboek waar het met zwaard niet wou lukken.'

Hij staart me aan. Zijn glanzende ogen tasten me af naar boven en weer naar beneden. Mij wordt de maat genomen. Het is hinderlijk en maakt inbreuk. Het duizelt me, ik sta onzeker op mijn voeten. Het is lang stil.

En dan lacht hij en haalt zijn schouders op. 'Nou, laten we maar zeggen dat we quitte staan. Het is maar een stom stormpje in je fijn kristallen glaasje. Misschien kun je ons een volgende keer eens bij je bovenste beste zelf binnen noden en vergasten op wat echte gastvrijheid van de Highlands.'

Maar de toon waarop hij het zegt, tart. Ik kijk omlaag naar mijn voeten. Ik heb het idee dat ik onbehouwen ben geweest, maar ook vernederd. En ik ben vooral in de war.

'Het spijt me,' zeg ik. Ik weet niet waarom ik me weer verontschuldig, al bekruipt me het gevoel dat ik op het nippertje heb voorkomen dat ik een ernstige faux pas zou begaan. Dus houd ik me voor dat het daarom geen kwaad kan.

'De volgende keer,' zeg ik oppassend, 'zijn jullie welkom in het huis voor een borrel met Rab en mij.' Ik steek mijn hand uit. Het gebaar lijkt overdreven vormelijk, maar het lijkt de enige manier te zijn om deze woordenwisseling af te ronden of te bezegelen.

Als hij mijn hand aanneemt, knijpt hij zo hard dat ik hem terug wil trekken. Ik kijk hem aan en nog laat hij niet los. En dan laat hij zonder aankondiging mijn hand in minachting vallen.

'Vergeet nooit,' zegt hij met klem, 'dat in Schotland iedereen het recht heeft al het land te betreden. Dus kijk maar goed uit waar je je kleren aan- en uittrekt.'

Als ik opkijk, duizelt het me. Ik heb hun tekortgedaan. Maar mij is ook tekortgedaan. Ik wrijf over mijn hand en kijk hen verward en gedesoriënteerd na als ze eindelijk weggaan. Ze lachen met elkaar terwijl ze weglopen. En de man die mijn hand zo afknelde, slaat de ander hard op zijn rug. Alle warmte van de zon lijkt te vervliegen. En ik voel me uitgeput, het zonlicht van de dag lijkt aangetast.

'Stomme, stomme idioot,' geef ik mezelf een veeg uit de pan. Maar wat ik nu precies heb gedaan, weet ik eigenlijk niet. Het wordt ook niet duidelijker als ik het nog eens terugspoel in mijn hoofd. Wanneer ik het Rab vertel, moet hij lachen. 'Ze waagden het er gewoon op. Natuurlijk kwamen ze kijken. Je lag daar half slapend in je nakie.' Ik kijk naar hem en denk: is het mijn schuld dan? En ik vraag me af: zou jij dat ook hebben gedaan? Het zit me dagenlang dwars, zoals zonnebrand verhit blijft prikkelen onder de huid. Het is alsof ik te dicht bij een onzichtbare barrière ben gekomen. Ik sta alleen aan de ene kant en onbegrijpelijk genoeg staat Rab voor het eerst aan de andere kant van die grens tegenover mij.

Ik mis mijn vrienden en Rab die van hem. Het is vermoeiend om alleen maar met elkaar te praten. Ik vraag me af of vogels ook genoeg kunnen krijgen van elkaars stemmen. Scholen ze daarom samen in zwermen, om een andere zang te horen?

Tijdens de lange weken dat ons off-grid-adres nog niet is aangesloten op het vaste netwerk, loop ik naar een telefooncel buiten bij een boerderij in de buurt om contact te houden met mijn vrienden en familie. Mijn vingers duwen de munten in hoog tempo in de metalen gleuf. Elke minuut telt. 'Geweldig om je stem te horen,' zeg ik tegen een vriendin. En tegen een andere: 'Schrijf je me? Doe maar alsof het ons oude afspraakje voor koffie of de lunch is.' Alleen gebruikt niemand nog inkt.

Dat maakt de weinige brieven die wel komen des te belangrijker. Zelfs een rekening openmaken heeft iets bijzonders bij ontstentenis van alle andere communicatie. De post wordt dagelijks bezorgd. Het is altijd een moment van hoop. Elke ochtend rijdt het busje van het postkantoor naar de haven voor de veerboot. Hij keert, gaat achteruit de aanlegsteiger af en de boot op. De zakken worden achterin geladen en dan rijdt hij het eiland weer op naar het postkantoortje waar de post wordt gesorteerd voor die in elke brievenbus wordt bezorgd of binnen wordt gezet achter elke huisdeur die nooit op slot zit. Later wordt de uitgaande post gestempeld, in de zak gedaan, op de veerboot gezet en naar het centrale depot in Oban op het vasteland gebracht. Deze routine markeert elke dag en vereist een nauwkeurige timing. De veerboot wacht op niemand, zelfs niet op de post. Alleen het weer of een mechanisch probleem kan zijn geoliede precisie stilzetten.

We verlangen ernaar andere eilanders te leren kennen; te horen over het samenkomen dat achter gesloten deuren plaatsvindt. De sleutel daartoe ligt, zo blijkt, op de weg. Op een dag komt het vrolijke rode postbusje naar het huis terwijl ik aan het werk ben op het erf en de postmevrouw toetert en draait haar raampje oplaag. 'Heb je al plannen vanavond?' vraagt ze, en lacht als ik mijn schouders ophaal en nee schud. Eerlijk gezegd weet ik niet meer wanneer ik 's avonds nog eens uit ben geweest. 'Nou, ik ben jarig – ik maak er een vrouwenuitje van. Ik kom even na zessen langs om je op te halen.'

'Niet te laat maken en niet dronken worden,' grapt Rab als we een claxon buiten horen toeteren en hij me de deur uit duwt. 'Nu moet je je in je eentje redden.' Ik heb schone jeans aan en make-up op. Ik heb mijn haar gewassen en mijn werkschoenen bij de deur laten staan. Heel even herken ik mezelf niet terug.

'Spring er maar in!' roept een stem, maar als ik de handgreep pak, zie ik dat anderen al opeengepakt op alle beschikbare zitplaatsen zitten. 'Volle bak voorin!' roept de stem weer. 'Klim maar achterin.'

Ik sjor de achterdeur open en begroet verbaasd de anderen. Achterin is het ook al bijna vol. Ik zie er minstens vijf vrouwen ingepropt zitten. Niemand zegt iets, maar benen en lijven maken plaats. Er klinkt een gil en dan lacht er iemand. 'Kijk je uit, lomperd – je gaat op m'n voet zitten.' Dat breekt het ijs. Een hand strekt zich uit, hijst me naar binnen en de deur wordt vanbuiten dichtgegooid. Binnen is het helemaal donker tot er een zaklantaarn aanfloept. Er klinkt gegrinnik, en dan wordt een fles doorgegeven. Het is heerlijk om in deze viering te worden opgenomen terwijl we over het eiland sjezen en onderweg steeds meer feestvierders oppikken, en later tegen elkaar aan rond een kleine tafel zitten in het veercafé aan de overzijde. Nadat het laatste tientje met vlakke hand op de tafel is geslagen en de glazen achterover zijn gekiept, is het rennen naar de boot en zingt het veer zich naar huis.

Al kan ik me niet de naam van allemaal herinneren, ik ken nu wel een handjevol mensen die hier ook wonen. Het valt me in dat ik vriendschappen misschien altijd te vanzelfsprekend heb gevonden en ik raak ervan doordrongen dat de stap die we hebben genomen enorm groot is geweest. Achteraf gezien lijkt ons oude leven ongelooflijk simpel, vol betrouwbaarheden waarvan je op aan kan. Iedereen heeft de behoefte de nabijheid van andere levens te voelen. Vreemd genoeg maakt het je minder kieskeurig met het gezelschap dat je tegenkomt, zo dankbaar ben je dat je het überhaupt tegenkomt.

Het is een oude eilandgewoonte om naar lichten in het donker te zoeken. Een licht achter een raam, ontdek ik, is een open uitnodiging om daar aan te kloppen voor gezelschap, en de anderen verwachten gastvrijheid als ze net zo'n licht zien schijnen in jouw huis. Onze eerste bezoekers zijn een ouder stel. Ze komen aan de deur en begroeten ons vriendelijk. Ze willen niet binnenkomen of even gaan zitten, maar hun warmte is zeer welkom, net als hun hartelijkheid en oprechte belangstelling. Ze hebben een blik koekjes meegenomen en zelfgemaakte borstplaat, een heerlijke zoetigheid van suiker, gecondenseerde melk en boter – hij is zo hard dat het veiliger is om stukjes af te breken met je vingers dan om je gebit te riskeren – en dan wandelen ze weer verder over de weg. Zo onaangekondigd op bezoek langs de deuren gaan is een heel andere, onverwachte manier om onder de mensen te komen.

'Waarom proberen wij dat ook niet?' stel ik voor.

Ik pak snel wat brood en biscuitjes in die ik heb gemaakt met onze nogal basale keukenspullen. Ik verheug me erop, maar zie er ook tegenop om aan te kloppen bij vreemden. Uiteindelijk gaat het zoals we hadden kunnen verwachten. Sommige deuren zwaaien open met een warme, belangstellende, vrolijke verwelkoming, terwijl andere weer behoedzaam dichtvallen. En bij een paar straalt de openlijke vijandigheid ervan af.

'Nou ja, makkelijk zou het ook nooit worden,' redeneert Rab. En dan kijken we elkaar aan. Het brengt je van je stuk als je ergens komt en je zo snel moet afvragen of je wel welkom bent.

Gesprekken verlopen langs rechte lijnen die veelgebruikte patronen en vaste formules volgen en zich verknopen met elk seizoen of wat er gaande is in de levens van mensen. De gedachtewisselingen zijn spaarzaam, woorden worden gebeiteld. Al wordt er weinig gezegd, er wordt wel veel geïmpliceerd met subtiele nuances – een snelle blik, een gevat terzijde of een bruuske afwijzing. Ik mis diepere uitwisselingen. Er is een terughoudendheid en ingeschapen behoedzaamheid die schuilgaat achter een terloopse, goed gesmeerde warmte die niets persoonlijks blootgeeft. Het is een schild waar het moeilijk doorheen komen is. In plaats daarvan moet je wachten tot het aan de kant gaat. Het kost tijd om in een landschap te leren wonen en vertrouwd te raken met zijn tradities. Tegelijkertijd raak ik soms in de war van het gebrek aan privacy en anonimiteit. Ik vraag me af wat er achter gesloten deuren over ons wordt gezegd.

Elke week breken kleine helpende, vriendelijke gebaren door als de plotse, heldere inval van de zon. Ze gaan eerdere scheve indrukken tegen en zijn des te genereuzer omdat ze zo willekeurig en onverwacht komen. Een lift vanaf het veer op een regenachtige dag. Vriendelijk gezwaai als we langs een open raam lopen, een plotseling geroepen uitnodiging om binnen te komen. Koplampen die lang na het invallen van het duister op de oprit verschijnen waarna stevige borrels met een kop erop worden geschonken uit een fles die wordt meegedragen in een diepe zak van een jas van schapenvacht, om ons veel geluk te wensen in ons nieuwe huis of om er simpelweg in een gesprek dat meer vrijuit is achter te komen wie wij nu eigenlijk zijn. Soms is het verwarrend en verbijsterend om zo geestdriftig te worden ontvangen én beproefd door mensen die we hooguit een paar keer in het voorbijgaan hebben gezien, of zelfs helemaal niet.

Op een ochtend rijdt er een busje met grote vaart van ons erf weg. Er is een oude ladekast neergezet waar een briefje zonder naam op is geplakt waarop in een prachtig handschrift staat: 'We hopen dat jullie er iets aan hebben'. Ik ben geroerd door deze attentheid en vrijgevigheid. Ik kan me niet herinneren dat in al onze Londense jaren nieuwe buren met zoveel zorg werden verwelkomd. Later, als de kast eenmaal geschuurd is en met olie ingewreven, zijn er kleine paarlemoeren bloemetjes zichtbaar, die als alle bloemen op de croft in het fijne werk van de lades zijn geëtst. Ik hoop dat het ons zal lukken deze attenties terug te betalen, met onze tijd of op dezelfde manier, zodat deze stroom hartelijkheid niet opdroogt, of van richting verandert, zoals de wind zo snel kan doen.

Er zijn ook altijd mensen die zich pardoes afwenden, of onze glimlach niet erkennen. Maar mettertijd komen we erachter welke deuren wel met een warme begroeting opengaan. En dat gastvrijheid en bij de gemeenschap horen voor een nieuwkomer op het eiland betekent dat jouw deur voor iedereen openstaat, ongeacht de ontvangst die jezelf krijgt.

De dag dat er een einde aan de zomer komt, zitten we nog in de caravan. De regen komt met bakken neer, trommelt hard op het lekkende dak, sijpelt naar binnen door de nog altijd niet dicht gekregen halfopen ramen en doorweekt het beddengoed. We sjorren het matras naar een veilige plek en zetten emmers op het gebarsten linoleum onder de ramen. Buiten begint het water diepe plassen rond het huis te vormen. Zelfs de koeien staan er beduusd bij.

'Klaar of niet, het is tijd om erin te trekken,' zegt Rab.

Het is een worsteling om de kilte in het huis tegen te gaan. De dikke, ongeïsoleerde muren nemen weinig warmte op van onze blokken hout die in de haard liggen te sissen. Onze huid schrikt terug van het wassen met onverwarmd water. Kou is vermoeiend. Maar naderhand voel je een gloed.

Terwijl de regen aanhoudt, kleurt het droge, verbruinende gras langzaamaan weer groen. Op de dag dat dit me opvalt, komt de elektricien van het vasteland. We wachten er al weken op dat hij ons aansluit op het elektriciteitsnetwerk, leidingen over het natte veen legt en onze lege watertanks met de bron verbindt. Er klinkt een kreet als Rab juichend uit een raam zwaait. Eindelijk borrelt er zoet water uit onze onder de kalk zittende kranen. We zuigen heel hard op een tuinslang om de luchtbellen eruit te krijgen. En al is onze badkamer fris, het is een klein wonder dat we niet met emmers hoeven te sjouwen en warm water uit de kranen voelen stromen. De tank is zo klein dat hij amper het diepe gietijzeren bad vult. Maar zelfs een paar decimeter warmte is een weelde. Ik stap over de hoge zijkant van het bad en slaak een zucht als die o zo welkome warmte tot in mijn botten doordringt.

Ik luister hoe de wind en de regen buiten tekeergaan. Het is heerlijk om eindelijk echt in ons huis te wonen. En al zijn de zomer en die eerste idyllische weken nu voorbij, ik ben dankbaar voor dit dak boven ons hoofd. Het leert ons dat het verschil tussen gemak en ongemak maar een druppel water is. Het maakt me ervan bewust hoe vreemd wild dat lijkt, want zelfs dieren hebben de waardigheid zichzelf te kunnen verzorgen en wassen. Het is schokkend hoe snel het moeilijk wordt om ontspannen met elkaar om te gaan wanneer onze basisgemakken ons voor langere tijd worden ontzegd. Ik hoop dat ik altijd die verbijsterende schok van dankbaarheid zal voelen wanneer water uit de kranen stroomt, of mijn blote vel dampend uit een bad verrijst. Het is een opluchting ook dat onze gesprekken zich weer makkelijker ontvouwen.

Maar terwijl er deuren opengaan bij onze buren, merk ik dat ondanks alle gekscherende opmerkingen onze gesprekken zwanger gaan van alles wat onuitgesproken blijft. De vraag die bij elke nieuwe ontmoeting wordt gesteld – 'Wie ken je hier?' – verschilt van het obligate 'En wat doe je?' waar we in ons oude leventje aan gewend waren. Wij zijn vreemdelingen. Wij kennen niemand. We hebben geen verwanten op het eiland. Altijd ben ik me bewust van de erin besloten, niet gestelde vervolgvraag: 'Wat doe je hier dan?'

Aan het eind van de zomer worden we aangesloten op het internet. Het signaal is traag – de mast staat in zee – en wordt eerst ontvangen in Oban en dan over kilometers woeste zee naar de schotel bij de brandweer gestraald. Desondanks is het een opluchting om weer verbonden te zijn met een grotere wereld. Ik heb het opgegeven mijn vrienden te vragen om een brief te schrijven. 'Stuur maar een e-mail, dat gaat sneller,' zeggen ze. Het is lastig om uit te leggen dat een brief veel persoonlijker aanvoelt. Er is een prachtige sluier van stilte die tussen handgeschreven woorden zweeft.

Ik kijk hoe de meeuwen aan komen schreeuwen vanaf het water, hun vleugels kantelen, recht en steil tegen de wind in. Alsof het geen enkele moeite kost. Het vergt tijd om je indrukken van de wereld zachtjes te laten verbrokkelen, te herschikken en weer op te bouwen. Rab en ik gedragen ons anders zodra we de grond van het vasteland onder onze voeten voelen. Op het eiland is er weinig belangstelling voor de levens die we achter ons hebben gelaten. Het is alsof met dat stuk van ons de verbinding moedwillig is verbroken. Soms weet ik niet of dat deel van onszelf voor altijd onzichtbaar zal blijven. We zitten gevangen tussen ons verlangen naar de aanvaarding dat wij erbij horen en een vrees dat als we blijven we andere mensen zullen worden dan hoe we onszelf nu kennen.

4
Croft

De grassen golven vrijelijk over de hellingen. De adem van de wind gaat eroverheen, laat ze in een ruisende volheid deinen en zwellen. Overal rijpen zaadknoppen, strak gezwollen vlasblonde bolsters die zich spannen om open te scheuren en de gewassen van volgend jaar uit onzichtbare openbarstende naden te verspreiden. Als ik door de heuvels loop, bedwelmt de lucht haast met zijn rijke overvloed. Het is een kruidige, aromatische geur, verwarmd en versterkt door een vreemde sirocco die in vlagen van de zee komt waaien. Het is vermoeiend om aan het eind van de zomer op die oogst te wachten. Op sommige dagen twijfel ik of hij ooit nog zal komen.

Als de bast van de berk gaat krullen en er wolken distelpluis langs zweven, worden de velden geschoren en is er weer een fase voorbij. Hazen komen uit de holle, trillende biezen schieten, en zeearendjongen spreiden hun jonge vleugels uit over de kale heuvels. Ik zie de wrede klauwen hangend in de wind, amper bewegend naar zee stijgen op de aanwakkerende zoute thermiek. Op de grond blijven vlokken wol steeds aan de ruige graasgrond hangen, flapperend als gescheurde gebedsvlaggetjes. En dan laat een traag, pijnlijk hunkeren zich gewaarworden, weeklagend in de wind.

Ik loop overal. Ik ga op onderzoek uit op elk stukje, lapje, elke hectare, elke morgen grond. De granieten wanden van de bergen komen tot leven in de bleke, geelrode zonsopkomst. Met elke golving en schommeling in het licht wordt landschap hard aangelicht, gebeiteld en merkwaardig machtig. Het werpt zijn geschenken op, zijn stralende verhalen, als harde, klinkende stenen.

Elke heuvel, *brae, glen* of vallei herbergt een geheim. Ik hoor die vergeten levens ademen, hun stemmen weerklinken in de wind. De oude dorpjes staan er leeg bij, dikke netelstruiken groeien waar ooit de mestvaalt zou hebben gelegen. Muizen hebben nesten gemaakt in kapotte hoekstenen en kleine varens zitten vastgeklampt op de muren. Ik volg de overgroeide dorpsstraat die door elk gehucht kronkelt. Soms als de wind draait, kan ik de echo horen van kinderen die door het gras rennen.

Al snel heb ik een lievelingsplek om heen te gaan, een rotsige landtong die daar alleen ligt, afgesneden van de heuvels door steile ravijnen en haast loodrechte klippen. Hij ligt in het noordwesten van het eiland verborgen en is niet makkelijk te bereiken. Om hem te aanschouwen moet je doorzetten en zijn verborgen paden zoeken. Je komt er vanaf zee of te voet door een bos van oeroude, verwrongen, klein gebleven berken, eiken, essen en elzen. Er staat geen pad of iets anders aangegeven op de kaart. Ik ontdek het alleen maar doordat me langs zijn kustlijn in de verte een mager plukje grasland opvalt. Die geheime, kronkelende paden zijn al lang vergeten droomsporen die alleen nog gemarkeerd worden door herten en schapen – smalle hoefwigjes diep in de zachte, turfachtige grond. De dichte struikgewassen zijn ondoordringbaar, trekken scheuren in mijn kleren en mijn haren haken vast in doornstruiken, tot ik me naar voren vouw. Ik leer mezelf nog kleiner te maken. Het is vredig en rustgevend zo uit zicht.

Zuidwesters hebben deze afgelegen landtong een andere vorm gegeven. Hier heb je het massieve, afgetekende profiel van een opkijkend gezicht met ogen die blind de hemel in staren. Zijn afgekante borstkas, woeste kop en prachtige haviksneus zijn uit basalt en ander stollingsgesteente gehouwen. Hier gedijen de legendes: dit is de eeuwenoude rustplaats van Ossian, de hoeder van de grond. De mens is een anachronisme; het land is niet zijn eigendom. Deze lagen gesteente uit een duistere tijd van mythe en instinct zijn oeroud en primitief; een scheppende, vernietigende kracht van de aarde zelf.

Stenen worden uitgehouwen, *duns* worden opgetrokken en neergehaald, *brochs* en forten worden opgebouwd en dan overbouwd. Schapen komen, mensen gaan. De tijden veranderen. En overal stromen eb en vloed heen en weer en blijven de golven omslaan. Later keren de mensen terug. En deze eilandrots blijft hier liggen, zonder acht te slaan op hoe hij wordt opgedeeld in kleine weidestroken: de scherp afgebakende, wisselende territoria die crofts worden genoemd.

Onze croft heet Rocky Ridge of The Rough Farm. Ons huis is gebouwd met stenen van het eiland. Zijn herinneringen zijn in het landschap geweven, samengeknoopt uit oude Gaelische en Noordse namen. Mijn mond vlijt zich rond hun onbekende vormen. Het Oudnoors is hoekig, hard als de bergen rond de fjorden, maar het Gaelisch is zacht als de velden. Gesteenten en herinneringen vormen de geologische en culturele ruggengraat van het eiland. Verhalen worden verteld bij een pot thee met een borrel en scones met boter, en worden doorgegeven door de dragers van de namen die ook generatieslang door de steenhouwer van de kerk in de staande stenen zijn gebeiteld. Je het recht verschaffen om erbij te horen is even zwaar werk als die zwoegend verkregen stenen uit de eilandgrond wrikken. Het wordt vol vreugde verleend aan elk eilandkind en aan wie door het huwelijk is verbonden met de hechte groep families. Het kan alleen worden verdiend door je eigen leven, vreugde en verdriet in zijn donkere, ondiepe aarde te storten.

Elk lapje grond wordt even angstvallig in de gaten gehouden als elke nauwe bloedband. Verwantschap en grond zijn zwaar verdedigde domeinen. Om het een naam te geven moet je er aanspraak op maken. Maar hoe je je ook inspant, verdienen doe je het nooit. De bereidheid en verdraagzaamheid van anderen die hun eigen recht op de grond angstvallig bewaken, bepaalt of je erbij hoort. De geschiedenis van deze croft doet ertoe. Het verlies ervan is een tastbaar verdriet voor sommigen en een bron van onmin voor anderen. Bij in onbruik geraakt gereedschap, ploegen en aambeelden, alles wat voor onze komst ergens vergeten lag, doet de herkomst er plotseling toe. Het is vreemd om te zien en te voelen dat die spullen waar ze al die tijd lagen, nu ontbreken. Het valt moeilijk te begrijpen hoe het is wanneer vreemden de oude gang van zaken op een croft komen verstoren. Ik vraag me af of het ons ooit vergeven zal worden dat wij ons een stuk eilandgrond hebben toegeëigend.

We bewerken onze eigen croft. We slaan harde *stobs*, houten palen, de grond in en verankeren die met hoekschoren die een meter diep gaan. We zetten Rylock-gaas vast met glanzende, scherpe krammen. We herstellen onze marklijnen, de croftgrenzen, en dan is de croft eindelijk veebestendig. Op de veeveiling van Oban kopen we in de herfst onze eerste schapen, een mengeling van Cheviots en een kruising, verwekt door Blue Leicesterrammen bij ooien van de oude Black Face, vanwege hun sterke botten en fijne wol. Onze eerste lammerij is alarmerend echt tot op het bot, en niet langer alleen maar een gespreksonderwerp op het platteland, want een driejarige ram is onmiddellijk aan de slag gegaan.

'Nou, daar heb je het,' zegt Rab trots, leunend over een metalen hek. 'Er is niks mis met die jongen.'

En ik denk dat niets de komst van die lammeren nog zal tegenhouden. En hoe makkelijk de natuur dat geschenk van nieuw leven laat lijken.

Onze eerste lammerij is grimmig, prachtig, een opgave en een aanmoediging. Je ziet de eerste tekenen maar al te makkelijk over het hoofd als je niet weet waar je op moet letten. Het vereist vaardigheid om de eerste aanwijzing, de romige slijmprop die uit de baarmoederhals komt, te bespeuren en een scherp oog om door te hebben dat het vermoeide heiligbeen iets indaalt en een staartbeen dat zakt en zo de rijpe zwelling van uier en spenen iets aan het oog onttrekt. Ik leer te letten op een dunne waterblaas die eruit hangt of zijn inhoud stomend op de grond sproeit. Als die vliezen zijn gebroken, volgt er een rusteloos bewegen. Een ongerust rondjes draaien, met een poot over de grond krabbelen en niet stil kunnen liggen kan in enkele minuten voorbij zijn of een voorbode zijn van complicaties als het langer duurt dan een paar uur.

Het is een opluchting als de ooi gaat liggen. Ik zie haar ogen glazig worden terwijl ze haar kop opricht en begint te persen. Het echte lammeren komt met stotterende, schrille kreten. Soms komt het lam helemaal zoals het zou moeten. Kleine, natte hoefjes komen uit de vaginale opening piepen, ingepakt in slijm en vruchtwater. Kort daarna verschijnt een glibberige kruin, ik zoek naar donkerblauwe, nietsziende ogen. Zodra de schouders eruit zijn, is de inspanning gedaan. Het lijfje glijdt naar buiten in een warme, stromende golf van leven en nageboorte. Onze handen verwijderen snel de verstikkende helm uit de mond en de luchtwegen. Bij elke geboorte maakt mijn hart een vreugdesprong bij die eerste broze hoge kreet.

'Was het maar altijd zo simpel,' is Rabs opmerking terwijl hij de ooi behendig overeind zet en het eerste romige straaltje biest uit een zacht gemolken speen laat stromen. Ik ben verrukt als het lam zich wankelend opricht en gaat zuigen.

Maar lammeren is niet altijd simpel. Soms komt het kopje eerst tevoorschijn, voor de pootjes, en dan moet het terug in de ooi worden geduwd, want anders kan ze persen wat ze wil, maar komt er geen lam uit. De weeën van een ooi hebben, terwijl je hand voorzichtig zijn werk in haar doet, een brute, vermorzelende kracht. Soms schiet de nek terug, of de schouders blijven vastzitten, of een knie komt niet verder in het geboortekanaal, of het lam is verstrengeld met een ander dat nog in de baarmoeder zit. Het is moeilijk om een lam in een stuitligging te verlossen zonder dat je de navelstreng breekt of de zachte ingewanden van de ooi beschadigt. Rabs handen helpen met zorg deze ongeboren levens verder te loodsen. Er staat zoveel op het spel. Ik twijfel geen moment om mond-op-mondbeademing toe te passen, met mijn lippen stijf op de luchtwegen van het lam gedrukt en mijn vingers die voorzichtig een hakkelend hartje stimuleren. Een leven is pas een leven als er lucht in de longen stroomt. Het is een hopeloos gezicht als er een perfect uitziend lam koud op de grond ligt. Zonder kennis of ervaring nemen we elk moment zoals het komt.

Op een ochtend vind ik een lammetje uitgestrekt in het donker liggen, vlak voor de dageraad geboren en opgegeven door haar moeder. Haar stijve lichaampje is ijskoud, haar tong is gezwollen en kleurt al blauw. Ik wikkel haar in mijn omslagdoek en ren het huis in. Ik wrijf haar warm met handdoeken en leg haar voorzichtig in een kistje gevuld met stro. De tijd zal het leren, denk ik, terwijl ik de warmtelamp aandoe. Tranen springen in mijn ogen als ze haar mond opent en mekkert. Dat is een opmerkelijke mensentrek. Elke keer dat je met de dood in aanraking bent geweest, hecht je nog meer waarde aan het leven.

Angstvallig brengen we een slangetje in dat van haar mond naar haar maag loopt, en terwijl poederbiest in gesteriliseerd warm water haar langzaam laat herleven, besef ik dat ze nog een kans heeft. Maar later verstoot haar moeder haar. Ze laat haar kop bruut zakken en valt haar keer op keer aan. De harde, knokige kop beukt op het lam in. We zetten ze apart en binden de ooi vast met een zacht halter zodat het lam beschermd is. Maar ze is al te gekneusd en versuft van de geboorte, haar tong is nog gezwollen en zich voeden aan de uier kan ze niet. Er zit niets anders op. Tot ze dat wel kan, moet ze de fles krijgen. 'Je moet haar nog wel bij een andere ooi zien onder te brengen,' vertelt een boer ons. Een ander haalt de schouders op: 'Waarom zou je het doen? Je kunt haar beter gewoon op de kop slaan.'

'Dat kan ik niet maken, niet zolang ze nog wil leven,' zeg ik.

Na elke voeding zetten we haar terug in de kooi. We houden de ooi zo vast dat het lam kan leren zich te voeden aan de speen, maar haar gezonde zusje is sterker en duwt haar ruw aan de kant. Elke keer valt de moeder naar haar uit. Ze wil en zal niet rustig met haar in de kooi liggen. Wanneer ik het lam optil, vlijt het zich trillend tegen me aan.

'Ik kan het niet aanzien,' zeg ik, terwijl ze keer op keer omver wordt gestoten. Het is een kwelling om ernaar te kijken. Al snel verbergt ze zich voor haar moeder. Na drie dagen kan ik er niet meer tegen. Ik haal haar weg bij de ooi en breng haar groot als een huisdier. Ik noem haar Tilda. Ze slaapt in de schuur, waar ze het lammeren kan horen en zien, maar overdag loopt ze overal achter me aan. Zodra ik wakker ben, warm ik een flesje melk op, pak een gesteriliseerde speen en spoed me naar de schuur. Ik hoor dat Tilda dat specifieke geblaat laat horen waarmee een lam zijn eigen moeder roept. Het is een intieme klank van herkenning, blijdschap en honger. Drie weken lang moet Tilda gevoed worden. Maar langzaam heelt het trauma van haar moeilijke geboorte. Ze heeft een prachtig gezichtje met een sterke bouw. 'Volgens mij ga jij op een dag zelf mooie lammetjes krijgen,' vertel ik haar. Wanneer ik haar optil om haar te voeden, beknabbelt ze gretig mijn neus. Ze valt in slaap op mijn schoot. Ze is helemaal in de ban van de kat en is verzot op uitspruitende frambozenblaadjes.

'Ze kan niet binnenblijven,' zegt Rab tegen me. Ik ben van een oud koekblik een geïmproviseerd lammetjestoilet aan het maken. Deze situatie is alleen nog houdbaar zolang ze heel jong is, en ik weet dat ze spoedig buiten zal moeten verblijven. 'Ze heeft een vriend nodig om haar gezelschap te houden,' zeg ik. Als er een drieling op de wereld komt en de kleinste zich niet staande kan houden in het gevecht om de uier, voegt die zich bij Tilda. Ik noem haar Milly. Ze is zo klein dat ze op koude dagen in een met stro gevulde terracotta bloembak gaat zitten om uit de wind te blijven. Haar minineusje en stralende oogjes volgen Tilda overal. 's Avonds spelen ze in het huis op de kale vloerdelen en zuigen gretig aan warme flesjes melk voor ze gaan liggen slapen in een kist met stro.

Als de lammerij voorbij is, begraven we andere die het niet hebben gered. Het lammeren brengt je dicht bij het wonder van het leven en de ontredderende pijn die verlies met zich meebrengt. Het laat je ook wennen aan de afmatting van het almaar voortgaande voorjaar.

De schapen weten waar elk kruid en elk vers blaadje zich bevindt. Het duurt uren om ze terug te drijven uit het open graasland. Als ze de bomen eenmaal gevonden hebben, zijn ze met geen mogelijkheid meer van de smalle schapenpaden te lokken die vlak langs de kliffen zigzaggen. 'Ik kan dit niet, hoor,' roep ik naar Rab die ergens boven me klaarstaat om de kudde verder te sturen, terwijl ik ze weg probeer te krijgen bij een verraderlijke richel. Het is zenuwslopend om te proberen ergens vaste voet te vinden en takken waaraan je je kunt vasthouden. Het ene deel van mijn hoofd schreeuwt: 'Dit is te gevaarlijk!' terwijl het andere volhardt in: 'Doorgaan, gewoon niet naar beneden kijken.' We zijn allebei uitgeput als we de schapen weer de veilige kant op weten te drijven. 'Dit is gekkenwerk,' zeg ik. 'We hebben een hond nodig.' De schapen gaan met ons op de loop. Het zijn lepe beesten, vooral de matriarch die de kudde naar plekken voert die voor ons schier ontoegankelijk zijn.

Op een dag kom ik terug van een boerderij op het eiland met een hummeltje van een pup in de wagen. Ze heeft donzig lang haar, als een zacht, donker vosje. Ze heeft kleine witte voetjes en een wit puntje aan haar staart. Als ik haar in mijn armen neem, zinken mijn vingers diep in haar zijdezachte vacht. 'Hallo, Maude,' zeg ik. Ze kijkt naar me op met heldere ambergele ogen. Die dag raak ik verliefd. Voor mij is ze meer dan een werkhond. Zij vult de leegte die ik voel in mijn wachten op het moederschap.

'Ze kan niet buiten blijven,' zeg ik.

Ik wil haar naar binnen halen. Ze is piepklein, ik wil niet dat ze alleen in de koude, stenen schuur moet zitten. Maar Rab is streng. 'Het is geen baby, het is een werkhond.' En een van de boeren, die in de keuken zit, knikt instemmend en schenkt nog een borrel in. 'Het kan niet anders met een werkhond.'

'Anders wordt ze te slap. En dan leert ze slechte gewoontes aan.'

'Je zet jezelf voor schut als je haar verpest voor het werk.'

Ze is mijn hond. Maar de croft is mannenwerk. Dus zetten we haar uiteindelijk in de schuur.

Die eerste nacht blijft ze maar jammeren. Ik kan het niet verdragen dat zo'n klein wezentje zich zo alleen kan voelen. Dus ga ik bij haar zitten in het stro. Ik heb een warme kruik in een zacht dekentje gewikkeld en een tikkend klokje meegenomen om het geluid van haar moeders hartslag na te bootsen. In bed in het huis lig ik wakker. Ik vraag me af waarom je een hond gerust elke dag urenlang apart mag zetten, afgezonderd van een roedel of ander gezelschap, en een kind niet.

Ze groeit snel. 'Je houdt nog meer van die hond dan van mij,' zegt Rab. En ik lach. Want al is dat onvoorstelbaar, in zekere zin is het ook waar, vermoed ik. Maude en ik vinden bij elkaar een wederzijds vertrouwen en onvoorwaardelijke liefde die nooit ophoudt. Onze band is even diep als de hemel. We worden elkaar niet moe. Voor sommige dingen zijn moeilijk woorden te vinden.

Elke dag lopen Maude en ik de hele croft op en af en rond, en leren zo de plotse dalingen, verborgen hoekjes, kliffen en bomen kennen. Het is moeilijk terrein. Met maar één omheining is ons land wild en open. Ik wil haar geen touw ombinden, of haar met een gewicht laten zeulen, zoals ik geïnstrueerd ben. Ik wil dat ze vrij is. Dus ken ik woorden, tekens en klanken toe aan haar bewegingen en leer ik haar die.

Ik breng werkend en spelend uren met haar door, en voer seinen in met de stem, fluit, arm en hand. Al snel vorderen we zo ver dat we samen de schapen kunnen hoeden. We zijn onafscheidelijk.

Later in de herfst betalen die maanden hard werken zich uit. Hagel komt als kogels omlaag zetten en de lucht wordt zwart terwijl ik met het hoofd naar beneden terugloop, het ijskoude veld in ploegend. We halen de schapen van het hoge, open deel van de croft in het noorden naar de zuidelijke, meer beschutte velden. De schapen zijn uit hun schuilplaatsen gekomen en een wispelturig ooitje van nog geen twee scheidt zich af van de kudde. Het is een bang moment. De kudde begint in stukken te splijten. Het is net een zwakke zoom die plotseling loskomt waardoor de stof aan beide kanten gaat scheuren en de randen uitrafelen.

Terwijl Maude wegdraaft, verandert de wind van richting. ‘Linksom,’ roep ik, maar ze hoort me niet. Ze is nog jong. Ik heb blauwe lippen van het fluiten. Ik kan wel janken van de kou. Ik zie haar een klif op klauteren en dan naar links schieten, in een lus terug naar het begin. Het slaat me koud om het hart als de schapen uiteenstuiven naar de ruige kant van het klif met zijn afgrond van tien, vijftien meter. Ik moet er niet aan denken hoe verkeerd dit kan aflopen.

‘Maude, kijk hier. Kijk alsjeblieft hierheen.’ Maar dat doet ze niet. Dus begin ik te rennen, hard tegen die wind in, en maar hopen dat ze zich omdraait. Plotseling houd ik halt. Ik schreeuw niet. Ik laat al mijn geroep, gegil, gefluit varen. Ik probeer tot haar te spreken. Niet met mijn stem, maar met mijn hart. Wat haar ook precies moge bereiken, pure volharding of pure wanhoop, het lijkt zijn eigen stem te hebben. Als ze opkijkt, voel ik iets verbinding maken. Als een sleutel die zijn slot vindt. Kalm loods ik met arm- en handgebaren haar wervelende lichaam inwaarts, als iemand die een landend vliegtuig veilig op de grond seint. Ik kan haar inspanning voelen en die intense, zelfbewuste intelligentie die als een draad onder stroom oplicht in het circuit van haar brein; een pulserende, intuïtieve respons op mijn stille roep.

Als de schapen in vaart langs mij heen zijn getrippeld, ren ik erachteraan. Ik trek het hek achter me dicht, vergrendel het en ga er hijgend op hangen, terwijl ik de wind en mijn haar uit mijn ogen wrijf. Ik hurk neer en sla mijn armen om Maude heen. Kijkend naar die schapen die nu veilig uit de wind staan voelt het alsof mijn hart zal openbarsten.

Het is een genot om in het huisje te zitten. Wekenlang nadat we erin zijn getrokken, is het nog kaal. We wonen er met een paar stoelen, een oud kooktoestel en een dunne matras op de vloer. Op een dag diep ik een kleine, oude, traditionele tafel uit de schuur op. Hij zit onder de spinnenwebben, stof en muf kuilgras. Terwijl ik hem afbijt, wriemelen kleine zilvervisjes tevoorschijn uit de scharnieren en verbindingen. Ik stel me zijn vroegere leven voor, de gesprekken en geheimen die hij heeft gehoord. Daardoor vraag ik me af of waar wij op hopen, waar wij voor vechten, hetzelfde is als waar onze voorouders op hoopten, voor vochten. Ik vind een oude, gescheurde foto in de houten ladekast die nog in het huisje stond en prik hem aan de muur. Het is een portret van een man en een vrouw. Ze hebben sterke koppen en een oplettende, verwijtende blik. 'Ze zijn vast verwant met deze plek,' zeg ik. Maar Rab haalt hem van de muur. 'Er zijn al genoeg ogen die ons in de gaten houden,' zegt hij. Ik denk dat ik wel weet wat hij bedoelt.

Ik zie hem op sommige dagen naar buiten naar de lucht staren. Hij drinkt en rookt meer dan hij hiervoor deed.

Op een dag verstijf ik als hij een opmerking maakt: 'Soms

word ik wakker en denk ik: is dit het nu? Is dit het en niets anders?'

Ik kijk tersluiks naar hem om te proberen zijn gezichtsuitdrukking te duiden. Ik ben het verhuizen zo zat. Ik weet nog hoe Rab was voor de Londense straten ons te na kwamen. Ik dacht dat we dat allemaal achter ons hadden gelaten. Rusteloosheid leidt tot een ontwrichtend ongelukkig zijn. Ik probeer er niet te lang over na te denken. Daardoor voelde ons leven in de stad benauwd en klein. De hemel hier is onmetelijk voor mij. Ik maak me zorgen als ik die blik op zijn gezicht zie.

Ik wrijf de tafel in met een donkere olie. Als hij droog is, haal ik hem binnen. Ik leg er een tafelkleed op en zet er borden op. We hebben maanden niet aan een tafel gezeten. Ik pluk een boeketje wilde bloemen, grasklokjes en kleine tijm, die ik op de heuvel vergaar. We hebben twee beekforellen gevangen in het loch. Die avond wassen we ons, kleden we ons en zitten we aan voor het eten. Het voelt als een date. We kijken elkaar aan en schieten in de lach. 'Heel stom, maar ik word hier verlegen van,' zeg ik.

Het volgende moment springt Rab overeind. Er klinkt het onmiskenbare geluid van een naderende trekker. 'Die knalt godsamme zo de schuur in!' Maar dat doet hij niet, hij remt heel hard om de krappe bocht te kunnen nemen, maar neemt hem zo nauw dat hij wel de regenton raakt. Dan staat hij pardoes stil.

'Dit kon weleens interessant worden,' zegt hij. 'Eindelijk wat actie op het eiland.'

Ik heb net de prachtige, nog dampende, roze forel op tafel gezet. 'Daar gaat ons eten,' zeg ik plotseling geërgerd. Rab is al naar buiten.

Op het erf liggen twee mannen languit in het stof. Ik zie dat ze met schapen hebben gewerkt. Hun geruite hemden zitten onder de plukjes wol en op hun jeans zitten drekspetters. Een lege fles ligt op de grond. Langzaam hijst de jongste van de twee, zwaar leunend op de ander, zich overeind. Zijn gezicht is dik en rood aangelopen, maar verder is hij tenger en bleek.

'Sorry.' Hij schudt het hoofd en brabbelt: 'Volgens mij heb ik daar een foutje gemaakt.' Hij buigt voorover en zet zijn metgezel op zijn voeten. 'Lastig bochtje. Beetje te hard gestopt. Komen onze nieuwe buren eens bezoeken.' Hij wankelt naar Rab en slaat hem hard op zijn schouder. 'En jullie denken dat jullie op Hectors croft blijven.'

Ik loop erheen en ga naast Rab staan. Die stapt naar voren om de oudste, die door zijn benen gaat tegen het wiel van de trekker, een handje te helpen. Ik draai me naar onze staande bezoeker en besef dat ik zijn gezicht ken.

'Ah, en een mooie meid toch wel,' concludeert hij terwijl hij aan mijn arm plukt. Het wordt geen handen schudden. Zijn vingers sluiten zich zo hard om mijn pols dat ik niet zomaar loskom. Ik probeer weg te draaien, maar hij laat niet los. Ik werp een snelle blik naar Rab, maar die is de ander nog aan het helpen en staat met zijn rug naar me toe.

'Helemaal niet,' zeg ik en ik doe nog een stap naar achteren. 'En sorry hoor... maar dat doet zeer aan mijn arm.'

'O, op die manier?' Er flikkert iets over zijn gezicht, de glimlach krult tot iets harders. Op het ene moment heeft hij mijn pols nog vast en het volgende glijden zijn vingers achter langs mijn arm omhoog. Het gaat zo snel dat ik er niet op bedacht ben. Zijn hand raakt mijn oksel met zijn vingers vlak bij de bandjes van mijn jurk. Daar blijft hij een peilende seconde lang hangen, tegen de zachte huid die zich net onder de achterronding van mijn borsten verschuilt. Mijn huid brandt bij die ongewenste aanraking.

Hij lacht terwijl ik terugdeins en mijn arm loswring. Zich niet bewust van wat er net is voorgevallen draait Rab zich om. Het voelt niet veilig om het nu uit te leggen. Ik kijk naar mijn pols. Ik voel de vingers van de man nog drukken, zie de witte plekken die ze hebben achtergelaten op mijn vel. Ik kijk naar hem, in de war, licht in mijn hoofd en gespannen.

'En nu we ons hebben voorgesteld,' schertst de man korzelig, 'gaan jullie ons niet binnenlaten?'

Hij staart Rab aan, met een donkere blik. 'Je wilt toch niet dat wij gaan denken dat jullie niet...' Ik kijk naar zijn lippen die elke lettergreep heel nauwgezet articuleren, '... niet zo gastvrij zijn.'

'Natuurlijk zijn jullie welkom,' zegt Rab bedachtzaam. 'En nu jullie mijn vrouw kennen,' hij werpt mij snel een blik toe, 'lusten jullie vast wel een borreltje.' Hij fronst zijn wenkbrauwen in onbegrip wanneer ik mijn hoofd schud. Mijn ogen schieten vuur. En die zeggen hem: Nee.

Er valt een pijnlijke stilte.

'Dat lijkt me geen goed idee,' zeg ik om het gat te vullen. 'Ik ga wel even thee zetten.'

Rab probeert verbijsterd mijn gezicht te lezen en begrijpt het niet. Dan haalt hij zijn schouders op en gaat ze voor naar de deur.

'Je gaat er niet een punt van maken,' zegt hij me zwijgend met die blik. 'En ook niet overdrijven. Niet hier, niet nu, met zoveel drank al in het spel.' Ik weet dat het voor hem belangrijk is na deze ontmoeting niet slechter af te zijn. Maar mijn ogen vertellen me dat onze bezoekers hem al flink om hebben. Nog meer borrels en ze liggen straks finaal van de kaart op de grond. Plotseling ben ik woedend. Als het niet hier, niet nu kan, wanneer dan wel, vraag ik me af. Ik weet niet zeker wie het hier nu bij het rechte eind heeft, niet zeker wat ik moet doen, maar wel dat ons huis nu niet van onszelf is. En dat op de een of andere manier Rab me op een afstand houdt. Ik vind hoe dat voelt niet fijn.

We lopen stil achter elkaar de kamer in. De vissen kijken me aan met koude, vlakke ogen. Ik draai de oven uit en zet ze er weer in om ze warm te houden. Rab loopt naar een kartonnen doos en pakt er twee glazen uit. Ik zie hem stevige borrels inschenken. Hij probeert het licht te houden, maar de sfeer is gespannen. Na ongeveer een uur gaan beide mannen van hun stokje.

'Wat doen we nu?' vraag ik ongerust. 'Straks zitten ze hier de hele nacht.' Ik ben heel ontdaan en boos. 'Verdomme, Rab. Dit is ons huis.'

We staren elkaar aan zonder iets te zien. Ik heb er zo de pest aan als we zo verschillend reageren. En dan geeft Rab een stoel een schop. 'Je hoeft niet zo overspannen te doen.' En dat is nog erger dan alles wat ik daarvoor al heb gevoeld.

Hij is ruw en nonchalant als hij de mannen wakker schudt. Hij is nog aan het verwerken wat ik in de haast heb verteld over wat er is voorgevallen op het erf. Het ergert me dat dit voor hem alleen maar een zet in een of ander spel is.

'Nou, leuk dat jullie langs zijn gekomen. Tijd om weer eens op huis aan te gaan.'

Op het erf verandert de sfeer onder mijn neus. Het is onverdraaglijk. Zo maken ze zich op om te gaan en plotseling knettert er iets. De jongste man geeft Rab een duw in zijn rug. Hij zet zich helemaal schrap, zijn vuisten gebald aan zijn zij. Ik voel hoe mijn eigen handen zich ballen, mijn nagels in mijn vel bijten. Terwijl ik zijn vlezige lippen zie gaan, voel ik mijn eigen mond droog worden. Ik verstijf als hij zijn rood aangelopen gezicht in Rabs gezicht duwt. Dan wendt hij zich tot mij met een vuile grijns: 'Nu zitten jullie hier fijn op je gemak. En jullie denken dat het een makkie wordt, hè. Nou, als ik ergens nog meer de pest aan heb dan aan vuile nieuwkomers, dan is het wel aan een stelletje lamzakken die ergens komen waar ze niks te zoeken hebben.'

Ik knipper met mijn ogen terwijl ik mijn armen en benen traag en soepel voel bewegen zoals wanneer je stijf staat van de adrenaline. Rab legt een hand op de man zijn schouder en mijn adem stokt als hij die ruw van zich afschudt. Hij moet mijn angst en ongelooflijke woede wel bespeuren, want zijn gezicht is zo dichtbij dat ik de hitte van zijn adem op mijn wang voel slaan. Ik richt mijn blik op zijn ogen en staar een ogenblik hard terug. Dan sla ik mijn ogen snel neer. Ik wil hem iets aandoen, maar er schuilt echte haat in zijn ogen. Ik staar naar het spuug op zijn kin, zijn te zachte lippen, zijn dikke, brabbelende tong en voel de ruimte om me heen krimpen.

'Lekkere tieten, goeie baarheupen,' grijnst hij. 'Een mooi vaarsje om te bestijgen, net wat deze croft goed kan gebruiken.'

Als ze weg zijn, eten we de vissen niet meer op. Ze zijn uitgedroogd en verbrand. We zitten zwijgend op onze stoel.

'Zin in een neut?' vraagt Rab op den duur.

'Doe maar een dubbele,' knik ik. En dan pak ik zelf de fles. Mijn hand trilt terwijl ik mijn glas volschenk.

Als het herfst is, heb ik een prachtige Highland-merrie. Ze is een *cream dun*, even stralend als een bleke winterzon. Ik noem haar Fola. Ze is een fokmerrie en even wild als de heuvels. Maar na een lange zomer in de wei met een hengst, draagt ze nog geen vrucht. 'Tijd om haar af te danken,' vertelt een buurman me. 'Aan een uitvreter heb je niks op de croft.' En dat doet me verdriet. Want ik weet dat ze gelijk hebben. Maar Fola's ogen hebben iets teders wat me ervan weerhoudt. 'Laten we het nog even aanzien,' steggel ik met Rab. 'Misschien kunnen we een andere taak voor haar bedenken.' Rab is niet overtuigd.

Op regenachtige dagen lopen haar hoefafdrukken vol met water. 'Het maakt de grond drassig en is de pest voor de croft,' zegt hij.

'En de koeien dan?' vraag ik. 'Daar zijn er heel veel van. Hun hoeven maken er een veel grotere zooi van.'

'Die betalen zichzelf terug met kalveren,' zegt hij. En dan slaat hij zijn armen over elkaar en kijkt me uitdagend aan.

Daar kan ik niet tegenop. 'Laten we haar tot het voorjaar houden,' stel ik voor. 'Ik zal proberen iets te bedenken wat wel werkt.'

Ik ben vastberaden. We zijn erachter gekomen dat de smid vroeger op onze croft woonde. Onder de gebroken rietdekkersspanten in de vervallen schuur vind je nog de kasseien en hokken waar ooit kalme werkpaarden hebben gestaan. Ik vind het mooi dat met Fola er weer paarden terugkeren op de croft en ik ben benieuwd of ze op een dag het land zal kunnen bewerken.

In het steeds mechanischer boerenbedrijf is het verzet tegen werkpaarden begrijpelijk. Maar het begint me op te vallen dat wanneer andere boeren langskomen, mijn ideeën en suggesties worden genegeerd, hooguit amusant worden gevonden of snel worden afgedaan. Soms vraag ik me af of in hun ogen een vrouw ook op de velden niet thuishoort.

Ik vang Fola op en wrijf met mijn handen vederlicht over elke centimeter van haar lijf. 'Het geeft niet,' vertel ik haar. 'Je mag hier blijven, met en zonder veulen.' En dan fluister ik: 'Maar je moet me wel helpen.' En ik ben uitgelaten, want ik denk dat ik zo niet een oplossing, dan toch in ieder geval een goed plan heb.

'Het duurt lang voor je de geest van een paard hebt gebroken,' vertelt een boer me.

'Ik ga haar met zachte hand aanpakken,' zeg ik resoluut.

Wanneer we alleen zijn, doe ik Fola een belofte. 'Ik zal je nooit achter een vrachtwagen binden en aan je lopen trekken,' zeg ik haar. Haar sensitieve ogen kijken naar me. Ik weet dat ze luistert. Het duurt even voor een paard je vertrouwt. Ik praat met haar terwijl ik elke centimeter van haar vacht gladstrijk met een doek. Als er een vlieg op haar rug landt, zie ik een rimpeling door haar huid gaan. Het maakt me benieuwd hoe ontvankelijk die scherpe sensitiviteit is. Die dag droom ik dat wij samen over de heuvels rennen. Met de zon op ons gezicht, de wind in onze rug en heel de zee als ons uitzicht.

'Zou je dat nu wel doen?' vraagt Rab wanneer ik zonder zadel op haar zit. Ik ben opgetogen en doodsbenauwd terwijl zij nerveus in onvaste cirkels door het gras voortstapt. De volgende dag val ik eraf. Ik leer mijn lichaam zacht te maken op het moment dat ik van haar af glijd. Dat oefen ik. Ik blijf stil in het gras liggen en laat haar mij zoeken. Zonder zadel leren rijden duurt lang. Het duurt langer dan zou hoeven omdat we allebei nog moeten leren. En dan zit ik op een dag op haar en voel ik haar lijf ademen, tegen mijn dijen duwen, en klop ik met open hand op haar zachte nek. 'Kom op, Fola, het is nu of nooit.' Haar gespitste oren trillen luisterend.

Ik leun naar voren met mijn hoofd dicht bij haar manen, haar ogen glanzen als ze begint te galopperen. En plotseling hebben we de wind tegen, vallen de heuvels onder ons weg en vlieg ik met Fola. We vliegen samen. De lucht hangt boven ons en de vaste aarde dreunt onder gestaag trommelende hoeven. Ik heb een deel van mijzelf ontdekt dat helemaal nieuw is voor mij. Ik ben wild en vrij.

In de herfst komen de herten overzwemmen vanaf de kale heuvels. Het eiland ziet ze komen. Het kijkt met een harder gezicht. Maar de herten blijven komen. Wanhopig van de honger riskeren ze de woeste oversteek terwijl het eiland op drift raakt in het tij. Overleven betekent alles op het spel zetten voor dat lekkere hapje. Verder het eiland op langs de smalle ruggengraat liggen rijke weidevoren en gemeenschappelijke graslanden die deze wilde worsteling aan het oog onttrekken. Maar soms zie ik tijdens de dageraad de herten die de ruige rotsbeddingen volgen in de hoop op een effen, ondiepe grasbeemd. Door in een ander territorium binnen te dringen zetten ze hun veiligheid op het spel. Ze herinneren me eraan op te letten waar ik mijn schreden zet.

Sommigen hebben het beste met ons voor. En anderen lijken, zelfs voor ze ons ooit gesproken hebben, te willen dat het ons niet lukt. Soms krijg ik het er benauwd van.

'Wij zouden deze croft gaan kopen.'

Het klinkt zo scherp, vijandig en suggereert zo sterk dat wij geen rechtmatige eigenaars zijn, dat mijn adem stokt.

'Dat spijt me nu,' zegt Rab terwijl hij ongemakkelijk in zijn nek wrijft. 'Dat is echt pech, jammer voor jullie dat het niet is doorgegaan. Maar aan de andere kant,' voegt hij eraan toe, 'ben ik blij dat wij nu hier zitten.'

Later als er nog steeds over gesproken wordt en de glazen gevuld en geledigd zijn, vraagt hij op de man: 'Maar hebben jullie dan een bod gedaan?'

Dan komt aan het licht dat het plan dicht aan de borst was gehouden, maar dat er geen actie ondernomen was om een bod uit te brengen of dat er andere stappen waren gezet om tot een koop te komen.

'Laat het nu maar los,' zeg ik. 'Het doet er niet meer toe. Wij zitten hier nu. En die gevoelens, die verdwijnen op den duur wel.'

Maar het doet er nog toe. En ze verdwijnen niet. Jaren later zijn die wrevel en wrok er nog altijd. We horen geruchten over een met de hand geschreven papiertje en een doodgezwegen ruzie over een erfenis. Soms is het makkelijker om een halve of hele waarheid weg te stoppen. Of om die verwarrende windvlagen de rug toe te keren. Net als de prikkende zoute wind luwen op den duur alle geruchten, krijgen ze genoeg van zichzelf of ze waaien gewoon weg.

'Maar het slaat nergens op,' zeg ik de dag na weer zo'n kwetsende woordenwisseling. 'Als families per se samen willen blijven, als gemeenschappen alleen willen dat de eigen mensen blijven, waarom geven ze ons dan de schuld en kloppen ze niet bij de verkoper aan? Het is toch de familie of degene die verkoopt, die de prijs bepaalt en accepteert?' Hun verwijt lijkt onterecht, hypocrisie die naar minachting en listigheden riekt. En dat baart mij zorgen. Soms voelt het vreemd dat daar waar we wonen, we altijd onzichtbaar zullen blijven. Wat we ook doen, hoelang we ook blijven leven of er wonen, dit is en blijft 'Hectors croft'.

Terwijl de wind steeds frisser en scherper wordt in het harde seizoen, komen de golven steeds woester op de rotsen beuken en uiteenspatten. Wij blijven kalm en werken door. We fatsoeneren de ruige gronden. Ik ben me bewust hoe oneindig veel moeilijker dit zou zijn zonder Rab aan mijn zijde. Croften is een kwestie van samenwerken en één lijn trekken, elk met zijn eigen rol en de bereidheid om te werken, van proberen een systeem te ontwikkelen dat gestroomlijnd is en overeenstemt met de seizoenen en de cycli van de zon en de maan. Wanneer het najaar het begin van de winter in glijdt, stormt het op sommige dagen, zijn de baren te woest en varen de boten niet. We bestuderen de voorspellingen en getijdentabellen, maken plannen voor wanneer we waarschijnlijk niet naar het vasteland kunnen om levensmiddelen en voer voor de dieren in te slaan.

We kennen niemand in Oban, dus zoeken we daar zelden gezelligheid. Soms snuffel ik wat rond in de boekhandel of de kringloopwinkels en neem ik het laatste veer terug terwijl ik patat uit een gloeiendhete, van azijn doordrenkte zak pulk, of ik trakteer mezelf op een versbereide krab in zijn schaal bij een van de tentjes op de pier. Dus al behelzen uitstapjes naar het vasteland vooral onze bevoorrading, het ruwe weer maakt het leven toch nog wat zwaarder omdat je weet dat je niet weg kunt, zelfs als je dat op sommige dagen voor maar een paar uurtjes zou willen.

Het is een groots moment als op een middag de transportvrachtwagen van het vasteland het eiland op komt met een langverwachte bestelling. 'Voorzichtig, hoor!' flap ik eruit wanneer er oude koorden worden gebruikt om hem op het onverharde erf te zetten. Ik probeer te helpen als hij met moeite wordt uitgeladen en met mankracht door het keukentje de woonkamer in wordt gebracht. Ik heb de piano voor een paar pond gekocht via een advertentie op de achterpagina van de *Oban Times*. Als ik mijn handen over de toetsen laat gaan, ben ik stomverbaasd. Hij heeft het heelhuids overleefd en heeft een prachtige aanslag en toon.

Het kost tijd om je mentale checklist aan te passen voor elke mogelijke gebeurtenis. Zoals dat gaat, waren wij soms ook ergens niet op voorbereid. Er is geen benzine- of dieselpomp op het eiland en ons verbruik is te laag om een agrarische dubbelwandige tank te installeren. Het regent de dag dat de benzinetank van de Vespa plotseling leeg is, en het waait te hard om te fietsen, dus hul ik me in regenkleding en word ik kletsnat terwijl ik naar de plek loop waar ik moet zijn. De volgende dag neem ik in een zwarte vuilniszak een jerrycan mee naar het vasteland, maar ik heb de benodigde formulieren niet ingevuld, noch de bemanning op de hoogte gebracht, en op de terugreis wordt de volle jerrycan ontdekt en in beslag genomen. Uiteindelijk sluiten we ons aan bij een groep die het gebruik van een boot deelt en zitten we op een kalme dag ineengedoken op de natte planken en smokkelen we onze brandstof binnen met een puffende motor die het zoute water over ons kielzog sproeit terwijl de aalscholvers dicht opeengepakt op de met zeewier bezaaide, steile *skerry's* zitten.

Die eerste maanden draait de tijd langs een andere boog. Ik word gewaar dat het land onze leventjes ziet worstelen om zijn ritmes te peilen. We beginnen in een ander tempo te bewegen, dichter afgestemd op het komen en gaan van de seizoenen, de geboorte van kalveren en lammeren, het maaien van kuilgras, het vissen van makreel en het binnenhalen van het hooi. De mechanisering heeft hier levens veranderd, maar niet zo sterk als op het vasteland. Bij het uitmesten van de oude schuur vind ik hopen kapotte lantaarns en lampenpitten. Ik kom te weten dat gaslampen hier pas eind jaren vijftig de Tilley-druklampen en petroleumkousen vervingen. Elektriciteit kwam het eiland pas in de jaren zeventig verlichten. De karren die werden getrokken door geweldige kleine karrenpaarden of grote Shires werden vervangen door trekkers en nog veel later door zwaar transport dat op rode diesel liep die olievlekken achterliet op donkere plassen en gaten in de weg waar regenwater ooit heldere plassen vormde. Maar de hemel blijft stil en donker. Zoveel zijn de tijden niet veranderd.

Op een ochtend betrekt de lucht en lijkt alles zich terug te trekken in stilte. Ik lig in bed en voel het nokwerk van het dak sidderen. Ik trek de dekens dichter om me heen terwijl de ramen rammelen en bittere kou door onzichtbare spleten tocht. Beneden kreunt en zoemt het in de koude haard. Ik steek droge aanmaakkrullen aan en kniel erbij om elk flakkerend vlammetje voorzichtig tot volle ontbranding aan te wakkeren. Als ik de radio aanzet, worden er windstoten van 240 kilometer per uur voorspeld. De hele dag luister ik naar het nieuws en houd ik de barometer in de gaten. Op het eiland gonst het van het weerbericht voor de scheepvaart dat ons met vlakke stem meldt dat ook de wind nog zal aanwakkeren. Rab is vandaag op het vasteland. Als hij belt, krijg ik te horen dat hij daar vanavond niet weg kan, nu de storm en de golven op onze kust beuken.

'Bind alles vast,' zegt hij tegen me en zijn stem klinkt scherp. 'En zorg in godsnaam dat je het schuurdak strak en vast zekert.' Ik houd de telefoon nog steviger vast en knik, mijn hart raast in mijn borstkas.

Als ik naar buiten stap, wervelt de wind met een laag, vrolijk geluid om me heen, de boomtakken zwiepen heen en weer. Als ik opkijk, zie ik dat de bomen helemaal kaal zijn. Waar gaat een vogel heen als zijn huis wordt vernietigd? Dat vraag ik me af. En hoe blijven veren droog of weerstaan ze deze stormwind? Ik ga snel op zoek naar touwen, maar alles wat ik vind is te kort of te dun. Ten slotte ontrol ik een enorm stuk slang voor agrarisch gebruik, klim ermee op een ladder en probeer het over het dak van de schuur te krijgen. Het ding is log en lastig te hanteren in je eentje. Eindelijk weet ik het over de nok heen te werken en het hand over hand aan de beschutte kant te laten zakken.

Ik zoek als een razende het hele erf af naar iets om het te verzwaren en aan vast te maken. Dit zorgt weer voor zijn eigen probleem: hoe zwaarder het voorwerp, hoe lastiger te tillen. Op het laatst sjor ik de Vespa, Rabs trotse bezit, uit zijn schuilplaats. Ik heb de sleutel niet en hij komt maar met moeite van zijn plaats. Ik zweet van de inspanning, maar angst en adrenaline samen geven me een kracht waarvan ik niet wist dat ik hem had. Het lukt me hem naar de goede plek te sleuren, maar ik kan hem niet houden als ik probeer hem opzij te laten zakken. Ik krimp ineen als hij met een knal op de grond klapt. Er is geen tijd om te kijken of hij beschadigd is. Vechtend tegen de wind worstel ik nog een stuk slang over de achtergevel om er betonblokken op te trekken zodat het aan de ene kant gezekerd is en het andere eind bind ik vast aan een oude, roestende ploeg waar ooit een span voor werd gespannen. Ik bid dat alles blijft zitten.

Rond middernacht begint het huisje te zoemen met een gemene gons als van laagspanning. Het is moeilijk te horen waar het vandaan komt. Ik kan mijn ogen niet afhouden van de flikkerende lampen die tot een verschaald, somber bruin afzwakken. Ik heb geen idee of de elektra beveiligd is of dat een plotse schommeling de stoppenkast van de muur zal knallen. Ik realiseer me dat ik niet weet hoe ik een elektrische brand moet blussen en dat ik dat wel zou moeten weten. Het ontneemt je alle kracht als je ergens naar staart waar je niets van begrijpt. En het is angstaanjagend om het ergste alleen het hoofd te moeten bieden. Buiten brullen de bomen, de storm loeit voort en de ramen worden geteisterd door een enorme druk. Mijn vel tintelt vlak voor de verblindende flits komt. De elektra knalt eruit. De bruisende duisternis die erop volgt, is levend en ondoordringbaar. Mijn ogen zijn nog gebrandmerkt door die verzengend stralende flits, ik zie letterlijk geen hand voor ogen. Maar ik voel mijn hart bonzen in mijn borstkas. Mijn ademhaling in mijn keel. Als mijn bejaarde kat mauwend op het bed springt, neem ik haar in mijn armen. Het is geruststellend haar zachte warmte te voelen.

Een paar uur later ben ik plotseling heel alert. De wind giert nog steeds; de kat is nergens te zien. Ik luister met ingespannen oren, mijn vingers tasten blind voor me uit terwijl ik naar het raam schuifel. Mijn adem wordt gejaagder van glinsterende angst. Een flikkerend wit overspoelt het erf. De hoofdleiding is gebroken en de onder stroom staande kabel zwiept vonken in de rondte als een woedende sidderaal. De prachtige schittering is betoverend. En dan klinkt er geraas en een langzaam krijsen van afscheurend hout. De kersenboom kapseist.

De dageraad is traag. Urenlang zit ik op de houten trap te rillen onder dikke dekens met mijn armen om me heen, mijn blik gericht op dat verblindende donker dat zichzelf afranselt met zijn eigen geselstreng. Het is een opluchting de hemel lichter te zien worden, flets en bleek doorregen. De elektriciteitspaal is in tweeën gespleten, maar de slingers witte vonken die de wind nog steeds rondzwiept, worden uitgewrongen door het daglicht. Ik blaas mijn kaars uit en loop naar het raam om de ochtend te begroeten. Ik ben blij dat mijn ergste angsten niet zijn uitgekomen en dat de stroom niet de kabel op is gebrand tot aan het huis. Later daagt het me dat ik terwijl ik die schemerende, glinsterende uren alles in het donker in de gaten zat te houden, iets van belang heb meegemaakt. Dat doet angst met je. Angst fonkelt.

Het herinnert me eraan dat onder ogen zien waar je het bangst voor bent, je zelfvertrouwen geeft en ongelooflijk mooi kan zijn soms.

Als ik de deur wil openen, blijkt de gevallen boom hem te blokkeren, dus klim ik uit het raam. Overal liggen takken, bladeren en losgekomen troep. Ik blik de croft rond. De intense, prachtige stilte is verpletterend. Als de koeien mijn kant op komen voor hun ochtendemmer met voer, loop ik ze tegemoet. En misschien klinkt het vreemd, maar ik ben blij met hun gezelschap. Ik vraag me af of zij na zo'n nacht ook blij zijn met het mijne. Ik voel een nieuwe eerbied voor de scheppende en vernietigende krachten van dit landschap, en het komt me voor dat ik een soort test of initiatie heb doorstaan door in mijn eentje deze nacht door te komen. Ik trek de deken strakker om me heen. Het is een opluchting om de zon langzaam te zien opkomen.

5
Zwoegen

We hebben werk nodig. Onze spaarrekening begint leeg te raken. Er is een oud gezegde op de eilanden: tegen nood helpt geen list. Ook al dromen we van een eenvoudig leven, uitsluitend van de opbrengst van het land leven is niet mogelijk zolang we de boel nog aan het opzetten en het huis nog aan het afmaken zijn. Dat baart me zorgen. Ik voel handen in onze zakken tasten en er sneller rekeningen uit omhooghalen dan ik ze kan verwerken. De stapels bonnen die we elke week in een envelop proppen, hopen zich in een alarmerend tempo op. Dicht bij de natuur leven is niet voor bangeriken: in werkelijkheid blijkt duurzaamheid een schrikbarend kostbare zaak te zijn. Vanaf nul beginnen kost een lieve cent, terwijl we weinig terugverdienen op onze uitgaven. Het maakt amper verschil of we zelf gaan ploeteren of betalen voor de hulp die nodig is. Tijd heeft zijn eigen waarde en wachten is niet altijd efficiënt wanneer een klus gedaan moet worden, vooral als het doel een domino-effect heeft.

Je moet elk onderdeel meenemen, elke klus helemaal van begin tot eind afmaken, anders blijft het onaf of krijg je knoeiwerk. Op sommige dagen kijkt de croft ons verwijtend aan.

De natuur kan veel hebben, maar onze eigen verwachtingen zijn compromisloos. Elke dag is het wikken en wegen. Wanneer je de kosten van levensonderhoud gaat berekenen, vraag je je af waar het allemaal blijft en waarom er zoveel nodig is om alleen maar adem te blijven halen. Sommige dagen is het alsof we zelfs voor de lucht boven ons hoofd moeten betalen. Die tegenstrijdigheid kan ik elke dag maar moeilijk bevatten. Het land schenkt ons zijn gaven, maar het kost een godsvermogen om het te onderhouden.

Aan het begin van elk jaar plannen we voor elk mogelijk resultaat, we doen voorspellingen en maken inventieve ramingen voor elk scenario dat we ons redelijkerwijs kunnen voorstellen. We berekenen onze uitgaven zorgvuldig, schrijven elke post op en vinken hem weer af. We budgetteren nauwgezet voor elke penny en pond. Maar naarmate het jaar vordert, worden we onverschillig. We nemen risico's. We maken fouten, wachten te lang om apparaten aan te schaffen die ons het leven een stuk gemakkelijker zouden maken, of geven het uit aan andere spullen waar we ook zonder hadden gekund. Het is een vreemde ruilhandel. Je geeft je er volmondig aan over, maar er is verder niets wat niets kost.

Ik wil die ruil met een andere maat meten; de waarde van agrarische machines en apparaten, van benodigdheden zoals hekken, schotten en bekapboxen niet uitdrukken in de verkoopprijs, maar in minuten en uren van mijn leven. Als je zo denkt, ga je waarde anders beoordelen. Het helpt me om de tijd te vertragen tot in minuten. Al die uren, dagen, jaren waarmee we betalen voor onze materiële bezittingen, snijden dan hout. Ik bereken waarde nu in een eenheid die waarachtiger is. Het zijn niet alleen de jaren werk die we erin steken. Het zijn jaren van ons leven.

Door op deze manier naar waarde te kijken krijgen commerciële transacties een onstoffelijke dimensie. Soms wilde ik dat we daar eerder aan hadden gedacht. Ik denk vaak terug aan die eerste acht zorgeloze weken nadat we op het eiland waren aangekomen. De lucht en de zon waren genoeg. Rab brengt daartegen in: 'Dat was voor het wonen begon.' Maar voor mij was hoe we toen woonden veel echter. Geld kan bedrieglijker zijn. Je denkt dat het er altijd zal zijn, maar op een dag kijk je om je heen en is het voorgoed verdwenen. Je denkt dat die stromende rivier je altijd zal blijven meevoeren – tot de dag dat hij opdroogt.

We gaan nog niet over de rand, maar ik heb het gevoel dat dat niet lang meer zal duren. Die knagende zorg is er altijd, zoals een gevoelig plekje waar je maar zachtjes op blijft duwen, dat je met je vingers aftast in de hoop dat je ontdekt dat het minder pijnlijk wordt. Maar het blijft. De weinige korte bezoekjes van vrienden haperen. We leven minder comfortabel dan anderen gewend zijn. Ik ben opgetogen als mijn broer met zijn jonge gezin kort langskomt uit Hongkong. En al zegt hij: 'Dit was een topvakantie!', ze hebben het moeilijk gehad met de ruige omstandigheden en komen niet nog eens.

Het frustreert Rab dat we niet alle apparatuur hebben die andere boerderijen wel hebben. Hij heeft alle recht zich moe te voelen; het is zwaar werk om dagenlang te graven of om met de hand te doen wat met het juiste gereedschap of de juiste machine in een paar uur gedaan zou zijn. We ruilen onze hulp tegen gebruik van zware machines als het nodig is, maar dat is een aspect van onze zelfvoorziening waar we niet goed op zijn voorbereid.

'Het geeft niet. Dat komt echt wel als we de boel wat meer op orde hebben.' Maar het is lastig om te betalen voor trekkers, graafmachines, laadschoppen en aanhangwagens en om de schuur in een werkplaats te veranderen, wanneer we geen van beiden iets verdienen. Rab is het huisje aan het opknappen, wat moet gebeuren. Hij wil geen andere baan zoeken, hij wil van de croft kunnen leven. 'Ik ben hier niet gekomen om te werken,' grapt hij, 'ik ben hier gekomen om stil te gaan leven.' Ik glimlach, maar soms hoor ik het te vaak. Eén van ons moet een loonstrookje zien te krijgen. Ik zou ook het liefst constant op de croft willen zijn, dus heb ik gemengde gevoelens als ik succes blijk te hebben met mijn sollicitatie op de vacature voor groepsleidster kinderdagopvang op de basisschool van het eiland.

Mijn taak is de peuterklas verzorgen. Er zitten maar acht kinderen op de hele school en op het moment bestaat die crèchegroep uit één kind van drie. Het is maar een paar ochtenden in de week. Elke dag doen het kind en ik onze regenkleding en handschoenen aan, onze sjaal om en onze muts op, wat voor weer het ook is, en wapenen we ons met als bijtjes gestreepte, geel-zwarte walkietalkies aan een koord. We zwerven vrijelijk rond, als gierzwaluwen die al doende leren vliegen. Ik geniet van mijn ochtenden, maar het baantje voldoet niet in elk opzicht. Soms voel ik, wat de voordelen ook mogen zijn, me leeg. Het is weleens moeilijk om de gezichten van de kinderen te zien stralen als hun ouders hen op het eind van de dag komen ophalen. Het ontgaat me niet dat de onuitgesproken voorwaarde van mijn rol hier is dat ook ik, op een dag die niet al te ver in de toekomst ligt, de inschrijvingen van de school op peil houd met mijn eigen kinderen.

Dan zijn er ook nog de intriges waarmee elke baan gepaard lijkt te gaan. Sommige mensen zijn gepikeerd omdat hun kandidaat of een familielid de betrekking niet heeft gekregen. Anderen willen hun eigen dogma, politieke overtuiging en ideologie vooral fijn slijpen. Ik leer om me er rustig aan te onttrekken. Een discussie ontaardt al te snel in beschuldigingen of ruzie als je accent niet van de streek is of, nog erger, uit het zuiden komt. Het is vermoeiend om constant op je hoede te zijn. Maar zodra je ontspant, vorm je ongewild een doelwit. Soms is het net een spel. Maar we hebben de inkomsten nodig en ik ben dol op de kinderen, dus blijf ik glimlachen en doorzetten.

Het is voor mij misschien moeilijker dan voor anderen. Ik weet dat ik anders ben. Ja, ik ben een Engelse, maar dat is niet het enige. Ik dacht nooit aan mijn huidskleur toen ik pas was aangekomen. Mijn huid is gevoelig, dus verbrand ik in de zon, al bruin ik ook. Mijn haar heeft van nature donkere, rode, kastanjebruine en door de zon gebronsde strengen. Mijn moeder is Anglo-Iers en het weefsel van haar familie bestaat uit strak geweven Schotse en Iers-Keltische draden. Maar mijn vader, uit de laatste van twee in Zuid-Afrika geboren generaties, is van Aziatische afkomst. Ik ben altijd benieuwd geweest naar waarom we aan beide kanten van mijn familie blauwe ogen en een lichte huid hebben. Wanneer ik dieper in mijn genealogie duik, stuit ik op een vermoeden van heldere woestijnogen uit Kasjmir of de noordwestelijke vlaktes van India.

Verschillen worden op het eiland omzichtig benaderd. Een vreemdeling die buiten met loze nieuwsgierigheid wordt bejegend, valt achter gesloten deuren vaak spot of medelijden ten deel. Kille onverschilligheid of verveling is het antwoord op mijn pogingen te integreren. Ik ben de zwerfhond.

Kleur is niet iets waarover in het openbaar wordt gesproken, maar ik begin op te zien tegen de pauzes op school. Dan worden altijd dit soort beladen onderwerpen terloops te berde gebracht. Er zijn maar een paar woorden nodig om me erop te attenderen dat iemand iets te zeggen heeft. Ik wacht het af. Eén kwestie wordt aan de orde gesteld kort nadat mijn ouders een paar dagen op bezoek zijn geweest. Het is nooit makkelijk als ze komen, maar het stemt me altijd droevig als ze weer vertrekken.

'Schaamde je je niet een beetje om met je vader door het dorp te lopen toen hij hier was?' is de vraag die een vrouw me in de keuken voorlegt.

'Hoezo?'

'Omdat hij een bruine is. Het is een kleurling.'

Ik weet dat er nog meer komt. Dus zeg ik niks.

'Mensen zoals hij zie je niet vaak, dat ze zomaar hier rondlopen.'

Dat moet ik haar nageven. Dat klopt. Die zie je niet vaak. Alleen schokt het me wel om dat zo te horen. Het werpt een schaduw tussen ons. En als ik naar haar gezicht kijk, zie ik dat zij hier ook mee worstelt. En ik wilde dat ik het makkelijker kon maken. Maar ik weet niet wat ik nog moet zeggen om die kloof in onze verdraagzaamheid en ons begrip te overbruggen. Dat maakt het moeilijker om tot acceptatie van elkaar te komen.

Soms vraag ik me af of het de moeite waard is. Het karige loontje is maar net genoeg voor onze rekeningen. We hebben iets nodig om deze povere inkomsten aan te vullen. Rab is beter toegerust voor een baan, maar hij wijdt zich volledig aan het opknappen van het huis. Ik ga met een leeg vel voor mijn neus zitten om mijn praktische vaardigheden op te schrijven. Ik noteer 'groepsleidster kinderdagverblijf'. Dat voelt als een hoogdravende titel voor iemand die voor één peuter moet zorgen in een school met maar acht kinderen. Hoe ik ook naar mijn lijst kijk, ik ben het grote probleem ervan. Ik heb geen praktische vaardigheden.

Ik frommel het vel in elkaar, slaak een zucht en begin opnieuw. 'Kun je me helpen?' vraag ik Rab. Maar hij begraaft zijn hoofd in zijn handen. 'Ik heb zo al genoeg aan mijn kop.' Verbaasd kijk ik naar hem.

Uiteindelijk besluit ik een advertentietje te schrijven, achter op een envelop. De tekst is simpel, bescheiden en ter zake. 'Tuinonderhoud. Schoffelen, wieden, planten: £8/uur.' Ik houd het met opzet simpel. Ik heb formeel geen ervaring, alleen twee sterke handen, de bereidheid om hard te werken en ik houd van de buitenlucht. Ik loop anderhalve kilometer om het op het mededelingenbord te prikken van het postkantoorwinkeltje van het eiland.

Er gaan een paar dagen voorbij. Wanneer de telefoon gaat, hoor ik een krachtige, heldere stem. Het is een vrouw. Ze heeft weliswaar het Engelse accent van iemand met ontwikkeling doordat ze jaren in het buitenland heeft gewoond, maar ze stamt rechtstreeks af van Schotse geslachten. Toch is dat het niet, niet haar stem of haar familiebanden met het land, maar de warmte in haar stem die een gloed van herkenning in me laat gloren.

Het voelt als een zonnestraal en tovert een lach op mijn gezicht. Soms doen stemmen dat: ze prenten zich in je geheugen door het gevoel dat ze je geven. Die stem zal me altijd bijblijven door de manier waarop ze haar naam zegt. Die klinkt als een licht, helder klokje. Cristall.

'Nou, laten we eerst maar eens zien wat voor vlees we in de kuip hebben,' zegt ze. 'Als we het samen kunnen vinden, kunnen we 't over een paar vaste uren per week hebben. Daar gaat het uiteindelijk om. Vind je ook niet?'

Ik lach vanbinnen als ik ophang. Ik zeg haar naam nog eens: Cristall. Dat voelt als een belofte.

Voorbij het kruispunt waar het noorden van het eiland overgaat in het zuiden, worden de heuvels steiler. Het eenbaansweggetje vernauwt zich tot een dun slingerend lint. Mijn fiets vliegt de heuvels af. De hellingen op sta ik hijgend op de pedalen. Schotse runderen en vogels vormen het enige gezelschap. Zo nu en dan kom ik langs een boerderij waar kippen door de heuvels zwerven, en bij eentje ligt midden op de weg een melkkoe tevreden te herkauwen. Als ik buiten adem raak, stap ik af en duw ik mijn fiets de steilste hellingen op. Het is niet voor het eerst dat ik de ruigheid van dit gebied onderschat. Het is wilder, afgelegener en nog meer door de wind geteisterd dan het zachte, golvende agrarische hart van het noorden.

Ten slotte sta ik uit te puffen op een top. Het duurt even voor ik weet waar wat is. Het uitzicht is zo subliem dat het pijn doet aan mijn ogen, maar dan zie ik een wit huis vredig tussen bomen staan. Later noem ik het bij zijn Gaelische naam, Brea an Aluinn, wat Pracht der Prachten betekent. Ik kon toen nog niet weten hoe zielsveel ik ervan zou gaan houden. Alleen dat ik ervan hield op het eerste gezicht.

'Laten we maar niet binnenkomen,' begroet een stem me als ik aanklop. 'Het is zo'n dag die buiten op ons wacht.' Ik kijk naar de vrouw terwijl ze mijn handen beetpakt. Haar huid voelt koel aan en ruw gesleten, maar dun als dundrukpapier. Ze heeft een open gezicht dat haar heldere stem completeert. Ik zoek haar ogen. Dat doe je als een vreemde je bij de hand neemt. Het is van een onverwachte, schokkende ongedwongenheid.

Ze bekijkt me onderzoekend als een stralende, oplettende vogel. Ik zie iets in haar ogen wat wil begrijpen. Het geeft me het gevoel dat de wereld weer een veilige, mooie plek is, en vervult me met de wens dat elke ontmoeting zo is, zo open en verwelkomend. Terwijl ze kordaat mijn arm vastpakt om haar evenwicht te houden bij het aantrekken van haar oude regenlaarzen, kijk ik beschroomd naar haar om haar beter te bestuderen. Een strakke bos krullen zit onder een muts geklemd waardoor het moeilijk is haar leeftijd te schatten. Maar ik bespeur een onverwachte broosheid onder de sterke vingers rond mijn arm. Ze zijn verwrongen als takken en verweerd, rood van de zon en de regen, alsof ze constant buiten hebben geleefd. 'Lelijke, oude wortels,' schimpt ze als ze mijn blik ziet. 'Maar iets anders heb ik niet, dus ik zal het ermee moeten doen. Hier,' voegt ze eraan toe, terwijl ze een bejaard oogstmandje met tuingereedschap pakt. 'Neem de snoeischaar, het draad en de handschoenen mee en kom de tuin maar eens bekijken. Daarvoor ben je uiteindelijk hier.'

Onze handen voeren zachte draad door dik gebladerte, binden lathyrus en pronkers op aan wilgenstokken. Als onze vingers elkaar raken wanneer ik de bandjes om elke loot wind, wen ik er langzaam aan om me niet steeds te verontschuldigen. Op de een of andere manier voelt zulke intimiteit heel natuurlijk als je buiten werkt. 'Dank je,' zegt Cristall. 'Voor deze beroerde handen zijn die lastige, fijne knoopjes altijd een worsteling.' We beginnen ons werk zo samen in te delen – ik leg de knoopjes, zij houdt vast – en daar ben ik blij om, want ik zie duidelijk dat het haar pijnlijke, gezwollen gewrichten verlichting brengt.

In het begin is het zo geregeld dat we twee uur simpel werk ruilen tegen een kop thee en een vers geoogste krop sla die in een rafelig boodschappennetje wordt gestopt om mee naar huis te nemen. En dan zegt ze: 'Weet je, volgens mij zullen wij het prima met elkaar kunnen vinden.' Ik begin vaker te gaan, en bij elk bezoek blijf ik steeds een paar minuten langer hangen tot de minuten zelfs uren worden.

Langzaamaan leer ik meer mét de planten te werken in plaats van ze te dwingen hoeken te maken die ze niet willen maken, en bladscheuten samen te binden in een alliantie die ze wederzijds voordeel biedt, om ze zo sterk mogelijk te maken en steun te geven in de wind. We kijken naar de lucht om het weer te voorspellen. Onze gesprekken zijn er op allerlei onverwachte, onnaspeurbare manieren vol van.

'Alles heeft iets nodig om zich aan vast te houden,' vertelt Cristall me. 'Soms heeft zelfs de natuur hulp nodig om zich tegen zichzelf te beschermen.' Het is lastig om beschutting te vinden als er een koude wind staat. We krijgen allemaal de volle laag van die wind in deze vaak harde omgeving. We praten terwijl onze handen door elkaar weven in steeds frissere weken en maanden. Ik luister heel graag naar haar verhalen. Elke dag ben ik vol ontzag voor haar veerkracht en uithoudingsvermogen. Ze is elke ochtend al voor zeven uur buiten en werkt de hele dag in de tuin en komt alleen binnen om te eten, of als de avond valt. Ze haalt haar energie uit de seizoenen. Ze komt, krijg ik te weten, uit een sterke Schotse familielijn en heeft diepe wortels in dit land. Ze woont al ruim twintig jaar op deze manier met Anthony, haar man, op het eiland.

'We moeten allemaal weten waar we thuishoren. Iedereen moet weten dat anderen om ze geven,' verklaart ze terwijl ik me de combinatieteelt eigen maak voor wat er volgend jaar gaat groeien. 'Het heeft geen zin planten gezamenlijk één kant op te richten wanneer ze liever verschillende kanten op kijken. Ze zijn veel wijzer dan mensen. Je vindt je eigen mensen als zij naar jou gaan zoeken.'

Ik denk dat ik weet wat ze bedoelt. Iedereen moet een manier vinden om in zijn eigen kleine gemeenschap te leven. Op sommige dagen lopen we al pratend naar buiten om naar de bomen te kijken. Het is rustig en vredig omgeven door dat ritselende, dichte gebladerte. De velden rond het huis zijn beplant met jonge eiken en berken. Ik zie dat heel jonge beukjes en sparretjes zijn opgeschoten in een aanpalend veld. Op een dag legt Cristall uit hoe er in deze groene bladerengemeenschap banden worden gesmeed. 'Zelfs bomen kennen vriendschappen,' vertelt ze me, 'sommige hechter dan andere. Ze zijn net zoals jij en ik. Sommige kunnen niet samen overweg, andere hebben zelfs vijanden. Soms moet je gewoon leren om naast elkaar te leven. En geloof me, dat kan voor iedereen moeilijk zijn. Zie je dat dit kleine berkje nog wordt gevoed? Het heeft een vriend daar.' Eén enkele loot groeit dapper uit een kort gekapte stronk. 'Dat gebeurt vaak wanneer berk en spar samenleven. Maar daar,' knikt Cristall ernstig en ze wijst naar een ziekelijke eik te midden van beukenbomen. 'Die, ben ik bang, doen dat niet en zullen nooit met elkaar overweg kunnen.' En ze slaakt een zucht. 'Het heeft ook geen zin te proberen ze van het tegendeel te overtuigen.'

Ik bewonder Anthony en Cristall. Hun eigen wortels zijn hecht vervlochten. Hun banden gaan zo ver, ze schragen elkaar met een autarkie die zo volkomen is dat de grond om hen heen zich gevoed, vruchtbaar en rijk voelt. Daardoor komt de gedachte op dat ze erg op die grote bomen lijken. Hun liefde schept leven om zich heen, voedsel voor anderen. Ik vraag me af wat er gebeurt in zo'n relatie als er wortels breken, wegvallen of beginnen af te scheuren. En hoe die wortels in staat zijn die overspannen of gebroken band te redden of te herstellen. Soms ziet Anthony er vermoeider uit dan anders. Ik probeer te helpen waar ik kan. Buiten werken in de wereld van de natuur leert je dat geduld, kracht en liefde allemaal relatieve begrippen zijn. Je stelt je vertrouwen in de luchten boven je hoofd en het sap dat om je heen opkomt. Als ik zaden, planten en jonge boompjes hanteer, zoek ik niet langer elders naar antwoorden. Soms weet ik zeker dat Cristall de dingen ziet die ik niet zeg. Daar vertrouw ik ook op.

Op een dag oogsten we tuinbonen. Het is fris in de lucht en de wind snijdt. Mijn ogen glinsteren nat. Ik veeg ze niet schoon. In mijn hand ligt een gladde, groene peul. Ik trek mijn handschoenen uit en haal hem voorzichtig open langs de naad. Het is donker en stil in de schoot van deze peulvrucht. Zijn naakte bolletjes staren me blind aan. Hun vel is rimpelloos, bleek, doorschijnend. Ieder boontje heeft een nestje van zijn eigen afdruk in de zachte, donzige binnenkant van de peul. Het betekent veel dat ik zulke kleine leventjes kan voelen leven. Mijn hoop dat ik die zelf krijg, voelt steeds meer als een loze belofte. Dor rolt de tijd verder. Onvruchtbaarheid is een stille last. Soms is het moeilijk te achterhalen of mijn kinderloosheid nu voortkomt uit vroege miskramen of simpelweg uit een onvermogen een dierbaar leven in mij te dragen. Het voelt alsof je eigen lichaam een spelletje met je speelt waardoor je niet meer weet wat je nog kunt geloven, waar je nog van op aan kunt. Elke maand dooft het duister vroege flikkeringen van hoop. Daarnaast is dit kleine omhulsel een complete, wonderbare wereld. Ik ril even als de top van mijn vinger zachtjes een miniem embryonaal strengetje afbreekt. We werken zwijgend verder, maar ik voel Cristalls ogen op me. Ik kan me niet verstoppen voor die alziende blik.

De volgende dag ga ik aan tafel zitten en schrijf ik een brief aan Rab. Ik vertel hem op hoeveel manieren ik van hem houd. Schrijven is ontspannend – het vormt een distillaat van alles wat je voor je hebt gehouden. Pas als je ontspant besef je hoe gespannen je bent; pas als je glimlacht weet je hoe verdrietig je bent. Ik geef hem die brief. Er is een klein laatje vol met andere die hij niet in handen heeft gehad. Maar deze geef ik hem. En ik hoop dat hij hem zal openen en lezen.

Het is een opluchting dat ik ergens heen kan gaan. Mijn band met Cristall en Anthony is niet alleen een vriendschappelijke. Vertrouwen schept zijn eigen toevluchtsoord. Soms is het genoeg dat iemand anders luistert. Soms doet het ertoe dat je weet dat je gezien en gehoord wordt en dat je stem gewild is, dierbaar. In deze dagen zijn deze dingen belangrijk voor mij. Er zijn dagen dat ik me thuis onzichtbaar voel. Ik ben mijn stem kwijt en daarmee zijn alle heldere klanken onder water gezonken. Het is moeilijk te merken dat alleen die dikke muren luisteren. Met Cristall en Anthony is het anders. Wanneer ik bij hen ben, kan ik eindelijk diep ademhalen, mijn longen volzuigen met lucht. Ze zijn meer dan alleen vrienden voor mij, ze zijn net familie, de familie die je zelf hebt gekozen.

In de maanden daarna ga ik steeds vaker op bezoek en zij komt me opzoeken op de croft. Geleidelijk schuift het tuinieren naar het tweede plan terwijl zich een diepe vriendschap ontwikkelt. We zitten uren naar de zwaluwen te kijken. Ik ga helemaal op in hun moeiteloze, stijgende en vallende bewegingen. Als ik naar Cristalls ogen kijk, glimlach ik. 'Je ogen zijn net zwaluwruggetjes,' vertel ik haar. En wanneer ze lacht en zegt: 'Blauw als de hemel,' ga ik aan haar denken als ik omhoogkijk. Anthony's ogen zijn ook blauw, maar die glanzen bleek als maanlicht. Ze schitteren als glinsterende poedersneeuw. In zijn ogen zie ik kale takken, adem als een wolk rijp, schaduwen vol lichtvlekken. Lachen is een dierbare gave waar we vaak deelgenoot in zijn. We lachen omdat we niet praten over waar we niet over praten. We spreken er niet over dat het in mijn eigen huwelijk aan lachen ontbreekt. En daar ben ik dankbaar voor.

'Wil je iets voor me spelen?' vraagt Cristall op een dag als ze op bezoek is en merkt dat iets me dwarszit. En dus ga ik aan de piano zitten en laat ik mijn vingers over de toetsen gaan. Muziek is altijd een bron van troost en inspiratie. Vanaf mijn kindertijd wend ik me al tot muziek om me te helpen te begrijpen wat ik moeilijk onder woorden kan krijgen en wat onvatbaar en overweldigend lijkt. Terwijl ik een prelude van Bach speel, waait er een koel briesje binnen door de open achterdeur en ramen. Ik glimlach wanneer Cristall heen en weer wiegt en naar de schapen wuift die allemaal zijn samengedromd op de heuvel die op de tuin uitkijkt, en naar ons kijken.

'Kijk! Ze zijn aan het luisteren!' roept ze, verrukt door het idee dat die heldere, mooie tonen schapen tot zich kunnen roepen. Als ik Cristall hoor lachen, voel ik me plotseling opgetild, licht. Muziek verbindt me met een grotere wereld, zelfs wanneer de ruimte die ik bewoon eenzaam of klein aandoet. Daarna zingen we vaak samen op wandelingen of we dragen mijn oude draagbare klassieke grammofoon die ik jaren geleden op de Portobello Market heb gekocht, het huis uit de heuvels op. Het klinkt vreemd, maar muziek horen in de wildernis geeft je het gevoel dat zelfs de bergen meeluisteren.

Als de herfst oprukt, stapelen we houtblokken. Als ze droog zijn, halen we ze binnen. Elke soort hout heeft zijn eigen geur en andere vlammen. Ik zie graag hoe het vuur onze levens dicht op elkaar pakt. Kaarten worden geschud, schaakstukken verzet, gedichten gelezen, vertrouwelijkheden en gelach gedeeld. Ons leven schiet voorzichtig wortel, onze vezels worden gevoed door kleine, alledaagse, terugkerende karweitjes die onze stemmen omsluiten. Het is een band die mijn hart zuiver laat slaan. Op zulke ogenblikken stroomt mijn hart vol met iets wat even cruciaal is als zuurstof. Elke dag kijk ik uit naar deze momenten die we samen delen. Ik kan het me moeilijk voorstellen dat het leven op het eiland anders zou kunnen zijn.

Als het eenmaal echt herfst is, hebben Rab en ik de koeien verkocht. Ik vind het jammer dat ze weggaan, maar de voederkosten voor de winter dreigen de pan uit te rijzen zolang we zelf geen hooi maken. Al klinkt negen hectare misschien als een hoop land, ons vee benut nu de kudde groeit de volledige capaciteit. De koeien kennen ons weliswaar en zijn over het algemeen kalm, maar als ze eenmaal gekalfd hebben, kunnen ze agressief en wispelturig worden. Rab mag zich gelukkig prijzen dat hij geen ernstige verwonding heeft opgelopen toen hij een kalf aan het merken was en de beschermende moeder hem aanviel en op de grond vastpinde. Dat lijkt haast een waarschuwing. De schapen zijn goedaardig, relatief makkelijk om mee te werken, en vindingrijker.

Op een dag rij ik naar Cristalls huis en keer ik met haar terug naar de croft om de laatste verwaaide bloemen van het seizoen te plukken. Wanneer het begint te regenen brengen we de natte gebroken stelen het huis in om er vazen en flessen mee te vullen, en om thee te drinken. De sfeer is al gespannen. Er is rugby op de radio. Rab houdt vol dat hij er in stilte naar moet kunnen luisteren. Ik probeer zachtjes te praten, maar wanneer Cristall om iets lacht, schaam ik me als Rab daar een venijnige opmerking over maakt. Ik weet wat er gaat komen. Ik voel die donkere wolk al aankomen. Ik kom snel overeind. Ik hoor dat mijn stem te schel is als ik zeg: 'Laten we onze spullen maar meenemen. Ik wil je buiten iets laten zien.' Ik weet hoe stom dat klinkt, en dat dit ook niet te verbloemen valt, want het regent nog steeds.

Als we weglopen, schopt hij hard tegen de deur achter ons. Ik kan hem horen schreeuwen. Mijn handen trillen. Ik ben ontdaan en schaam me – het is moeilijk als zoiets op zo'n manier aan het licht komt. Maar bovenal ben ik heel erg moe, het plenst en ik zie niets door mijn tranen heen. 'Laten we hierbinnen even wachten.' In de schuur struin ik door het stro en vind ik een vers, warm ei voor Cristall waar een hen een nest heeft gemaakt. Terwijl ik haar naar huis rijd, voel ik haar stralende ogen me opnemen. 'Ik ben heel blij dat we elkaar hebben,' zegt ze teder. En dan reikt ze naar me en knijpt ze even in mijn hand. 'Het eilandleven is op zijn best al zwaar. Maar problemen thuis maken het nog moeilijker. Je weet dat je altijd hier terechtkunt.' Ooit hoop ik haar hart te kunnen behoeden zoals zij het mijne behoedt. Ik kijk haar recht aan, zonder met mijn ogen te knipperen. Ik weet dat zij weet, zonder dat we een woord wisselen, dat ik begrijp dat zij zelf ook problemen heeft.

Verwantschap is onzichtbaar. Het treft me hoe het met een vluchtige blik kan worden uitgedrukt. Ik vraag me ook af hoe met zulke minieme beweginkjes pret en verdriet zich zo diep in ons gezicht kunnen etsen. Al die fijne lijntjes zijn het braille van ons leven. Alles wat we intens ervaren, maar niet hardop uitspreken. Soms kunnen we wat ongezegd blijft in elkaars ogen of gezicht lezen. Ik weet hoe ik mijn zorgen verberg voor anderen. Sommige dingen die ertoe doen kun je beter binnenshuis houden. Mettertijd leer ik Cristalls gezicht even goed lezen als zij dat van mij. Ik begin een zorg te zien die haar prachtige blauwe ogen tot ijskoud saffier slijpt. Het valt me op dat Anthony's konen zijn gebeiteld als kale takken, dat zijn eigen ogen bleek schitteren als een winterlucht.

Ik doe haar een belofte: 'Je weet dat ik er ben. Je kunt met me praten, als je ooit die behoefte hebt.' Alleen is het heel moeilijk om over sommige zaken te praten. Dat weet ik. Dat weet zij. Samen die prachtige, slingerende weg afrijden heeft iets van een belofte en van hoop. Ik weet niet waar hij heen gaat. Maar ik kan het gevoel niet onderdrukken dat ik hem eerder heb afgelegd.

6
Winter

De winter doet bruusk zijn intrede, als een ijsvlaag. Zijn bittere noordoosterwind teistert de onbeschutte kliffen en landtong. Natte, zwarte stronkjes heide zijn amper nog te onderscheiden van de glinsterende grijze rotsen. De rondes voor het vee worden een dagelijkse glijworsteling nadat de grassen en biezen zijn afgestorven. Veertig hongerige monden wachten wanhopig bij lege troggen, scharrelen magere restjes bij elkaar. Elke ooi weegt zestig kilo. Elke stap is een hard, wankel duwen tegen de dicht opdringende kudde. Terwijl de bergen donker purperrood kleuren, lonken de stralende lichten in het huis. Ik draai me snel om en verstrooi hooibalen met ruwe vingers, mijn sneeuwnatte wangen prikken van die wrede, bijtende wind.

IJs barricadeert dagenlang het eiland terwijl een felle sneeuwstorm de hemel aan flarden jaagt. Golven met witte koppen beuken op de door de wind geteisterde rotsen. Aan de horizon hangt een zwavelig schijnsel, maar dat is een kortstondige rust. Vlak daarna schakelen de veerboten hun oranje waarschuwingen om naar rood: stormwaarschuwing. De boten worden omhooggehesen aan metalen kettingen, dicht tegen stootranden aangesjord beschut door hoge havenwanden. Het eiland is van laag- tot hoogtij kwijt, afgesneden door razende wind tegen tij. De winterzee spoelt stukgeslagen kiezelhopen en smeltende sneeuw weg uit de getijdenzones. De grote reutelende stenen komen omhoog in het kolkend zuigen van sissend schuim, blaaswier en van plastic vergeven deining. Terwijl de grijze golven aanzwellen, sta ik toe te kijken, gebiologeerd door de compacte, groeiende zwaarte en kracht die niet van hun kam komt krullen, maar vanuit elke bollende, geronde kern onweerstaanbaar voortstuwt. Het is van een gespierdheid die mij de adem ontrukt.

Het is schokkend om de vernietigende kracht van de golven en het weer te aanschouwen. Even uit de kust schijnt een vuurtoren zijn lichttrechter over het donkere water, vlokschuim bespikkelt het gierend duister met stralend zoute nevels. In elk huishouden gaan levens kalm hun gang terwijl het kwik pijlsnel daalt in het barometerglas. Het weerbericht voor de scheepvaart stamelt zijn staccato berichten en ondertussen deinen de open zeeën, onbewust van het nieuws. Omzichtig stem ik langs krakende pieken van interferentie de radio af. Ik krijg te horen dat in de zeestraat een jonge zeehond tegen de stroom en vloed in worstelt. Het is van zijn veilige ankergrond tussen de kleine rotseilandjes uit de kust gedreven. Uitgeput probeert het tegen het getij op te kruisen. Als vrijwilligers het komen helpen, sneeuwt het nog steeds. De zeehond is nergens te zien. En de golven blijven maar beuken.

Bij de aanlegplaats blijven de motoren draaien, uitlaten trillen terwijl een verzameling wagens samenkomt op het met kiezels bezaaide asfalt. Ruitenwissers glijden traag trekkend heen en weer terwijl uitdrukkingsloze gezichten zwijgend naar zee staren. Het is een van de vreemdste tegenstellingen van dit jaargetijde. De winter is een tijd van eenzaamheid en afzondering, maar ook van vergaren, een oprollen van de streng van het jaar. Elke dag zien we de vallende sneeuw rondwervelen en het zeewier zich ophopen, met onze blik stoïcijns op de horizon gericht. Het is nog maar een paar dagen tot de kerst en niemand kan zich verroeren.

Ik leun met mijn voorhoofd tegen het raam, mijn blik spitst zich toe op de donkere, zwiepende kronen van de bomen. Terwijl mijn adem op het glas bevriest, lijken de stralende lichtjes aan de overkant plotseling een andere wereld te zijn. Ik houd me vast aan elk laatste kiertje licht. Ik ben bang dat Kerstmis met onze families dit jaar niet door zal gaan. We raken steeds opgetogener naarmate de feestdag dichterbij komt, maar onontkoombaar wordt het weer nog slechter. Ik zou wel willen dat we eerder konden vertrekken om het risico op een tegenvaller te verminderen, maar de school gaat pas zo kort voor kerst dicht dat het vaak al te laat is om rustige weersomstandigheden nog te baat te nemen. Ik voel me schuldig bij het idee dat ik deze tijd met mijn familie weer zal missen. We komen heel zelden bij elkaar en wonen allemaal heel ver uit de buurt van elkaar. De hoop om oude vrienden te zien is even dierbaar als een ingepakt cadeau onder een boom. Rabs wrevel is haast tastbaar.

Ik grijp mijn jas al als de stem van de veerman nog kraakt aan de lijn: 'Als je nu niet gaat, kun je misschien pas na nieuwjaar weer oversteken.'

Schapen op de weg klitten bij elkaar voor de warmte. Het glibberige oppervlak glinstert verraderlijk als de landrover, gierend in de tweede versnelling om een goede grip te houden, de weg op rijdt. Als we bij de aanlegplaats komen, slaat het ons om het hart als we de veerboot af zien varen. 'Stop!' schreeuw ik, maar de boot keert al richting de landtong. Rab blijft woest doorrijden, knipperend met zijn koplampen en op de claxon rammend. De boot ploegt rollend door de golven en ik kan mijn ogen niet geloven: hij keert om. 'Ach, wat zou het ook!' schreeuwt Rab. Met een laatste, scherpe ruk aan het stuur eindigt hij onze rit boven op de hoge kiezelrand van het strand. 'Ik laat niemand me dit door de neus boren!' We schieten de auto uit, onze armen vol tassen.

'Jullie zijn me een stelletje waaghalzerige geluksvogels dat jullie dat gaatje nog vonden,' knikt de schipper met zijn hoofd terwijl het bootje dapper over de ruwe golven stampt. Het is een opluchting wanneer de trossen vastgebonden zijn aan de overkant en Rabs gezicht opklaart. Hij geeft de veerman een klap op zijn rug. Ik heb het gevoel dat we aan een hachelijke situatie zijn ontsnapt. En plotseling is het licht in mijn hoofd en kan ik wel dansen.

Zes uur later rijden we het eiland weer op. Sneeuwwolken pakken zich samen boven de bergen. Er valt verse sneeuw en in Glasgow heeft een *whiteout* plaats. De treinen rijden niet. De vliegtuigen blijven aan de grond. Terwijl zich steeds meer files vormen, beginnen de strooiwagens de wegen af te sluiten. In Oban slaan we extra voorraad in en gaan dan op huis aan. Ik vertrouw mijn stem niet genoeg om te spreken. Na zo'n gemiste mogelijkheid lijkt het onze haastige inkopen aan alle glans en zin te ontbreken. Urenlang al is Rab zwijgend aan het roken. Als hij de contactsleutel omdraait, trekt hij wit weg van woede. Hij slaat zijn vuist hard op het dashboard. 'Godsamme. Nou, fijn jaar weer op dit kuteiland. En kerst kunnen we ook schudden.'

En dan weet ik dat ik me goed moet vasthouden, want hij stampt hard op het gaspedaal en ragt door de versnellingen terwijl er donkere rook uit de uitlaat komt. Ik grijp het dashboard vast en voel mijn lijf zich schrap zetten. 'Rab, alsjeblieft, dat is genoeg,' protesteer ik met mijn tanden op elkaar. 'Bedaar een beetje. Het wordt voor niemand kerst als we een ongeluk krijgen.' Maar hij bedaart niet. Even later pers ik mijn lippen op elkaar en zwijg ik verder. Ik heb er de pest aan als hij gaat schreeuwen of zo kwaad wordt. Maar het maakt me vooral doodsbang dat we zo hard rijden. Mijn lijf herinnert zich een in stukken spattende voorruit, scheurend blik en gegil. Ik doe mijn ogen dicht en probeer er niet aan te denken hoe het voelt om in een botsing terecht te komen. Maar dat is iets wat voor altijd in mij vastzit. Het heeft geen zin om met Rab te praten als die donkere wolk hem omhult. Wanneer ik uitstap, sta ik te trillen. Die dag ben ik hem meer uren kwijt dan ik kan tellen. En het duurt langer dan anders voor die donkere wolk is verdampt.

Ik wil graag dat het kerstavond knisperkoud is met een stralende sterrenhemel, en als de avond valt, is het ook zo. De lucht is helder en straalt rond middernacht terwijl onze voetstappen door de sneeuw knoerpen. We praten en lachen weer terwijl we het pad op lopen naar de aloude stenen kerk. De deur knarst op zijn scharnieren als ik er met mijn schouder tegenaan duw. Binnen zit iedereen dicht op elkaar in jassen met sjaals, met de knieën stijf tegen elkaar en de rug recht tegen de houten banken. Dit bijeenkomen heeft een eenvoud die diep ontroert. Ik speur naar bekende gezichten terwijl er jampotjes worden uitgedeeld en kaarsen aangestoken, en er klinkt een lachsalvo als iemands jas bijna vlam vat. In kaarslicht gloeien gezichten zachtjes en verrukt met een kinderlijke opgetogenheid. Mijn adem stoomt in blauw berijpte vleugels. Dicht bij elkaar zittend, bijeengebracht door onze menselijkheid en ons kleine gezelschap, voelt het goed om elkaars warmte te delen. Ik sluit mijn ogen en voel mijn hartslag vertragen. En al is mijn familie honderden kilometers ver weg, ik had dit voor geen goud willen missen. Een paar minuten voor middernacht wordt de enorme klok geluid. Zijn stem klinkt oeroud, vreemd, hol vanuit de klokkentoren. En dan gaan we staan en zingen we kerstliederen. Onze stemmen verlichten het donker terwijl er dikke sneeuwvlokken beginnen te vallen.

Op eerste kerstdag valt de stroom uit, maar uiteindelijk kunnen we onze vrienden en familie bellen. We snijden onze geplukte kalkoen in stukken en grillen hem rustig op het haardrooster. Later kraken we kastanjebolsters met de kolenschep. Wanneer ik Maude mee naar buiten neem, zijn onze schaduwen blauw in de verse poedersneeuw. De zilver kleurende berken met hun naar de winter opgeheven kale armen verspreiden een bleke gloed in het duister. Ik verbaas me over hun standvastigheid en veerkracht. Ze vragen nergens om, halen amper leven uit de koude lucht en harde, bevroren grond.

Op tweede kerstdag gaan we op bezoek. De hemel is kristalhelder en van een bleek turquoise dat je opbeurt, net als de sneeuw die op de bomen glinstert. We gaan de paar kilometer van het eiland rond, met kleine cadeautjes als bedankje voor kleine verleende diensten in de afgelopen maanden. Ik weet dat Rab zich even vrolijk en weer opgeladen voelt als ik. En ik voel me heel close met hem, net als toen we hier pas waren. Maar zodra we aankloppen bij de laatste deur en naar binnen stappen, voel ik dat de stemming anders is. Mijn ademhaling wordt gejaagd, mijn ogen worden waakzaam. 'Weet je het zeker?' vraag ik Rab. Hij fronst alleen even de wenkbrauwen en zegt: 'We zijn uitgenodigd.' En ik sta meteen in tweestrijd, want instinctief ben ik geneigd te zeggen: 'Kom, we gaan naar huis.'

Als het komt, verbaast het me niet. Een stem begroet ons met: 'Wat kom jij hier in godsnaam doen?' Er gaat vijandigheid schuil onder de joviale toon. Dus blijf ik, zelfs nadat de spreker te horen krijgt dat hij zijn mond moet houden en de gastheer ons een glaasje heeft aangereikt, gespannen, klaar om weer weg te gaan, en houd ik de deur in de gaten. Ik voel me hier niet goed. Ik ga Rab vragen zijn glas snel leeg te drinken zodat we hier weg kunnen. Maar hij geeft me een ijskoude blik en schenkt nog eens in. Als het gesprek op grond komt en op een weide die te pacht staat, gaat het los. 'Denk je dat je zomaar binnen kunt komen en het onder onze neus weg kunt kapen?' Die ene slecht doordachte opmerking brengt een woordenwisseling op gang die voor onze neus steeds verhitter raakt. Ik zeg tegen Rab: 'Kom, het is tijd om te gaan.'

'Ja, ga maar naar huis, hoor. Rot maar lekker op naar dat zuiden waar je vandaan bent gekomen.'

We gaan snel weg, omdat ik moe ben. En moe zulke taal te moeten aanhoren.

Uren later probeer ik het allemaal nog steeds te bevatten. Er was maar één vonkje nodig om de lont aan te steken. En heel even denk ik terug aan de straten van Londen die we hebben achtergelaten. Ik houd me voor dat ik niet overdreven moet reageren. Maar ik weet dat dat maar de helft van het verhaal is. We begrijpen dat het tijd kost voordat een buitenstaander zich in gemengde kring veilig voelt en voordat een groep zo op zijn gemak is dat ze een ander uitnodigen om thuis aan te schuiven. Verwantschap is zowel een uitdaging als een band. De mysterieuze wet van het bloed brengt ons dichter bij elkaar en houdt ons tegelijk gescheiden.

Ik wil de sleutel vinden naar die geheime gang die ons uit de brand kan helpen. Ik wil zo graag die blinkende sleutel in zijn slot steken. Elke dag probeer ik dat ondoordringbare mechaniek te doorgronden. Maar hoe harder ik het probeer, hoe harder die verfijnde radertjes doordraaien, even snel en grillig als de zilte windvlagen die van zee aanwaaien. Op sommige dagen put hij je uit, die bijtende wind, speelt hij met je alsof je drijfhout bent. Het doet pijn hem je onafgebroken te voelen ranselen. Ik hoop dat hij op een dag uit een andere hoek zal waaien. Dat hij zal gaan liggen en niet voortdurend zijn bittere stoten zal blijven uitdelen. Aangewakkerd door drank is hij nog een graad erger. Dan is zijn kracht niet tegen te houden, immens, van een schaal en afmeting die in alle opzichten angstaanjagend is.

Als de stormwinden zijn geluwd, is de rust verpletterend. Aan de oever van het loch flonkeren de broze riethalmen en lisdodden van de rijp. Hun lange gracieuze nekken nijgen naar het kristallen zonlicht, als bleke bevroren zwanen. Het water is als versteend. Het ademt in scherpe, krakende snakken onder het ijs. Diep onder de verstopte, in onbruik geraakte watermolen bubbelen nieuwe bronnen. Ze blijven stromen, spoelen hun overstromend water door heldere, zingende poelen naar de zee. Zilt licht dooit het ijs. Het trekt mijn blik naar de horizon waar de witschitterende schelpenstranden van de eilandjes zichtbaar zijn, vol stippen jonge en haast volwassen zeehonden. Ze liggen lekker in de zon, donkerbont en sneeuwgevlekt, de vette vacht glanst. Onyxogen kijken uit naar slankere schaduwen, duiken soepel, snel als een speer, door de zwarte wateren. Voor ze terugkeren, grazen snorhaarmonden kelp van de rijke, verscholen matriarchale foerageergronden. Ik houd ervan om naar het zingen van de zeehonden te luisteren, die zich baden in de bevroren warmte van de rotsen terwijl de zon de stroperige, bevroren vloed in zinkt. Er klinkt een vreemde schoonheid en een eenzaamheid ook in dat geluid.

Terwijl het ijs op het loch barst en kraakt, raken ondiepe wateren gematteerd, gemarmerd met kronkels en luchtbellen. Als je erdoorheen tuurt, zie je er minieme wereldjes in ingevroren liggen. Schoorvoetend glijd ik over het glanzende, glibberige oppervlak. Ik zie hoe het ijs breekt, implodeerend in witte wolken, zichzelf tot poeder vermaalt onder zijn harde bovenlaag. De temperatuur is zo ver gezakt dat er geen enkele kans is dat deze ondiepten zullen ontdooien. Een zware niet-aflatende vorst heeft het eiland in zijn harde greep en er is geen sprake van dat er verlichting komt in de nabije toekomst. Een keer in de week vult de brandweerwagen zijn tanks met water uit het loch en kruipt dan naar de boerenhuizen en boerderijen. Eigen tanks op het erf zijn onbruikbaar; bevroren buitenleidingen die normaliter de watervoorraad direct zouden aanvullen uit bronnen ter plekke, functioneren allemaal niet. Onze gegalvaniseerde buitentank is gevuld, maar we moeten met emmers heen en weer naar het aanrecht. De pomp is geïsoleerd met Kingspan, kruiken en warme dekens. De leiding van de bron naar het pomphuis over het drassige veen is ook omwikkeld, maar ligt niet diep. We proberen het ijs te dooien met verschillende apparaten, een haardroger en op sommige stukken een lasbrander. Maar niets brengt het in beweging. Ik leg mijn oor tegen de buizen en luister ingespannen of ik smeltgeluiden hoor. Maar het is roerloos, stil. We zijn nog zes weken ingesloten in een bevroren wereld.

Dat vorstjaar kon ik zien hoe de stilte aan Rab begon te vreten. Ik zag het in zijn gezicht. Ik voelde het in zijn vermagerende lijf. In de jaren die volgden zag ik het steeds dieper gaan tot het in zijn gelaatstrekken en vel stond geëtst. December en de lange koude maanden zijn in Londen een aaneenschakeling van feestjes, bijeenkomsten en deuren die 's nachts op slot gaan, maar waarachter de tap open blijft. Soms denk ik aan ons oude leven, gezeten aan een volle tafel, omringd door vrienden. Die jaren, die herinneringen zijn vol lichtjes, klinkende glazen, ogen die stralend van de pret op een knusse plek om zich heen kijken met een gedeelde kijk op het leven. Wanneer ik nu naar Rab kijk, slaak ik een zucht. Ik weet niet hoe ik hem moet helpen. Ik weet niet hoe ik ons moet helpen.

Keltische knopen zijn vastgevroren op de gewonden prikkels van het draad. De frisse, droge lucht brandt de stank weg van dode kraaien opgehangen aan galgjes. Gevriesdroogde veren waaien verfomfaaid langs het web van grenzen van kleine crofts en boerderijen. Het is een grimmige waarschuwing aan wilde dieren en vogels en een oproep aan de lente. De doordringende roep van de buizerd echoot de iele kreetjes van de lammeren die al zijn geboren op de bevroren heuvels. Bezoekers keren zich in afschuw af van deze donkere, dood flapperende vormen die wreed op stalen prikkels zijn gespietst. Maar ze zijn blind voor de bloedende ogen en roze tongen die klauw en snavel hebben geschonden. De winter is bruut, maar de gewelddadigheid van het vroege voorjaar een en al roofzucht.

Er is een oud gezegde op de eilanden: winter is de dode maand. Ik loop over de velden en herinner me dat we nu één kop minder tellen op de croft. Het is de tijd van het jaar dat hamellammeren worden geslacht. Als ik bij de verwrongen vlier kom, houd ik halt, haal diep adem en loop dan weifelend naar de open schuur.

Daar hangt een dode tweejaarling, gevild, aan een vleeshaak te drogen in de zoute wind. Zijn rug en achterbout zijn doorregen met roze en witte, donker verkleurende strepen. De blootliggende spieren en banden zijn al aan het uitharden, nu hun vocht wordt weggezogen door deze vrieskou. Zijn buikholte is hol en leeg, want de glanzende witte kronkel ingewanden is zacht en dampend in een emmer gelepeld.

Het is een noodzakelijke handeling, die de zwakkere dieren eruit haalt en voedsel verschaft voor het komende jaar. De grimmige werkelijkheid die gepaard gaat met het eten van vlees is niet te verbloemen. Je kunt je niet afkeren van de harde waarheden van het doden. De dood is de dood. Toch bid ik altijd dat hij in alle rust komt en met waardigheid. Nadat het slachtpistool is gespannen en op de slaap is gezet, wordt het op hoge snelheid afgevuurd waardoor het de hersenen direct letsel toebrengt en verdooft. Een vlijmscherp mes wordt in de aorta gestoken en maakt een snelle, rechte snede. En op dat moment zou ik er graag bij zijn. Dat mijn eigen handen dat leven rustig kunnen vasthouden, terwijl ik er zachtjes tegen praat, net zo lang tot de hele rivier van bloed is weggestroomd. Maar dat mag ik niet. Dat is een stap te ver.

'Bij het afmaken moet je geen vrouw hebben.' De boer schudt ferm van nee. 'Kunnen geen heibel en hysterisch gedoe hebben als we een dier gaan afmaken.'

Dat zit me dwars omdat ik geloof dat ik erbij moet zijn. Het mag dan afstompen, het is wel een kwestie van de eindverantwoordelijkheid nemen voor het vlees dat op tafel wordt gezet en het leven dat we zelf willen leiden. Maar stilletjes ben ik er ook blij om.

'Ik help wel met het versnijden,' zeg ik Rab. Het is vreemd om te zien hoe dat stevige karkas dat ooit een ademend, levend lijf was, tot stukken vlees wordt gesneden. Het is een onverbiddelijk, forensisch proces. Ik probeer hetzelfde te doen met mijn gevoel. Een karkas van begin tot eind versnijden is jezelf afstropen, het legt je bloot, noopt je het eigen leven, het verbindende weefsel van je eigen relatie, onbewogen te onderzoeken – in zijn geheel en tot in het kleinste detail – en je blik niet af te wenden.

7
De ongeborenen

Het is een prachtige dag. Ik zit naast Rab. Aan de andere kant van het bureau komt een helder licht door het raam stromen. De gynaecoloog spoort ons aan ons hun kleine gezichtjes voor te stellen. Ik probeer de nageltjes op de vingertjes van hun uitgestrekte handjes voor me te zien. Dat doe je als dat wordt toegelaten. Zo werkt hoop. Het voelt roekeloos, alsof ik een prachtig, geestverruimend middel inneem.

Ik vertrouw mijn gynaecoloog. Dat maakt de reis van vierenhalf uur naar Glasgow de moeite waard. Zij heeft dit eerder gedaan. Zij weet hoe lastig het is om hierheen te komen vanaf de eilanden. Ik ben een statistisch gegeven. Dat weet ik. Maar ik ben blij dat ze mij me niet zo laat voelen. 'Dit zijn echte kindjes,' zegt ze tegen me. 'Echt, levend, tot in elke vezel, met een hart dat klopt. Je moet in ze geloven. Neem het maar van me aan. Op die manier gaat het veel beter.' Dus doe ik wat ze zegt. Ik stop al mijn hoop, uitgesproken en onuitgesproken, in een eiken kistje. Het is mijn geboortekistje. Ik stop alles van mezelf in het creëren van mooie ideeën en dromen. Elke ochtend pluk ik bloemen, schilder ik schetsjes. Ik verzamel veren en schrijf gedichten. Ik offer mijn hoop aan de maan.

Als je jarenlang teleurstellingen hebt gekend, zeg je tegen jezelf dat je dit nooit meer gaat meemaken. Maar je doet het toch en elke keer klamp je je nog meer vast aan alles wat hoop geeft.

Later wordt de goede raad van de gynaecoloog nog eens herhaald door de behandelend specialist. 'Het is belangrijk dat je ze ziet, ze echt voelt,' vertelt hij me terwijl we zitten te wachten tot in een kweekschaaltje de bevruchting plaatsvindt. Zijn stem klinkt ernstig. 'Blastocysten zijn microscopisch kleine cellen. Maar je moet erop vertrouwen dat het je eigen kleintjes zijn.'

Ik probeer het me voor me te stellen. Het gaat makkelijker als ik voor me zie dat we samen wandelen. Ik stel me hun gezichtjes voor die naar me opkijken, en een grote blauwe lucht boven ons.

Er staat zoveel op het spel. Na jaren met mislukte behandelingen onderga ik nu pas de specialistische IVF-procedure die ons eindelijk nieuwe hoop kan bieden. We hebben negen jaar verloren door te proberen langs natuurlijke weg zwanger te worden, en alle andere mogelijkheden onderzocht en ons in allerlei bochten gewrongen die elke medische fase vereiste, voor we zover zijn gekomen. Het is pijnlijk geweest, invasief, blijmakend en hartverscheurend destructief op die unieke, intieme manier die alleen hoort bij wanhopig proberen in verwachting te raken. Elke maand maak je een steeds brozer, gemedicaliseerd bouwsel van hoop om het een paar weken later aan stukken gescheurd terug te vinden. Ik ben de puinhoop van dat stille oorlogsgebied spuugzat. Terwijl Rab ervan weg kan lopen, blijf ik zitten in het stof en het gruis. Ik ben het zat mijn falende voortplantingslijf te bewonen. Soms denk ik eraan om het op te geven, maar ik ben nog niet zover dat ik wegloop. Soms moet je vertrouwen hebben in je eigen toekomst, zodat je wanneer die komt kunt zeggen: 'Ik heb alles gedaan wat kon. Ik heb mijn best gedaan.'

De stress eist zijn tol van ons allebei. Sommige dagen zijn beter dan andere. In een kwakkelende relatie houd je je nog beter vast aan de lichte momenten, zodat de donkere ogenblikken niet zo donker lijken. Terwijl onze relatie langzaam verder achteruitgaat, blijf ik me afvragen of ik ermee door moet gaan. Maar ik verlang naar een kind. Ik hoop dat dat kind Rab zal roeren, hem zal motiveren met volle overtuiging zijn grenzen te verkennen, waarvoor hij nu lijkt te schromen. Soms is het alsof hij een schakelaar heeft waar ik maar niet bij kan. Als me dat nu lukt, denk ik, dan gaat er vast ergens in hem een lamp aan. Op andere momenten denk ik: als het er, wat God verhoede, op aankomt, dan voed ik dit kind wel alleen op. Als je al zo ver gekomen bent, er zoveel jaar in hebt gestoken, al de jaren dat je zou kunnen baren, wordt het steeds moeilijker, bijna onvoorstelbaar, om dat los te laten. IVF ketent je aan haar in zichzelf rondgaande circuit en het wordt almaar moeilijker uit haar baan te stappen. Er zijn dagen dat het niet goed voelt om door te gaan, maar of het nu goed is of niet, het voelt ook alsof het al te laat is om er nog mee op te houden. Ik hoop dat onze relatie beter zal worden en daarmee ook onze kansen op succes. Los van de behandeling probeer ik ons leven zo simpel mogelijk te houden.

In eerste instantie stond de behandeling gepland in Edinburgh. Nu de timing op alle fronten cruciaal was, had ik een simpel onderkomen gehuurd zodat ik makkelijker naar de krappe afspraken kon voor scans, bloedonderzoeken, hormooninjecties en controles. Het leek maar een kleine concessie. De huren in de hoofdstad zijn hoog, dus nam ik een kleine cottage in de Borders. 'Je moet Maude meenemen,' zei Rab me. 'Ze kan er niet tegen als je weg bent.' En de gedachte aan haar gezelschap maakte me blij, want Rab zou op de croft moeten blijven. 'Je redt je prima,' glimlachte hij. 'Het is maar voor een paar maandjes. We kunnen veel bellen. Het wordt te lastig voor me om langs te komen. En wie zorgt er anders voor de croft?' Ik voelde me ongemakkelijk, maar er zat niets anders op. Ik vroeg me af hoe andere stellen zich weten te redden als een van de twee moet achterblijven.

Ik had mijn koffers al gepakt en me klaargemaakt voor de reis toen op het allerlaatste moment het ziekenhuis belde. 'We verplaatsen je naar Glasgow.' Ik was confuus en onbegrijpelijk moe alleen al bij de gedachte aan deze niet te voorziene omgooiing. Dit was meer dan ik aankon, zo voelde het. Het was te laat om het huisje te annuleren zonder de huur van de eerste maand en de borg kwijt te raken. Het betekende nog meer gereis en een hondenoppas om op Maude te letten. 'Het is me allemaal te veel,' bekende ik aan Rab. 'Volgens mij moet ik maar niet gaan.' Hij keek me recht aan. 'Volgens mij moet je gaan. Als je niet gaat, zul je het jezelf nooit vergeven.' Ik sloeg mijn armen om hem heen, met tranen in mijn ogen. Soms heb je alleen maar een duwtje in de rug nodig om weer door te kunnen gaan. Ik hield mezelf voor: 'Het kan verkeren in het leven, in een ogenblik. Je hebt alleen maar wat geluk nodig.' Elk stralend sprankje kan je hoop geven – en hoop kan alles veranderen.

En dan op een dag verandert alles echt. Eindelijk krijg ik een vrij onbekend bloedonderzoek. Dat brengt aan het licht dat mijn spiegel van een over het hoofd gezien, maar cruciaal hormoon te laag is. Zonder dit hormoon is het schier onmogelijk volledig ontwikkelde eicellen voort te brengen. Het is het enige hormoon dat niet synthetisch kan worden vervangen, maar ik kan wel beter ondersteund worden. 'Je hebt een kans,' glimlacht de behandelend specialist. Terwijl elk onderdeel van het proces nog strenger in de gaten wordt gehouden, krijg ik steeds hogere dosissen van medicijnen die ik elke dag in mijn buik moet injecteren. Het is pijnlijk, maar als je nieuwe hoop is gegeven, voelt dat ongemak aangenaam.

Na vijf zware weken heb ik slechts twee eitjes geproduceerd. Ik luister stil naar de specialist. Ik weet dat ik positief en ontspannen moet blijven, maar mijn hart staat zo strak als een struikeldraad. Je wilt geloven dat het gaat gebeuren, maar je moet reëel zijn. Er is alle kans dat het misgaat. Twee eitjes betekent dat ik maar twee kansen op bevruchting heb. Ik probeer goede moed te houden. Ik houd mezelf voor: 'Eentje is beter dan niks en twee is dubbel zoveel hoop.'

Later, als het telefoontje komt, gaan mijn ogen glanzen. De bevruchting is gelukt.

'O mijn god!' Rab springt overeind, in alle staten. 'Een tweeling!'

Hij slaat zijn armen strak om me heen met tranen in zijn ogen.

En dan houden we elkaar vast, niet in staat iets te zeggen.

Onze tweeling is slechts een klompje cellen. Maar elk gezin begint zo. Ik weet dat het te vroeg is. Maar ik moet stilstaan bij het begin van hun leven. 'Hoe zullen we ze noemen?' vraag ik Rab.

Zijn ogen gaan stralen. 'Jij geeft er één een naam,' zegt hij, 'en ik de ander.'

We hebben het niet over van welk geslacht we denken dat ze zullen zijn. Maar wanneer we hun namen geven, schrijf ik Maggie op en hij Eve. Er is geen discussie geweest, maar zo gaat het. Twee namen van meisjes. We omarmen elkaar en voor heel even valt de vermoeidheid van ons af. Omdat we een tweeling krijgen. En dit zijn hun namen. En plotseling is ons leven weer mooi. Dit zijn de namen van onze kinderen. Het doet ertoe dat we hun een naam geven. Zelfs als we ze nooit geboren zullen zien worden.

En dan stoppen we die stukjes papier in het eiken kistje, met bloempjes en schelpjes van de velden en stranden. Ik doe er een onbedrukte kaart bij waarop ik al mijn toekomstdromen heb opgeschreven. Ik heb gelezen dat het belangrijk is om ze op te schrijven alsof ze echt en tastbaar zijn. Ze zijn heel eenvoudig. Ik droom van mijn kinderen. Ik droom ervan een moeder te zijn. Ik houd dat kistje elke dag even vast.

Het is de dag dat die wensen moeten gaan uitkomen. Het is een ongelooflijk gevoel. Wanneer ik over een uur weer wakker word, zullen er twee nieuwe wezentjes in mij leven. Ik stel me de minuscule, kloppende hartjes voor en het zachte weefsel van de longetjes dat open- en dichtgaat, een ademflakkering, als prachtige schelpen onder water.

'Ben je er klaar voor?' vraagt de anesthesist me. Hij glimlacht, knijpt even in mijn hand. Ik lig op het verrijdbare bed met een dun wit gewaad over mij heen, en een bandje om mijn pols waar mijn naam op staat, en een ziekenhuisdeken. Ik kijk hoe hij langzaam de injectiespuit volzuigt. Ik knik. Ik ben in alle staten, haal amper adem. Vol hoop, verwondering en angst.

'Wees maar niet bang,' zegt hij. 'Er is niets om je zorgen over te maken. Doe je ogen dicht en ga maar slapen. En als je weer wakker wordt, bedenk dan dat je daar niet meer alleen ligt.'

'Weet ik,' zeg ik, en ik ben geroerd door zijn woorden. Ik kijk naar zijn naamplaatje. Hij is de hoofdanesthesist. 'Dank je, Will.'

'Het prikt maar even.' Ik huiver even als de scherpe punt van de naald mijn huid doorboort. Het duurt even voor hij de ader gevonden heeft. Het doet zeer, maar niet zo erg als de dagelijkse injecties die ik mezelf heb gegeven. Mijn huid zit onder de plekken. Blauwe, paarse en bruine vlekken kleuren mijn buik, mijn armen, mijn billen en dijen. Ik bijt op mijn tanden en steek mijn kin uit, kijk hem recht in de ogen. Hij heeft vriendelijke, ernstige ogen.

'Hebbes,' knikt hij als de ader zich vertoont. 'Nu duurt het niet lang meer, en dan is je kindje veilig daarbinnen.'

Mijn ogen worden groter terwijl mijn hart zich samentrekt. Ik voel binnen in me iets kronkelen en probeer mijn arm weg te trekken. Ineens wil ik dat mijn man hier naast me staat. Hij is in het ziekenhuis – ik ben zo blij dat hij eindelijk twee dagen vrij heeft genomen van de croft om bij mij te zijn – maar juist op dit ogenblik is hij nergens te bekennen.

'Niet eentje,' zeg ik met klem. 'Ik krijg er twee.'

Hij kijkt weg. En omdat hij niets zegt, raak ik in paniek.

'Niet eentje,' houd ik vol. 'Ik heb twee kindjes. Ik ben in verwachting van een tweeling, Will.'

Het is lang stil. De angst slaat me om het hart. En dan het ruisen van het dunne gordijn en de verpleegkundige die binnen komt struinen.

'Nee,' zegt ze tegen me. Ze geeft me een klopje op de schouder. 'Vandaag maar eentje.'

'Maar ik heb twee kindjes. Ze zitten samen in het kweekschaaltje.' Ik kijk naar de verpleegkundige en weer naar Will. Hij frummelt onhandig met een nieuwe injectiespuit, en gaat ermee naar mijn arm. En plotseling probeer ik van het bed te komen. 'Waar zijn mijn kindjes?' wil ik weten.

'Liggen blijven,' zegt de verpleegkundige, 'anders ruk je het infuus nog uit je arm.'

Terwijl ik weer plat ga liggen, zegt Will me dat ik me geen zorgen hoef te maken. Ik voel de koude oplossing mijn ader in stromen.

'Maar waar is de andere dan?' vraag ik zwakjes.

Hij kijkt me recht aan. 'De andere is overleden. Het spijt me. Maar luister, je hebt er eentje. Het komt goed.'

'Wees maar niet bang, wijffie.' De verpleegkundige buigt zich over me heen en geeft me een klopje op de arm. 'Geloof me, eentje is meer dan genoeg.' En plotseling vervagen hun gezichten en voel ik me wegzakken.

Terwijl ik het bewustzijn verlies, lispel ik nog: 'Ik ga moeder worden.' Gericht op de verschijning en verwelkoming van nieuw leven in mijn lichaam probeer ik in slaap te vallen. Maar die woorden blijven in mijn keel steken. Ik word overspoeld door een grote golf verdriet. Als de verdoving vat krijgt, voel ik me verdrinken. Alsof ik koud water in duik: de wereld verdwijnt, en alles wat binnenin warm zou moeten zijn is plotsklaps ijskoud. Het enige waar ik nog aan kan denken, is dat ik al gefaald heb. Het verlies van dat kleintje snijdt door me heen.

Ik word midden in de behandeling wakker. De pijn is een foltering. Het voelt alsof er een weerhaak in me is geslagen. Het dringt pas tot me door dat ik bij ben wanneer ik de anesthesist met de arts zie kletsen. Mijn mond gaat open en ik schreeuw het uit, zo hard als ik kan, maar niemand kan me horen. En dan valt het ze op, als het zacht geklaag een hoog, gesmoord gillen wordt.

'O jezus, ze is bij kennis!' Ik kan hun paniek horen. Het kletteren en blinken van glimmende metalen instrumenten. Het gonst plotseling van de activiteit. Lichamen reppen zich. Ik lig in die kamer maar kijk van ergens verder weg toe, van boven de operatietafel. Iets binnen in me worstelt om ze te bereiken. Het enige wat ik hoor, is een toegesnoerd, schel gejammer. Dat is niet mijn stem. Het komt van ergens veel dieper in mij. En dan slaat de slaap over mij heen. Hij dendert over me heen en alles wordt weer donker.

Wanneer ik bijkom, kan ik niet lopen. Ik kan niet in het ziekenhuis overnachten want er is geen plek. Dus rijden ze me in de rolstoel naar de auto en leggen ze me op de achterbank. Mijn echtgenoot ziet bleek. Hij kijkt niet naar me. Het voelt vreemd hem daar zo te zien zitten. Soms zou ik willen lachen en op andere dagen wil ik huilen. Ik vraag me af of het zo is voor iedereen. Het is alsof er een onbevlekte ontvangenis in mij plaatsvindt. We proberen IVF-kindjes te krijgen, maar we zijn al weken niet bij elkaar in de buurt gekomen.

Je hebt drie dingen nodig om een kind te krijgen. Sperma, een eicel en een hoop geluk. Ik heb twee van de drie. Ik denk dat ons geluk sneuvelde toen ik te horen kreeg dat dat broze leven was omgekomen in het kweekschaaltje, want een paar weken later gaat de andere helft van de tweeling, het embryo dat ze in mij hebben gestopt, ook dood.

Toch blijft een deel van je geloven. Sommige dagen verglijden makkelijker dan andere. Het is heel moeilijk om los te laten.

Soms vraag ik me af wie van mijn kinderen ik het eerst ben verloren. Ik denk Maggie. Uiteindelijk doet het er niet toe. Omdat ik, toen ik wist dat Maggie dood was, wist dat Eve ook in rouw zou zijn, in dat duister voorbij de zwaartekracht. Ik vraag me af of mijn verlammende verdriet die dag mijn andere ongeboren kind de adem heeft benomen. Wie het dan ook was die nog over was, ze was binnen een paar weken dood.

Het doet iets met je geest wanneer een kind in je zo vroeg doodgaat. Mijn lichaam is gebonden aan de aarde en de jaargetijden, zelfs wanneer het zich tegen zijn natuurlijke cyclus verzet; mijn instinct dat aan een ingeprente route is gekoppeld, ontworpen om onze genen door te geven. In de kring van het eiland is mijn stem een van de weinige die verborgen gaat onder de verlammende last van stilte. Het is moeilijk om erachter te komen hoe je de stilte van het begraven moederschap kunt verbreken of helen.

Na elke mislukte poging blijven de artsen adviseren om gewoon door te gaan. Dus bijt ik door. Ik probeer alles goed te doen. Ik ben een machine die kinderen maakt. Ik eet goed, slaap goed, ga wandelen met mijn hond. Ik visualiseer dat ik moeder ben. Ik stel me een sprankje licht voor, net als een vallende ster.

Ten slotte komt mijn laatste kans. Dus is, als ik na weken van mezelf medicijnen inspuiten maar één eicel heb geproduceerd, de teleurstelling verpletterend. Die eicel ziet er op de scan zo alleen uit in het donker van mijn schoot. Het voelt alsof mijn lijf het heeft opgegeven na het verlies van de tweeling. Het is onmogelijk om niet al mijn hoop te vestigen op één kweekschaaltje, want ik heb geen andere optie. Verdere behandeling is uitgesloten. Deze keer doorloop ik het proces alleen. Rab verlaat het eiland niet. Elke avond bel ik hem. 'Kom je me opzoeken?' zeg ik.

Hij zucht alleen maar en vraagt: 'Wie moet er dan op de croft letten?'

'Het is een sterk embryo,' glimlacht de specialist naar me. Dat zal ook moeten, denk ik. Een sprankje leven scheppen is moeilijker dan ik ooit had kunnen denken. Ik vraag me af hoe dat kan, als het zo moeiteloos, zo natuurlijk zou moeten gaan.

Als het embryo eenmaal in mij is geplaatst, leg ik mijn handen rond mijn buik. Ik val in slaap met een glimlach op mijn gezicht. ‘Blijf bij me,’ fluister ik mijn kindje toe. En deze keer ben ik ervan overtuigd dat het goed is gegaan. Ik voel me anders. Ik weet zeker dat ik in verwachting ben van een jongetje.

Als mijn menstruatie uit lijkt te blijven, doe ik een zwangerschapstest voor thuis. Die is positief. Ik ben verrukt. Dus doet het er niet toe als het ziekenhuis niet in staat is om de zwangerschap te bevestigen. ‘U zult nog een week tot tien dagen moeten wachten,’ vertelt de receptionist me. ‘Het systeem ligt plat.’ Alleen duurt het langer.

Ik houd mijn geheim voor me. Ik wil er geen ongeluk over afroepen tot ik het zeker weet. Na elke verpletterende teleurstelling houd je jezelf voor dat jij er niets aan kan doen, maar dat geloof je niet, en de last van de verwachtingen drukt steeds zwaarder. Maar elke dag die voorbijgaat, brengt me een dag dichterbij. Ik kan niet wachten om het Rab te vertellen. Ik ben zo gelukkig, zelfs als ik een laatste tocht naar het ziekenhuis alleen maak. Ik ben nog steeds niet ongesteld geweest. Al sinds het zes weken geleden is geïmplanteerd, groeit mijn kindje in mij. Ik zit te wachten nadat ze mijn bloedstalen hebben afgenomen. Ik heb een glimlach op mijn gezicht wanneer de verpleegkundige binnenkomt met de uitslag. Eerst kijkt ze naar me zonder me te herkennen. En dan glimlacht ze onzeker. ‘Je zou hier niet moeten zijn,’ zegt ze. ‘Je test was negatief.’

Ik staar haar aan, mijn glimlach vloeit weg. ‘Weet je het zeker?’ zeg ik.

‘Je had een brief moeten krijgen.’ Ze fronst de wenkbrauwen. ‘Het spijt me dat je dit hele end helemaal voor niets bent gekomen.’

En dan gaat ze door naar de volgende patiënt in de rij. Mijn benen trillen. Er is niemand wie ik dit nieuws kan vertellen, die mijn hand vast kan houden, dus leg ik mijn ene hand in de andere en zit ik daar in mijn eentje mijn eigen hand vast te houden.

Wanneer ik thuiskom, zal ik het Rab moeten vertellen. Hij is in de schuur en stopt niet met werken.

'Ik weet niet wat ik moet zeggen,' zegt hij. Het is een opluchting dat we er niet over hoeven te praten. Ik trek een trui aan en ga de rondes doen.

Op die dag geeft hij me een ziekelijk pasgeboren lammetje om voor te zorgen. Ik houd van het beestje. Ik voed en koester het. Ik ben elk uur van de dag bezig het in leven te houden. Dan ademt het op een ochtend niet meer goed. Het sterft in mijn armen. En op dat moment gaat er iets stuk in mij. Ik blijf maar huilen. Ik probeer ermee op te houden maar de tranen blijven komen. Het is een uitputting, maar ook een vreemde troost om het warme, dode lijfje vast te houden. Ik heb het nog steeds in mijn armen als het koud en stijf wordt. Ik houd het in een kistje terwijl ik er afscheid van neem. Na een week verbrandt Rab het tot as.

Het kost me veel tijd om over het verlies van dat lam heen te raken. Het kost me nog veel meer tijd voor ik over mijn eigen verloren kleintjes kan praten. Ik kan me er niet toe zetten het kistje met de namen van onze kindjes weg te gooien. Ik zet het onder het bed.

Een paar maanden later sta ik in de winkel. Een van de oude dames van de seniorenbus van het eiland, een gratis vervoerdienst voor bejaarden, komt op me af. 'Zeg, nog geen kleintjes? Tss,' zegt ze en ze schudt het hoofd. En plotseling lijkt iedereen mee te luisteren en er iets van te vinden.

Terwijl hij langsloopt, grapt een boer: 'Je moet een briefje ophangen. Zo te zien heb je een nieuwe stier nodig.'

Ik ben te kapot om iets te zeggen. Het doet pijn dat ik niet in staat ben moeder te worden, de basale taak te vervullen leven te scheppen en te baren. Ik wil vragen: 'En als het nu aan mij ligt?' Maar dat doe ik niet. Ik weet wat er gebeurt met koeien en schapen en teven die geen nageslacht kunnen voortbrengen. Die worden afgedankt als 'gust', oftewel onvruchtbaar. Niemand wil een verwentelde ooi.

Ik ben de weg kwijt. Ik weet niet meer waar ik van op aan kan, wat ik nog moet geloven of voelen. Als je lichaam je in de steek laat en je jezelf en je instinct niet langer vertrouwt, raak je verdwaald.

Ik probeer bezig te blijven. Ik ga wandelen. Wanneer ik moe ben van het wandelen, ga ik gewoon liggen. Ik ben zo uitgeput dat het soms voelt alsof dat het enige is wat ik nog kan. In het gras liggen op een heuvel en voelen hoe de zwaartekracht me vasthoudt, juist wanneer mijn ogen de hemel in vallen. Soms doe ik mijn ogen maar dicht en val ik in slaap. Vaak is het wanneer ik wakker word al bijna donker. Als ik de avonddauw op mijn gezicht voel, is het alsof een innerlijke pijn wordt verzacht. Ik zing of fluister hun namen niet meer. Ik sta alleen te kijken hoe de zon ondergaat. Ik schrijf mijn eigen naam in de wind. Dan loop ik langzaam naar huis. Ik begin me af te vragen of ik nog door moet gaan met mijn baan. Ik kan het niet aan. Ik vind het steeds moeilijker om voor de baby's en peuters bij de school te zorgen. Soms moet ik een smoes verzinnen om het lokaal uit te kunnen gaan.

Het is moeilijk als je in een wereld moet werken die uit hechte families bestaat en je niet bij je eigen familie terechtkunt. Mijn broer zit overzee, mijn zus is gebrouilleerd en mijn ouders zijn niet meer komen logeren na een rampzalig bezoek vorig jaar waarbij mijn vader zijn gebruikelijke angsten verdoofde door dronken en gemeen te worden. Het is verschrikkelijk om je vader als een tiener whisky te zien pikken in je huis en je ouders voor je neus te zien schreeuwen tegen elkaar. Ik ben het zat hem van de vloer te moeten rapen. Uiteindelijk heb ik hem moeten vragen te vertrekken, en hij keek me aan en zei: 'Ik wou dat ik nooit gekomen was.'

Ten diepste weet ik dat hij dat niet meende. Hoe ontdaan ik ook was, ik blijf het voor hem opnemen. Ik weet dat het zijn manier is om ergens mee om te gaan. Hij is net zo ongerust over mijn moeder als de rest van ons. Ze zaten verderop langs de weg in een huurhuisje met één slaapkamer. En al wilde ze een andere indruk geven, het ontging me niet dat ze de badkamer of de slaapkamer niet kon vinden, of iets simpels als de koelkast in de keuken. Iedereen heeft geheimen en problemen. Weten dat ik ze niet met hen kan delen omdat ik bang ben dat de chaos dan nog groter wordt, maakt het nog zwaarder. We zijn uit onze rollen gevallen, nu mijn ouders zich als kinderen gedragen.

Daardoor vraag ik me soms af of ik gek ben dat ik zo graag zelf moeder wil worden. Maar het maakt mijn wanhopig verlangen naar eigen kinderen er niet minder om. Het doet zelfs zeer om vrienden te treffen die jonge kinderen hebben, wat weer afstand schept waardoor hun sporadische bezoekjes nog zeldzamer worden.

Ik ben een jaargetijde dat van slag is. Mijn hart is nog bevroren van die heel lange winter. Onvruchtbaarheid is net een breuklijn die niet alleen door mijn lijf loopt, maar ook door mijn leven. Het is vreemd om te bedenken dat als ik doodga, er niet iets van mij zal doorgaan. Dat deed er niet toe, maar nu doet het me soms plots stilstaan.

Als ik wat monterder ben, weet ik vanbinnen wel dat het niet waar is. Wanneer ik doodga, zal ik in alles en iedereen zitten. Ik zal longen vol zon ademen en mijn hart zal maan slaan. En al ben ik kinderloos, mijn geest zal kloppen met de volheid van de liefde. Ik zal in de wildernis zijn, vrij op de wind. In de hoge wolken en de eerste dauw. In een deel van de grond, of in zout, of in het rijzen van een golf. Ik zal in de keel van een zangvogel zitten en in de druppel opspattend water op een meeuwenvleugel. Ik word misschien niet gezien, maar ik hoop dat ik in mijn dood en in mijn leven word opgemerkt. Dat mijn leven zal helpen andere levens te voeden. En dat ik op een dag op mijn eigen bescheiden manier een moeder voor iedereen zal zijn.

De meeste dagen ga ik naar de kust. Ik kijk hoe de zee aanrolt en terugglijdt, terwijl ik naast Maude sta te luisteren naar de golven. In het halflicht roepen de ganzen. Een schampende klank aan de horizon die nog een glimp lucht openscheurt. Daar in het verre duister blaast een wind die veel doet opwaaien. Witte kammen op de aanzwellende vloed. Daarboven cirkelen meeuwen, snerpt hun iel gekrijs, rafelen hun witte veren in de scherpe noordenwind. Geluiden vervagen, dragen ver, klinken op en lossen op. Elke paar minuten smijt een vlaag opspattend water zich woest tegen de scherpe kalksteenrotsen. Mijn wangen zijn er nat van. Ik luister naar het gestage crescendo, de stilte en dan de onvermijdelijke val. Er volgt een laag ruisend geluid, als wanneer log en langzaam een voertuig van de rem wordt gehaald.

Ik fluister tegen de golven: 'Als het zo moet zijn, dan zal op een dag een kind mij vinden.'

Ik tuur naar de horizon. Het broze licht heeft nog nooit zo ver weg geleken, zo onbereikbaar. Maar terwijl ik ademhaal, voel ik hoe die golven kalm aanzwellen en een diepere kracht in mij laten stromen.

8

Rem

Het is het begin van het voorjaar. Rondom de croft branden bijtende, donkere vuren op de aanpalende velden. Asgrauwe, dikke rookpluimen stijgen langzaam omhoog, kronkelen als spoken de lucht in en slaan op mijn keel. Fel knipperend met mijn ogen houd ik warme tranen tegen. Het doet zeer om naar die verschroeide, gekastijde velden te kijken. Het is het traditionele afbranden van het seizoen, een cruciaal wegsnoeien van dode begroeiing. Sommige boerderijen houden kleine stukken vrij waar dieren en vogels een veilig heenkomen kunnen zoeken, maar anderen lachen gewoon om de wanhopige, schrille kreten. 'Alleen maar ongedierte. Foute boel voor nieuwe aanwas.' Als het gras eenmaal is aangestoken en de wind ze aanwakkert en op laat laaien, houdt niets de felle vlammen nog tegen. Naderhand is het moeilijk voor te stellen dat er uit die houtskoolzwarte stompjes weer leven zal komen.

Ik ben de moeheid voorbij, maar ik kom nog steeds niet in

beweging. Mijn hart lijkt van lood. Vanbinnen word ik verteerd door een diep verdriet en trage, smeulende woede. Rab gaat vreemd. Elke dag probeer ik die dichtbij lekkende vlammen te smoren, maar het is alsof je een brand met je blote handen probeert te doven. Maar ik kan het niet laten. Dit verraad doet pijn als een brandwond. Het teistert mijn hart en houdt mijn huid 's nachts klaarwakker. Ik verlang naar die koele, golvende grassen die ooit over deze heuvels liepen.

Mijn lippen zijn te koud om te fluiten, dus roep ik Maude maar. Ik roep haar nog eens en nog eens. Wanneer ze niet komt, wellen de pijn en angst op. Ik ben zo moe. Ik ben niet alleen bang voor haar tussen die brandende velden. Ik ben ook voor mezelf bang. En plotseling sta ik onbedaarlijk te huilen, naar de lucht te snikken: 'Help me, toe... iemand ergens... ik weet niet... wat ik moet doen.'

Het doet zeer om te weten dat je kwetsbaar bent. Ontrouw komt in allerlei gedaanten, maar laat zich lang voor en lang na elke keer zien. Het is een subtiele taal die uit gefluisterde geruchten bestaat. Maar op een eiland zijn fluisteringen als de wind die de lage, smeulende vlammen aanblaast. Het doet zeer om te ontdekken dat je vertrouwen wordt misbruikt. Ik ben ziek van verdriet, kotsmisselijk wanneer ik terugdenk aan al mijn hoop voor het nieuwe jaar: mezelf dagelijks injecteren, en toen het wonder van de embryotweeling die in mij zou gaan groeien, het licht van hun leven dat scheen als stralende sterren. Al die vreugde werd verbrijzeld op oudjaarsnacht toen Rab vreemd genoeg niet thuiskwam van het Hogmanay-bal in het dorpshuis.

Op nieuwjaarsochtend werd ik wakker van een koude plek naast me in het bed. Toen ik naar beneden ging, begreep ik niet waarom de deur vanbuiten op slot zat. Rab verscheen rond lunchtijd. Hij weigerde met me te praten of me aan te kijken. 'Ik ben dronken geworden. Ik had naar huis moeten komen. Maar ik ben bij vrienden verderop blijven slapen. Nou en?' Ik staarde hem aan, woedend en gekwetst. 'Maar we zitten midden in een behandeling. Waarom ben je überhaupt nog teruggegaan toen je me thuisbracht?' Zijn gezicht betrok helemaal toen ik vroeg waarom de deur vanbuiten op slot zat en hij drong zich langs me en zei: 'Godsamme, laat een man gewoon eens slapen.' Die nieuwjaarsdag was stil. Hij sliep als een otter. Dus ging ik bij vrienden op bezoek om ze een gelukkig nieuwjaar te wensen, in mijn eentje.

Iedereen op het eiland kent Rabs geheim. Iedereen weet wie ze is. Hun zwijgen is diep en ondoordringbaar. Ze zitten allemaal te wachten met ingehouden adem. Zich af te vragen wie het gaat doen. Wie mij zal gaan vertellen wat verder iedereen al weet. Vernedering is een blinkend, scherp zwaard. Met een duistere bekoring trekt het anderen onweerstaanbaar aan.

Het gebeurt wanneer ik op de kinderen op school let. Een rits woorden die nog naroken, zodat je weet dat het vuurtje al veel eerder is aangestoken. Ik luister met mijn maag in een knoop. Het doet pijn om eindelijk te horen hoe het zit. En om te beseffen dat jij het pas als allerlaatste weet.

De glanzende lippenstift rond de mond die de woorden vormt, kenmerkt ze op de een of andere manier nog preciezer. Terwijl de regen buiten heel hard neerklettert en alle kinderen met veel rumoer in de kleine, smalle hal spelen, kan ik mezelf amper horen denken. Ik sta er roerloos bij in een poging me te concentreren op de boodschap die ze overbrengen.

'Kop op,' zegt een van de vrouwen schouderophalend. 'Het is niet alsof het pas gisteren gebeurd is.'

'Dus je wist het?' stamelt mijn stem. Ik probeer haar ogen vast te houden, maar ze lacht opgelaten en dan kijkt ze weg.

Het is moeilijk om haar intentie te peilen, maar ik wil haar vertrouwen.

'Ik weet niet waar je zo ontdaan van bent,' zegt ze met een uitgestreken gezicht. 'Wij zijn er allemaal al maanden overheen.'

Ik had aanvaard dat mijn man niet bij mijn behandeling zou zijn. Maar ik wist niet wat verder iedereen wel wist – dat het was omdat hij met iemand anders was even verderop. Ik dacht dat we samen aan het proberen waren ons eigen gezinnetje te krijgen. Naderhand maakt die wetenschap het des te moeilijker om die dagen door te moeten dat zij helpt met het vervoer van en naar school en de speelkamer in komt lopen om kinderen op te halen of binnen te brengen. Ik houd me voor dat ik professioneel moet blijven. Ik glimlach. Mijn stem is kalm, maar gespannen. Je doet wat je moet doen.

'Je hebt geen dank je wel gezegd,' roept een van de kinderen verwonderd. 'Je zegt altijd dank je wel.'

Ik kijk hem aan en zucht. Het is lastig om aan een kind van drie uit te leggen dat je niet altijd dank je wel hoeft te zeggen.

Je kunt pijn niet altijd weggedrukt houden. Het is als een zaad dat zich diep in je weefsel nestelt en daar ontkiemt. De bittere oogst volgt een paar maanden later – een jaar op de dag af nadat het zaad werd geplant. Het is Hogmanay. 'Ik ga niet naar het feest,' houd ik vol. Cristall, de allerbeste vriendin op heel de wereld, zegt tegen me: 'Je kunt je niet blijven verstoppen. Ik denk dat je moet gaan.'

Ze heeft gelijk. Ze heeft altijd gelijk. Dus ga ik.

Aan de bar, die niets meer is dan een plank met een paar flessen, geef ik mijn bijdrage af. Nu de loterij voorbij is en de thee, scones en sandwiches zijn afgeruimd, begint het echte drinken. Het zaaltje is stampensvol. Later sta ik weer bij de bar mijn glas vol te schenken tussen een heel kluitje mensen, als ik doorkrijg dat zij naast me staat. Ik weet niet wat ik moet zeggen. Dus zeg ik niets. En dan neem ik een slok. Ik ben dronken. Zij is dronken. Het is nu of nooit, denk ik.

'Waarom heb je 't gedaan?' vraag ik.

'Wat gedaan?'

'Met m'n man geneukt,' zeg ik.

Ze glimlacht, als een kat. 'Leugens. Een en al leugens.'

'Hij zegt iets anders.'

En dan praten we. We waren bevriend, min of meer, hiervoor.

‘Ik dacht dat we vrienden waren,’ zeg ik. ‘Ik heb je uitgenodigd op mijn verjaardag.’

‘Ja,’ zegt ze. ‘En weet je? Ik ben niet gekomen.’

‘We probeerden kinderen te krijgen.’

Ze glimlacht alleen maar. ‘Pech, hoor,’ zegt ze en dan loopt ze weg.

Soms wilde ik dat we nooit gepraat hadden. En op andere dagen ben ik blij dat we het wel hebben gedaan.

Het heeft de lucht geklaard. Het heeft me geholpen me sterker te voelen. Maar later nam de avond een duistere wending. Haar vrienden sleepten me mee naar buiten. Ze waren dronken, helemaal starnakel, en de spanning was om te snijden. Veel stemverheffing en iemand haalde uit. Ik zag het vanuit mijn ooghoek in slow motion aankomen. Er was geen tijd om na te denken. Mijn reflexen hadden zich al ingesteld op het intrinsieke gevaar van de situatie en mijn lichaam dook instinctief weg. De stoot ging rakelings langs me heen en landde vol op het gezicht van een van henzelf. Meer dan een schampend glimpje inzicht was er niet nodig om een complete vechtpartij te ontketenen.

Maar ik stond er niet tussen. Ik dacht er niet bij na, ik deed gewoon wat mijn benen deden en glipte weg. Puur instinct zei me die stralende lichtjes te laten voor wat ze waren en in het zachte donker op te gaan, om die wereld achter me te laten en de rust van onzichtbaarheid op te zoeken.

Toen ik wegging, hoorde ik een stem achter me schreeuwen: ‘Ik neuk verdomme met elke lul die ik wil.’

Als het niet zo meelijwekkend was, was het grappig geweest.

De pijn is folterend, lichamelijk en geestelijk. Ik krijg meestal niet zo snel een ongeluk, maar het zit me tegen. Die lente heb ik twee verschrikkelijke ongelukken. Mijn linkerhand is ernstig gebroken bij een val op de croft. En een paar weken later loopt mijn rechterhand ook zwaar letsel op bij een voorval waar ik nog steeds moeilijk over kan praten.

Het is buitengewoon vreemd, vind ik, dat zo'n onbeduidende val tot zo'n afgrijselijke botverbrijzeling kan leiden. Het ene moment liep ik nog kaarsrecht over de croft. Het volgende was ik gestruikeld en onhandig terechtgekomen. Een glooiing met gras helde voor me op, mijn hoofd knalde op een steen en mijn linkerhand landde op een steile schuinte. Gras kan ongezien schade berokkenen als je er vol op klapt, je hoofd eerst met je volle gewicht erachter. Ik heb mijn hand niet voelen knappen. Het enige wat ik voelde was een vreemde leegte erin, een plots wijken van iets. Het daagde me ergens dat rustig ademhalen van groot belang was, maar ik kon alleen maar naar adem snakken en alles in me aanspannen.

Vreemd, de helderheid die komt wanneer je ergens verdoofd en onbeweeglijk ligt. Ik realiseerde me plotseling dat ik mijn adem al heel lang inhield. Dat de aarde vast is, stabiel en troostrijk; de dauw koud, fris en heerlijk als de regen. Terwijl ik daar verfrommeld op mijn buik de stilte lag in te ademen, verschoof er iets in mij. Terwijl ik buiten kennis raakte en dan weer bijkwam, voelde ik het gebeuren. Het put je uit om een relatie om je heen te zien imploderen. Je hoort niets breken tot de laatste schragende balken knappen.

Toen Maude tegen me aan begon te duwen en dat maar bleef doen, sleepte ik me doodop naar het lege huis en kroop ik onder een deken met mijn koude wang tegen haar natte neus, haar helder ambergele ogen vast op mij gericht.

Vanbinnen val ik ook. Ons huis is verstoken van vriendelijkheid en gelach. Naar buiten houd ik mij sterk, maar daaronder ben ik bang omdat ik niet weet hoe ik ons moet opvangen. Ik weet niet hoe ik mezelf moet opvangen.

Mijn blessure maakt Rab boos. Hij kan er slecht tegen wanneer ik ziek ben of pijn heb. Soms kunnen we nog zo ons best doen, maar is het niet genoeg. En onze slechte kant heeft iets verschrikkelijks onvermijdelijks dat tot voorspelbaarheid leidt en een schok van herkenning. Pas later vraag ik me af hoe kwetsbaarheid zulke diepe teleurstelling en woede in een ander teweeg kan brengen. Soms roept het een nors zwijgen op en een andere keer een boosheid die amper te begrijpen is. Ik ben het zat om dat te horen: 'Je verzint het allemaal, er is helemaal niks mis met je.' Ik keer me gekwetst af met tranen in mijn ogen.

Elke ochtend word ik bang wakker. Ik schrik op uit mijn slaap met een hart dat bonst in mijn borstkas. Ik heb een terugkerende droom die me koud, donker water in trekt. Ik weet dat ik ver onder het oppervlak zit, maar ik blijf worstelen om boven te komen. Ik moet bovenkomen, anders heb ik straks geen adem meer. Ik word wakker op het moment dat mijn adem op is. Andere keren ben ik uit alle macht aan het roepen, maar komt er geen geluid uit me, terwijl mijn benen in de weer zijn alsof ze een onzichtbare rem proberen te vinden, mijn rechtervoet stampt wanhopig in het rond. Alsof ik opgesloten zit in een wagen waarover ik de controle kwijt ben. Terwijl ik bijkom en zelfs mijn kamer kan zien en het licht dat door het raam komt, blijft die sensatie: de auto scheurt nog stuurloos verder, met mij erin. Ik kan niet stoppen, want er is nooit ergens een rem in deze droom. Altijd word ik op hetzelfde moment pas echt wakker – vlak voor ik ergens op knal – met een abrupte snik en hoge, gesmoorde gil. Ik zit kaarsrecht in bed te trillen en te hyperventileren. Dan komt er een doffe pijn als ik me de lege plek naast mij gewaarword. Maar zo is het al maandenlang.

Ons leven, mijn leven met Rab, is uit elkaar aan het rafelen. Alsof ik naar een klos garen kijk die met een rotgang afrolt. Verdriet snijdt door me heen omdat ik diep vanbinnen weet waar we heen gaan. Deze weg gaat maar één kant op.

En dan zit ik op een dag op de passagiersstoel van de landrover die het smalle weggetje op jakkert. Ik zit voorover ineengedoken heen en weer te stuiteren. Het enige wat ik wil, is mijn ogen dichtdoen, ik ben zo bang, maar ik dwing mezelf ze open te houden, wijd open, alert, gericht op de weg. Ik droom nu niet.

Het is overdag, ik ben wakker en mijn nachtmerrie vindt echt plaats.

Ik stamp mijn voet hard neer waar ik wil dat er een rem zit, maar Rab heeft het niet eens door. En plotseling schreeuw ik tegen hem: 'Zachter alsjeblieft! Je maakt me bang!' Maar hij blijft doorrijden en ik blijf schreeuwen. Ik weet dat we een ongeluk krijgen. Plots val ik stil. Schreeuwen, praten zelfs, is compleet verspilde moeite. En ik heb al mijn kracht nodig om te proberen deze auto te laten stoppen.

Maar Rab rijdt zo hard en is zo kwaad dat ik het stuur niet beet kan pakken of bij de remmen kan. Ik hurk zijdelings tegen de stoel tot een bal ineen en probeer mijn handen in mijn schoot te houden om de ene te beschermen die net in het gips is gezet.

Terwijl we een heuvel op gaan, kan ik in de verte een auto zien aankomen op de wagenbrede weg. Op de top ligt, weet ik, een blinde bocht met een steil talud omlaag naar een greppel. En dan schreeuw ik weer zo hard als ik kan tegen hem dat hij moet stoppen, alsjeblieft en me eruit moet laten. Het is alsof hij met alle geweld de auto, onze relatie en onze levens de vernieling in wil rijden. En dan vouw ik, omdat ik me nergens aan vast kan houden, mijn lichaam voorover om me schrap te zetten.

'Stoppen, Rab, stop godverdomme!' gil ik. 'Toe, stop nou, ik wil eruit. Ik wil er alleen maar uit.' En dan komt de auto over de blinde top van de heuvel en recht op ons af.

Ik denk niet na. Mijn lichaam reageert. Mijn vingers gaan om de portierhendel, mijn schouder gooit mijn gewicht tegen de deur, ik sla mijn armen om mijn lijf, maak me zacht en tuimel de weg op, precies wanneer Rab de auto de zachte berm op ramt en de zware dieselmotor brandende dampen uitbraakt.

Op crisismomenten weet je lichaam precies wat het moet doen. Al die oefening die ik kreeg door van Fola's rug te glijden, betaalt zich nu uit. Je leert je klein en onzichtbaar te maken, wacht tot de grond razendsnel op je afkomt en vertrouwt erop dat de aarde zacht zal zijn. Instinct is meer dan het mechanisme om te vechten of te vluchten. Het vertelt je ook wanneer je je niet moet verroeren.

Ik lig daar op de weg te snikken en te vloeken. Ik ben geschokt, maar heb geen letsel. Iedereen schreeuwt. Rab ramt met zijn vuist op het dashboard en roept: 'Stom wijf!' Ik denk: ik ben tenminste niet de enige. In zekere zin ben ik opgelucht hem tegen de andere bestuurder te horen schreeuwen, want op dat moment weet ik zeker dat het niet goed met hem gaat, dat hij zichzelf niet is. Het afgelopen jaar en ook de tijd daarvoor zijn plotseling zonneklaar voor me. Ik weet ook dat ik hem niet kan helpen, hoezeer ik dat ook wil, hoop en probeer, omdat hij de hulp die ik hem bied, of iemand anders, niet zal aannemen. We zijn niet meer te helpen nu.

Als hij schreeuwt: 'Stap in, stom kutwijf!', weiger ik dat. Ik ben het zo zat bang te zijn. Ik wil nooit, maar dan ook nooit weer in die auto stappen. Ik draai me om en begin de lange weg naar huis te voet af te leggen. Maar als ik daar aankom, voel ik me er niet veilig. Ik weet dat als hij terugkomt, hij met kokende woede zal zwijgen. En dat voelt nog erger dan wanneer hij schreeuwt. Ik roep Maude die onmiddellijk aan komt rennen. Als de deur achter ons dichtvalt, lopen we linea recta de heuvel op. Ik kijk niet om. Ik blijf doorlopen. Ik ben bont en blauw en van streek, maar ik houd mijn ogen gericht op de lucht.

Soms is dat het enige wat je kunt doen.

Ik begrijp niet hoe we op dit punt zijn beland. Onder het naar huis lopen heb ik mezelf steeds weer afgevraagd of het mijn eigen schuld is. Maar ten diepste weet ik dat het niet zo is. We beslissen allemaal zelf wat we doen en dat heeft Rab ook gedaan. Zijn boosheid richt zich op hemzelf. Verbranding volgt zijn eigen wetten. Het is een gereguleerde chemische reactie. Vuur produceert energie, woede is de uitlaatklep. Ik deins terug van zijn uitslaande vlammen en hitte en ik weet niet hoe ik het moet doven.

Mijn ratio is naar de maan wanneer ik bang ben. Rab weet dat.

Zijn woede haakt in op mijn angst. Het is een destructieve combinatie. Ik breng meer en meer tijd buiten door, met Maude aan de wandel door de heuvels. Wanneer ik terugkom, zitten we ieder voor zich opgesloten in ons eigen zwijgen. We trekken muren op om onszelf heen. Thuis is niet langer thuis. Ik ben niet op mijn gemak en rusteloos. Maandenlang heb ik deze waarheid buiten zicht gehouden, op mijn hoede voor de spiedende ogen en roddeltongen van de anderen. Alleen Cristalls ogen zien nog hoe ik naar binnen keer, blijf zwijgen en het liefst alleen de heuvels in trek. Het zijn zware, beladen dagen die me afzonderen.

Ik voel hoe de veelkleurige strengen van onze relatie uit elkaar beginnen te rafelen. Elke dag vallen de eindjes om ons heen. Het is haast onmogelijk er niet over te struikelen, al blijft Rab bezweren dat het allemaal in mijn hoofd zit. Liefde gaat alleen stuk wanneer ze wordt genegeerd, verwaarloosd of verworpen. Geleidelijk houden we op met draden spinnen en onze levens verweven.

Ik werp een blik naar hem. Ik wil hem een draad aanreiken, ons hechter oprollen. Hij zit naast me, maar hij is er niet. Zijn gezicht staat hard en al kan ik de warmte van zijn lijf voelen, hij lijkt ver weg en pakt mijn hand niet. Ik vraag me af waar hij zit, en wanneer hij is vertrokken. Ik krijg de vraag met wie niet over mijn lippen.

Liefde is een ritme, een wederkerigheid in de hartslag. Ik voel het verlies als pijn in mijn borstkas. Een gesprek, pret en vriendelijkheid worden een uitzondering. Eenzaamheid sijpelt naar binnen. We zijn niet in staat elkaar te steunen of te troosten. De jaren vol problemen en stress hebben ons allebei op onze knieen gebracht. Uiteindelijk zijn we niet in staat elkaar te geven wat elk van ons wil en nodig heeft. Sommige dingen die zo makkelijk te koesteren of te grijpen zouden moeten zijn, blijven nu in alle wreedheid buiten bereik.

Later pak ik Rabs hand en beroer ik zijn vingers voorzichtig met de mijne. 'We hadden alles, jij en ik.'

‘Ik weet het,’ antwoordt hij. In twee paar ogen wellen de tranen.

Het ogenblik vervliegt.

‘Maar jij wou nog meer,’ zegt hij boos.

‘Ja,’ zeg ik. ‘En deed ik daar verkeerd aan?’

Hij kijkt snel weg en steekt een sigaret op. We weten waar we allebei van droomden, naar hebben verlangd. Een kind is een geschenk waar anderen soms helemaal niet van opkijken.

Ik wil het begrijpen. Ik wil hem vragen: ‘Was je ook aan het rondsprokkelen, op je eigen manier, om je te redden?’ Ik wil zijn ontrouw een plaats geven als een blijk van de wil om eerlijk te zijn. Dat is niet makkelijk, maar ik doe mijn best. Ik houd me voor dat het een overlevingsstrategie is. Een poging bij iets of iemand anders dan mij te horen. Het is moeilijk om dat toe te geven.

‘Je was tenminste eerlijk in wat je deed,’ zeg ik zachtjes. ‘Jij wist tenminste waar je behoefte aan had. Ook al pakte je dat dan aan op de afgrijselijkste manier die je maar kunt bedenken.’ Maar het lukt me niet om deze vraag te stellen: ‘Was ik echt niet genoeg? Heeft zij, hebben misschien zelfs anderen je gegeven wat ik je niet kon geven?’ In zijn ogen zie ik mijn reflectie. Het is altijd een schok om onszelf weerspiegeld te zien in de ogen van een ander.

Rabs duistere geheim maakt die laatste weken van het begin van de zomer buitengewoon veel moeilijker. We leven gescheiden in het huis waar we ooit hebben liefgehad. Ik ben de kindjes kwijtgeraakt. Ik praat met de huisarts. Het is een opluchting om te kunnen praten. ‘We kunnen zo niet doorgaan,’ zeg ik. Ik zit te wachten op een crisis. Ik voel hem al aankomen. Die angst deel ik niet met anderen. In een kleine gemeenschap is iets soms te moeilijk om te vertellen. Uiteindelijk bouwen we ons eigen web van waarheden en leugens.

We hebben ruzie zitten maken. In de kamer hangt het beklemmende gevoel dat alles in één klap kan omslaan. Terwijl ik me afkeer, bijt ik op mijn lip en proef ik adrenaline en bloed op mijn tong. Dat heeft een vlakke, metalige zweem met een verschroeid bitter randje. Het vertelt me wat ik vanbinnen al weet. Het zegt: 'Maak dat je wegkomt, wegwezen nu het nog kan.'

Als ik me omdraai om de kamer uit te lopen, schreeuwt Rab: 'Loop verdomme niet zomaar van me weg. Hier komen, stom kutje!' Ik loop door met onvaste stap. Ik voel een vreemde scheiding in mijn lichaam, alsof ik vanbinnen in lichterlaaie sta, maar vanbuiten bevroren ben. De unieke buitensporige stress en duisterheid van deze weken is heel anders. Er zijn momenten geweest waar ik probeer niet aan terug te denken. Het is de stilte die me de meeste angst aanjaagt.

Ik weet dat ik niets moet zeggen. Woorden zijn niet alleen maar woorden wanneer het woorden van haat zijn. Dan hebben ze een strekking en betekenis die diep in je vel snijdt. Ik voel de weerhaken van woorden die zo zacht gefluisterd zijn dat ik mijn best moet doen om ze te horen, even scherp als wanneer ze recht in mijn gezicht zouden zijn gedrukt.

Ik heb het verknald. Ik heb een koffiekopje op de vensterbank laten staan. Ik verstijf als ik het zie. Het is nat van onderen en dat gaat kringen maken in het hout.

'Als je dat nog een keer doet, vermoord ik je met mijn blote handen.'

Zijn stem is zacht. Ik weet niet of hij een grapje maakt. Die dag is er weer een grens overschreden. Ik voel me niet meer veilig genoeg om 's avonds te kunnen gaan slapen. Er zit geen slot op mijn deur.

Ik kijk, luister, wacht. Ik wil de grens markeren die we overschreden hebben zodat ik weet hoe ver weg we raken van het nieuwe beginpunt van elke dag. Maar een grens trekken met schimmen is lastig. Ik wil niet opkijken, want straks ontdek ik nog dat we al aan het eind zijn. Daar wil ik niet komen. Het uithouden waar ik ben, is al meer dan genoeg. Ik weet niet wat ik moet. Als we dan een geestverschijning voor elkaar zijn, waarom zoekt hij dan niet iemand anders, vraag ik me soms af, die hem voor altijd kan helpen in zijn eigen vel te kruipen en te blijven. Misschien geeft dit hem de vrijheid om zichzelf weer te leren kennen.

Op een avond raak ik dronken. Hij raakt dronken. Iedereen raakt dronken. We zijn op een eilandbruiloft in het dorpshuis. Sommige mensen drinken voor de pret die het brengt, andere om alles te ontvluchten. Er zijn er die drinken om de barsten in hun leven te verbergen die de hoop en dromen van anderen aan het licht brengen. Ik drink om mijn angst te verdoven. Ik drink om mijn pijn te verbergen. Ik staar naar Rab. Hij praat met een vrouw. Ze staan dicht bij elkaar te fluisteren. Een poosje kijk ik naar hen. Als ik er niet langer tegen kan, steek ik langzaam de vloer over.

'Dit is mijn vrouw.' Hij kijkt me aan, maar er dringt niets door. Alsof hij dwars door me heen kijkt. Ik kan niet peilen wat hij denkt. Maar ik bespeur iets glinsterend glanzends dat zomaar kan uitbarsten. Mijn hart begint tekeer te gaan.

'Het is tijd om te gaan,' zeg ik.

'Ja, want dit is nu mijn vróúw.' Hij zegt het nog eens, maar op een toon die mij me onzichtbaar, vies en waardeloos laat voelen. En dan lacht hij vreemd genoeg. 'Tenminste, ik denk dat ze dat is.'

Ik kijk naar hem. Ik probeer hem niet mijn pijn te laten zien, maar ik voel dat die hem in het gezicht klopt. Tranen springen in mijn ogen. De vrouw kijkt nu ook naar me. Ze kijkt terug naar Rab met een glimlachje. En plotsklaps lacht zij ook.

Ik pak mijn jas, wil alleen nog maar naar huis. Ik worstel met de mouwen – een jas aantrekken met een arm in het gips is niet makkelijk. Ik zie niets door mijn tranen heen. Iemand komt me helpen. Ik ken deze vreemde niet. Was dat maar wel zo, want hij is aardig. 'Gaat het wel goed?'

Ik knik ja, en dan schud ik mijn hoofd. En dan knik ik weer. 'Het gaat goed,' zeg ik. Maar aan de manier waarop hij naar me kijkt, zie ik dat hij me niet gelooft. Ik geloof mezelf niet. Het is zo lang geleden dat het goed met me ging dat ik het me niet herinner. Ik kan wel janken.

'Pas goed op jezelf.'

En ik denk, ja, dat kan ik wel. Dat ben ik ook gewend. Ik denk nog aan de vriendelijkheid van vreemden terwijl ik naar buiten loop. Daar staan twee mensen zo dicht op elkaar dat je weet dat ze niet alleen maar bevriend zijn. En dan slaan de koude lucht en de schok tegelijkertijd in. Ze doen de adem stokken in mijn keel, zuigen het bloed uit mijn hart. Ik loop erlangs en zeg met luide stem: 'Rab, tijd om te gaan.'

Ik verlang ernaar de warmte van vriendelijkheid te voelen, sterke armen om me heen geslagen. Daardoor besef ik hoelang mijn armen zich al in leegte uitstrekken.

In de auto praten we niet. We schreeuwen, brullen het felle zwijgen van een jaar uit.

Woede bonst in twee harten die stil zijn, onmachtig, en razen. In het ene komt het voort uit een aanslag op het vertrouwen. Het komt van minieme leventjes in me voelen verdwijnen, al hun prachtige lichtjes zijn uit, als van plots dovende sterren. Ik kijk naar zijn woede. Ik bied die het hoofd en probeer hem dan af te weren. Ik probeer hem in toom te houden terwijl ik ervan terugdeins. En het is verwarrend om die band nog steeds tussen ons te voelen kloppen. Een band is iets wat bij je hoort. Hij is van jou totdat hij breekt.

Als we bij het huisje komen, stormt Rab woest voor me uit. Hij is nu razender dan ik ooit heb meegemaakt. Iets zegt me dat ik niet achter hem aan moet lopen, maar ik doe het toch omdat het te laat is om nog ergens anders heen te gaan en ik met mijn hand in het gips niet kan rijden. Ik ga naar binnen omdat dit nog steeds mijn huis is.

Je moet twee deuren openen sinds de aanbouw van het laarzenhok voor de keuken. Ik houd mijn gebroken hand geborgen. Hij is zwaar van het gips en hangt langs mijn zij. Op een of andere manier weet je lijf dat dat moet. Alsof het weet wat gaat komen en instinctief probeert zich daarop voor te bereiden.

De eerste deur krijg ik voor mijn hoofd terwijl hij in mijn gezicht dichtknalt. Ik zie niks omdat hij vol op mijn voorhoofd knalt. Verdoofd denk ik slecht na, adem ik nog amper. Ik stort ineen en strompel verder en als ik struikel steek ik mijn rechterhand voor me uit. Ik val en kan me niet meer tegenhouden. Het enige wat ik weet is dat terwijl ik val de tweede deur al op me af vliegt en in mijn gezicht zal slaan. Hij knalt op mijn vingers voor ik ertegenaan val. Ik wankel maar val niet om omdat ik aan de klink zit vastgeklemd. Mijn vingers zitten vast, verbrijzeld onder het volle gewicht van het hout. Als ik een stem hoor gieren, herken ik hem eerst niet als mijn eigen stem. Het is een klank die niet alleen schreeuwt van gebroken botten. Het is de klank van ontketende pijn.

Terwijl gescheurde, bloedende huid van de deur wordt gepeuterd, is Rabs gezicht bleek en grauw. Hij houdt vol dat het per ongeluk was. Zijn ogen kleuren donker van een woede die me bang maakt, en van nog iets anders wat ik niet herken. Wanneer een buurman aan de deur komt, duurt het heel lang voor ik mijn schreeuwen kan bedaren. Ik kan niet praten door de pijn van het letsel en het besef van wat we kwijt zijn. Ik zou graag willen opvliegen in die donkere lege hemel. Maar nu heb ik twee gebroken handen.

Soms, wanneer de wereld geen veilige, mooie plek meer lijkt, leren we anders te functioneren. De geest helpt herinneringen te blokkeren tot we sterk genoeg zijn om ze weer aan te kunnen. Dat noemen we shock. Soms vermoed ik dat we onszelf zo een gunst bewijzen op momenten dat het crisis is of de nood het hoogst. Die verschrikkelijke avond is nu drie weken geleden. Ik sta alleen in de keuken en mijn blik rust op de deur. Ik heb hem net voor de allerlaatste keer zien dichtknallen. Ik luister naar een lawaaierig rammelende uitlaat, dieseldampen die steeds verder weg worden uitgebraakt. Mijn ogen glanzen wezenloos, vol ongeloof van de tranen. Ik wil huilen omdat ik blij ben dat hij weg is.

Het is moeilijk om toe te geven dat het voorbij is. Maar het voelt alsof dit nog maar het begin is van een reeks nieuwe problemen. Ik kijk naar mijn handen. Ik kan er niets mee doen. Mijn linkerhand zit nog dik in het gips tot aan mijn elleboog en de rechter is net ingepakt in een spalk voor drie vingers. Ik ken de beperkingen van deze extreme handicap nog steeds niet allemaal en elke dag kom ik meer te weten. Aankleden, wassen, eten, naar de wc gaan zijn moeilijk. Ik ben blij dat het lammeren voorbij is, maar ik kan er niet bij hoe ik het alleen moet zien te redden op de croft. Ik houd me voor dat ik niet te ver vooruit moet kijken. Het volstaat op het moment om hier gewoon te staan tussen deze vier muren, samen met Maude.

De rust is oorverdovend. De stilte van een permanente afwezigheid is op de een of andere manier anders dan die van een tijdelijke afwezigheid. Ze lijkt dieper door het ontbreken van spanning en verwachting. Ik laat mijn blik op de klok aan de muur rusten. Ik zie de wijzers langzaam voortbewegen, minuut voor minuut van het hele uur tot het halve. Keer ik naar het raam, dan sta ik te wachten tot de boot wegvaart van het eiland en afmeert aan de overkant. Dan kijk ik hoe de seconden wegtikken, de wijzerplaat rond en rond, tot er nog een uur is verstreken. Ik pak de telefoon en bel om te checken of het veer is binnengelopen. Ik ga naar buiten en kijk omhoog, behoedzaam, en adem snel volle teugen schone frisse lucht in.

Als ik weer naar binnen ga, beef ik helemaal. Ik roep Maude. Het is een troost om haar naast me te voelen. Ik kijk weer naar de klok. Nadat er een uur is verstreken, bel ik naar het station en krijg ik te horen dat de trein naar Londen is vertrokken. Ik blijf naar de klok staren. Ik mag mijn blik niet van de uurplaat wenden. Het voelt te riskant om weg te kijken alsof die minuten die voorbijgaan terug zouden kunnen gaan tikken. Maar na nog een uur laat ik het gaan en geef ik me eindelijk over aan een golf vermoeidheid.

Plotseling lijkt de dag heel simpel. Wanneer je moe bent, ga je liggen. Dus ga ik heel omzichtig eerst op mijn knieën zitten en dan liggen, opgekruld in een foetushouding. Het is geruststellend om het evenwicht te voelen van de compacte aarde die mij draagt. Ik sluit mijn ogen. Ik houd mezelf voor dat ik hier eventjes blijf liggen. Ik zal straks opstaan. Ik voel me verdoofd, maar een kalmerend besef van vredige afzondering spoelt zacht als een grote golf water over mijn lichaam en mijn hoofd heen. Ik laat mezelf rustig ademhalen. En dan sluit ik mijn ogen. En langzaamaan komt mijn hart tot bedaren.

Een paar uur later word ik gewaar dat Maude naast me ligt. Ik open mijn ogen en zij legt haar hoofd naast mij neer. Wanneer ik naar de klok kijk, zie ik dat die trein nu het Londense station Euston moet binnenlopen. Ik knipper mijn tranen weg. Ik ben te moe om overeind te komen, dus liggen we daar samen te luisteren hoe de klok de uren wegtikt. Ik laat mijn hoofd zachtjes tegen mijn hond rusten en kijk aandachtig naar haar ambergele ogen die terug naar de mijne schijnen.

‘Dit hebben we nooit voor ogen gehad,’ zeg ik haar. ‘Maar het leven heeft soms zo zijn eigen manier om verder te komen.’

We blijven daar samen op de vloer liggen. En na een poosje overmant de slaap me weer. En het is een opluchting het gewicht van die stilte te voelen en mijn ogen te sluiten.

Tweede akte

1
Handen

Het is laat, na middernacht in ieder geval. Mijn hand zweeft onhandig boven de toetsen. Ik houd mijn adem in. Bijna hang ik op. Dan komt de schermverbinding tot stand en zie ik Cristall.

'Wat is er? Heb je weer last van de pijn?'

'Het spijt me. Ik moest alleen even...' Mijn stem hapert. En ik vraag me af: hoe zeg je dat de lange avonden hier op de eilanden soms zo stil aandoen? Dat je soms gewoon even een andere stem moet horen?

'Ik belde alleen maar om welterusten te zeggen,' zeg ik.

En dan valt me op dat Cristall niet in bed zit. Ze is nog helemaal aangekleed, in haar rok en oude blauwe vest, en ze zit beneden, alleen met haar hond. Ze lijkt moe, maar ook geen zin te hebben alleen naar boven te gaan. En daardoor weet ik dat zij begrijpt waarom ik bel. We kijken voorzichtig naar elkaar, vermijden direct oogcontact. 'Heb je nog naar de lucht gekeken?'

vraagt ze zachtjes. 'De maan is heel helder vannacht. Slapen is soms moeilijk, als de wereld buiten zo mooi is.' En dan glimlacht ze en houdt ze haar armen open. 'Welterusten, lieve meid. Deze knuffel is voor jou. Slaap zacht.' Ze werpt me een kushandje toe.

Nu ben ik blij dat ik heb gebeld. Wanneer Cristall glimlacht, glimlacht ze met haar ogen. Het soort glimlach dat je met je hart voelt. Ik wil haar zeggen dat ik hierom nu belde. Jij bent de reden dat ik belde. Maar plotseling voel ik me verlegen. Ik kijk omlaag naar mijn gebroken handen. 'Welterusten,' zeg ik terwijl ik terug probeer te zwaaien.

Ik heb nooit beseft hoe belangrijk handen zijn tot ik de mijne niet meer kon gebruiken. Noch hoe waardevol vriendschap is. Vriendschap is tenslotte heel eenvoudig. Dan heb je iemand van wie je op aankunt, iemand die je vertrouwt, iemand die het enige kan zijn wat er nog toe doet als de rest allemaal in stukken uiteenvalt. Eerlijk gezegd kan ik het niet aan. En mijn angst begoochelt me. Ik weet dat Cristall dit ook weet. De complexe breuk in mijn linkerhand is nog niet geheeld en de pols voelt nog steeds ontwricht. De pijn is verlammend. Hij blijft als een dood stuk van mezelf opgesloten zitten in een hard, stevig gipsverband. Ik hul mijn arm in een wollen omslagdoek. Wanneer je botten gebroken zijn, hunker je naar iets zachts tegen je huid. Ik houd hem dicht tegen me aan zoals een baby, alsof ik hem zachtjes in slaap zou kunnen wiegen.

Ik ben doodmoe en weet dat ik moet slapen. Maar me opmaken om naar bed te gaan is al een opgave. Soms kan ik wel janken van frustratie. Ik voel me zo hulpeloos en alleen. Ik kan me zelfs niet uitkleden, dus ga ik elke avond met al mijn kleren aan naar bed en probeer ik in slaap te vallen. Maar de pijn houdt me de eerste uren wakker en de slaap komt maar niet. Later zeggen drie orthopedisch specialisten dat het een van de allerergste breuken is die ze ooit hebben gezien. Eén is met stomheid geslagen en wordt dan boos: 'Ik heb nog nooit van m'n leven zo'n zooi gezien. Hoe kun je nu nog functioneren?' Ik ben de hele tijd bang dat als ik niet kan slapen, mijn handen niet kunnen genezen. Zonder mijn handen kan ik niet werken en in mijn onderhoud voorzien. Ik kan niet pianospelen, of creatief werk doen, en dus kan ik me ook moeilijker uitdrukken. Zonder mijn handen kan ik helemaal niks.

Ik zal de dag nooit vergeten waarop Cristall me vond nadat Rab was weggegaan. Het eiland lag midden in juni te bakken in plotse hitte, maar in de keuken was het nog koud van de winter ondanks de stralende zon buiten. Oude stenen huizen kunnen de warmte buitenhouden en de kou binnen zodat het een heel andere wereld lijkt als je naar buiten gaat. Alles van die dag loopt door elkaar, maar ik herinner me de blik op haar gezicht toen ze naast me neerknielde op de vloer. Het gevoel van haar handen die over mijn gezicht streken. De zachte omhulling door een deken met het geruststellende gewicht van een plaid. Het dichte weefsel en de geur van haar vest, dat ze onder mijn hoofd had gepropt. Ze hield me in haar armen en wiegde me zachtjes als een kind. 'Sst, het is al goed,' hoorde ik haar zeggen. 'Ik ben er nu. Je bent veilig. Huil maar niet.'

Ik staarde haar onbegrijpend met grote ogen aan. Ik merkte niets van tranen. Alleen een vermoeidheid zoals ik die nog nooit had gevoeld.

'Ik huil niet,' zei ik zachtjes. Ze keek me aan en haar ogen waren een en al medelijden.

Een paar weken later vraagt ze me: 'Zeg eens, hoelang lag je daar eigenlijk al op de grond?'

En ik sta paf, want dat weet ik niet goed.

'Eén uur, twee uur, een dag, twee dagen, langer niet.'

'Ik wil het weten.'

'Het ene moment ging ik liggen en het volgende kwam jij en was alles weer goed.'

We zitten en zwijgen. Want wat moet ik anders zeggen? Ik ben niet zeker van de juiste volgorde van gebeurtenissen of de precieze details van die dag, of wat er precies aan voorafging. Zelfs nu vind ik het nog moeilijk om erover te praten, omdat ik simpelweg nog steeds bezig ben te proberen het te begrijpen. Soms, wanneer je leven op een overweldigende, onverklaarbare manier in duigen valt, ga je, wil ik zeggen, meer af op je instinct dan op lineaire tijd. Wanneer je angstig bent, leert je lichaam een andere hartslag aan; het leert je waakzaam te zijn. Die dag, toen ik naar de klok en het verstrijken van de minuten zat te kijken, was het enige wat ertoe deed dat de veerboot uitvoer. Zoals die tijd ineen is geduwd en opgerekt en in stukken gebroken, daar kan ik niet bij. Ik weet niet hoe ik het moet uitleggen en dus zwijg ik. Ik staar naar buiten de zee op.

'Het deed pijn om je zo te zien,' zegt Cristall. 'Alsof het licht in je ogen gedoofd was.'

'Het spijt me,' zeg ik. 'Ik was gewoon zo moe dat ik ging liggen.'

Ik wilde dat ik haar kon vertellen hoe merkwaardig troostend het was om zachtjes door de stilte te worden omhuld en vastgehouden. Hoe ik wist dat als ik maar stil bleef liggen, alleen maar zou ademen en me amper verroeren, de tijd en dit gevoel ook stilletjes voorbij zouden gaan.

'Als je maar weet dat ik er voor je ben.' Cristall pakt mijn arm voorzichtig vast. 'Vanaf nu let ik op jou, en jij let op mij.'

Ik glimlach. En dan strek ik mijn hand uit zodat die de hare raakt. 'Afgesproken,' zeg ik.

Je moet gehard zijn om als vrouw hier op de eilanden te wonen. Je leert het hart niet op de tong te hebben of tekenen van kwetsbaarheid of zwakte te vertonen. Het probleem is dat je zo gewend raakt aan de sterke persona waar je in kruipt en aan het afschermen van dat zachte hart, dat je soms vergeet te luisteren of het nog klopt.

Elke ochtend word ik wakker met het gevoel de weg kwijt en alleen te zijn. Ik weet dat het zo beter is. Maar ik mis het vertrouwde ritme van het gezamenlijke leven. Op sommige dagen mis ik zelfs de pijn. Overal voel ik Rabs aanwezigheid. Ik hoor zijn stem. Ik zie zijn gezicht. Ik probeer niet aan mijn gebroken handen te denken, maar soms overvallen ze me. Van de herinnering aan het zien van mijn linkerhand die daar roerloos, opgezwollen, beurs, gebroken en verkleurd op tafel ligt voor hij wordt ingebonden, keert mijn maag zich om en lopen de rillingen over mijn rug. Het is moeilijk om je handen uit de weg te gaan, maar toch probeer ik dat. Wanneer ik over een drempel stap, draai ik mijn lichaam in een rechte hoek naar voren, zijdelings, alsof ik maar voor de helft in de kamer kom. Ik durf niet te kloppen uit angst voor nog meer onnodige pijn. Ik houd afstand van harde randen. Ik sla meerdere doeken los om me heen om hem uit het zicht en warm te houden. Van pijn krijg je het kouder dan normaal. Je bloed wordt er dun van. En ik weet niet waarom, maar soms doet hij nog meer zeer als ik naar mijn hand kijk. Dus probeer ik vooral om niet omlaag te kijken.

Als hij me wel opvalt, doe ik snel mijn ogen dicht. Als je iets lang genoeg negeert, wordt het meestal minder, ook al gaat het niet weg. Maar dit is een totaal andere pijn dan die ik ooit heb ondervonden. Mijn pols is in het gips in zo'n hoek gedraaid dat ik me afvraag of hij ooit recht zal liggen. De randen van het veelhoekig been, scheepvormig been en spaakbeen knarsen over elkaar. De pols lijkt los van de hand te zitten. Je zag zoveel scheuren en barsten op de röntgenfoto dat amper te zien was of er nog plekken waren waar de pinnen zouden passen. 'Dat risico kunnen we niet lopen,' verontschuldigde de specialist zich tegen me. 'Het spijt me, maar er was niets meer om het aan vast te pinnen.'

We keken elkaar aan. Toen keek hij weg. We wisten allebei dat dit een smoes was, een halve waarheid. De röntgenafdeling was gesloten op de dag dat ik viel en dat was een van de kleine onvoorziene momenten waarop iets over het hoofd werd gezien. We spraken niet van de twee huisartsen en een SEH-team die vol bleven houden dat er niets gebroken was en me wegstuurden. Als de complexe breuk als zodanig herkend zou zijn, zou ik direct naar Glasgow zijn gevlogen voor een operatie.

'Het is maar een lichte verzwikking, met wat kneuzinkjes.

Niets wat in een dag of twee niet overgaat.' Ik probeerde ze te overtuigen, maar ze zeiden: 'Kom over een week of twee maar terug. Als het gebroken was, zou je niet kunnen praten van de pijn.'

Ik werd weggestuurd met twee paracetamolletjes. Een week later, toen het werd aangemerkt als een complexe, meervoudige breuk, was het te laat om hem nog ordentelijk te zetten. Momenteel weet ik niet meer wat ik ervan moet vinden. Ik ben blij dat het gips stijf is, maar ik ben doodsbenauwd dat het niet stijf genoeg is. Dat weet ik omdat ik me pijnlijk bewust ben van de verbrijzelde beentjes die met elke ademtocht bewegen.

Ik klem mijn kaken op elkaar en ga naar de plek waar je vanbinnen niets voelt, heb ik ontdekt. Ik geloof dat men dit dissociëren noemt, maar ik noem het pijn wegslikken. Waar het ook is, ik begin het er fijn te vinden. Het is er vredig en rustig, alsof ik onder water ben of op een donkere, stille, koude zee drijf.

Ik ben vooral uitgeput. Mijn huwelijk is voorbij en plotseling woon ik alleen. Ik knipper verbaasd met mijn ogen naar de pracht van de zomer op het eiland, naar de lange grassen en distels die op de croft groeien terwijl ik binnen in mij iets uiteen voel vallen. Ik blijf steeds meer binnen. Ik lig met mijn gebroken handen op mijn borst. Wanneer de slaap ten slotte komt, verwelkom ik die. Een paar uurtjes lang ben ik vrij. Alleen Cristall is er voor mij en daardoor is er een dagelijks bestaan mogelijk. Daar ben ik dankbaar voor – voor haar, voor onze vriendschap. Want ik weet niet hoe ik het zonder zou moeten redden.

Elke dag luister ik of haar auto, een stokoude, donkerblauwe Peugeot die ze Bluebell noemt, al naar het huis komt rammelen. De uitlaat maakt lawaai en zit vast met paktouw en afrasterdraad, dus hoor je hem al van ver aankomen. Hij ruikt naar de diesel die daar waar ze hem neerzet een dikke plas achterlaat onder het chassis.

Ik hoor haar worstelen met de lastige klink. De deur schiet plotseling open, nog voor ze op het raam heeft geklopt. Haar stem is helder, kordaat en scherpzinnig. Een onverwachte stroom frisse lucht in een bedompte kamer. Ze stapelt tupperwarebakjes op het aanrecht en leest de met viltstift beschreven etiketten voor die op elk deksel zijn geplakt. 'Broccoli en stilton. Linzen. Erwtjes met munt. Kaassoufflé. Ovenschotel met kastanjes en spruiten. Niet allemaal meteen opeten. Ze blijven wel even goed.' Ze wurmt een deksel los en zet een stoel bij me neer. 'Zo, eens kijken hoe sterk je vandaag bent,' zegt ze terwijl ze een theedoek om mijn hals knoopt.

Voorzichtig helpt ze me een lepel oppakken. Dat is moeilijk. Ik heb geen grip en kracht in de vingers die uit het gips steken. Ik knijp mijn ogen iets dicht, houd mijn adem in en concentreer me. Halverwege de kom en mijn mond glipt hij tussen mijn vingers en draait de steel een kwartslag. De soep zit overal. 'Neem de tijd,' zegt ze tegen me. 'Rome is ook niet op één dag gebouwd.' Bij de derde poging valt de lepel op de grond. Ze zucht geïrriteerd. 'Aan lekker eten verspillen heb je ook niks.' Ze buigt voorover en pakt de lepel op, veegt hem schoon en steekt hem kundig in de dampende kom. 'Lieve meid. Alsjeblieft, blaas maar.' Dan lepelt ze de zelfgemaakte soep langzaam in mijn mond. Hij smaakt heerlijk. Ik heb honger. 'Want je moet wel weer op kracht komen,' zegt ze terwijl ze de lepel in de lengte in mijn hand legt. 'Je moet dit achter je laten en met de zomer voor de boeg duurt het vast niet lang of je bent weer op de been.'

Later gaan we naar haar huis. Haar bad is lager dan mijn diepe gietijzeren kuip, dus kun je er makkelijker in- en uitstappen zonder je handen te gebruiken. Ze helpt me met uitkleden. Knopen zijn een onmogelijkheid, net als een trui over mijn hoofd trekken, of in een bad gaan zitten zonder dat ik het heerlijk warme water in struikel of glijd. En ik ben verbijsterd, elke keer weer, hoe moeilijk simpele dingen kunnen zijn. Ik denk na over vriendschap die om woorden en daden draait. Over er zijn wanneer er niemand anders is om te helpen. Over je hand naar iemand uitsteken voor hij struikelt zodat hij ervan op aan kan dat hij niet zal vallen. Mijn vriendschap met Cristall is dit allemaal, maar gaat nog veel dieper. Het is net een belofte. Vaak lijkt het een relatie tussen moeder en dochter – zo'n rijke vriendschap heb ik nog nooit meegemaakt.

Ik herinner me de belofte die ik Cristalls man, Anthony, drie jaar geleden heb gedaan, op een koude middag in december, die tijd van het jaar dat de wind het eiland tot op het bot verzengt, al het leven wordt ontveld, afgesneden, verlaten. Een paar buizerds cirkelden stil in de laagbelichte schemerende lucht, dat drempelmoment wanneer dag en nacht nog te onderscheiden, maar niet te scheiden zijn. Wanneer het licht weglekt in het donker en de scherpe, gebeitelde randen van de bergen diep een rusteloze zee in lopen. Op zulke momenten voel je dat je over delicate, broze zaken kunt spreken, misschien omdat deze wildernis sterk genoeg is om ze te bewaren.

Zacht pakte ik de handen beet die naar mij reikten. Ik kende deze handen, hield van ze. Zelfs in het schijnsel van de lamp bij het bed was de huid grijs, doorschijnend, dun als papier. Ik wist dat de kankerverpleegkundigen alles voor Anthony hadden gedaan wat ze maar konden. De kamer werd verwarmd door een accumulatorkacheltje op laagspanning, maar ondanks de ijzige kou bleef het raam op een kiertje staan. Het viel niet te ontkennen wat hier gaande was: dit waren stervende handen. Rustend op mijn vingers voelden ze aan als van was, koud, alsof zijn leven er langzaam uit wegliep. Kanker laat je leegbloeden tot er niets meer over is. Als het lichaam eenmaal niet meer in staat is om te eten, begint het in slaap te vallen en kwijnen de spieren en kracht weg. Maar zelfs dan kan de geest nog sterk zijn.

Ik slikte, voelde de spieren in mijn gezicht verstrakken. Ik keek Anthony strak in de ogen. Zijn ogen stonden koel en scherp, een flauwe glimlach rond de lippen, geamuseerd en vol tedere zorg. Ik beet op mijn lip, deed mijn best om mijn tranen weg te knipperen. Boven alles wilde ik hem dit afscheid zo makkelijk mogelijk maken, of tenminste waardig. Want dit was iemand die een mooi leven had geleid. Hij had met een open geest geleefd, ruimhartig en vurig belust op alles wat het leven kon bieden, niet alleen voor zijn eigen genot, maar om anderen te helpen het ook te ervaren; zijn familie, vrienden en iedereen die hij had gekend, van wie hij had gehouden. Ik had hem leren kennen als een man die het rentmeesterschap over de aarde, de wildernis, de natuur was toegedaan; een man die bomen plantte en je liet delen in zijn hartstocht en zijn kennis ervan. En daar zal ik hem eeuwig dankbaar voor zijn.

We zaten daar in stilte te luisteren naar het tikken van de klok. Ik negeerde het gekrabbel aan de deur en het geroezemoes van stemmen beneden. Zijn familie was uit de uithoeken van de wereld bijeengekomen om deze laatste dagen dicht bij elkaar door te brengen, samen en alleen. De dood brengt je heel dicht bij je eigen leven, je eigen dierbaren en hen die je op het punt staat te verliezen.

Op de een of andere manier maakte het minderende licht en de donkerende avondhemel buiten dit vaarwel een zwaardere opgave dan ik had verwacht. Niemand wil afscheid nemen in het donker. Hij zei heel zacht: 'Ik zal je missen. Het is mij een groot geschenk geweest je te kennen.'

Op de dood wachten brengt een grotere mate van openhartigheid met zich mee als je lucht durft te geven aan al die dingen die je nooit meer zal kunnen zeggen. Het is ook een moment van zwijgen terwijl je heel graag wilt spreken omdat je weet dat ondanks al je inspanningen en liefde, woorden niet meer kunnen helpen. Buiten wakkerde de wind aan en in de verte hoorde ik de rauwe kreten van de buizerds door het donker snijden. Anthony glimlachte weer en trok een wenkbrauw op. In zijn ogen zag ik dat hij aandachtig luisterde. Er school een geconcentreerde, verre blik in. Ik wachtte. Luisterde. Hield zijn hand vast.

En toen was er uit het niets een stoot licht. Het was oogverblindend; stralend, fel en prachtig. Woordeloos tilden we onze in elkaar gegrepen handen naar de bundel zonlicht die door het raam kwam binnenstromen. De mijne werden donkere schaduwen, compact, dicht, ondoorzichtig. De zijne waren bovenaards; ik kon er bijna recht doorheen kijken, de flakkerende aderen een blauw pulserend, zacht kloppend houvast op het leven. En toen kwam de jonge spaniël die aan het janken en verwoed aan het krabbelen was geweest achter de deur, de kamer in gestormd. Het was Isla, een oudere pup die zich niet van Anthony liet scheiden door zoiets onbeduidends als een houten deur. En we lachten ondanks onszelf. Want leven en liefde zijn prachtig. En soms gaat er, als je niet lacht, vanbinnen iets stuk. Dit was geen moment voor onwaardige tranen. Die kunnen wat aan het openscheuren is niet herstellen. Ik draaide me om om te gaan, met zijn handen nog stevig in de mijne. Loslaten was moeilijk. Toen ik hem nog een laatste blik toewierp, hield hij mijn ogen vast. Zijn stem was helder, maar scherp, en doorkliefde de ruimte tussen ons, heel zuiver en onverzettelijk. 'Beloof me dat je op haar zult letten als ik er niet meer ben.'

Ik knikte. Het verbaasde me dat iemand die de dood zo dapper in de ogen zag, nog steeds zo bezig was met de zorg voor anderen. Hoe kun je je voorbereiden, vroeg ik me af. Ik kan me niet voorstellen hoe het voelt. Weten dat je leven wegglipt, en niet weten wat er voorbij het leven is, als er iets is. De dood vraagt een overgave en een moed van je die groter is dan ik me kan indenken. Buiten cirkelden de buizerds in stilte. Een lang ogenblik keken we naar ze door het raam. We wisten allebei waar de ander aan dacht. Dat deze grootse vogels levenslang bij elkaar bleven.

En toen ben ik de kamer uit gegaan.

Wanneer iemand dood is gegaan, is hun geest vrij. Maar niemand is vrij die is achtergebleven. Toen Anthony stierf, begroef Cristall zichzelf, en ik weet nog hoe hulpeloos ik me voelde omdat ik niets kon doen. Soms hielp het als ik er was, soms niet. Verdriet is als aarde. Het is zwaar en blijft plakken aan je huid, zelfs wanneer je bovenkomt om lucht te happen. En soms, zelfs als je denkt dat je het weggeborsteld hebt, dan is het er plotseling weer, laat het je wegzakken in iets wat zwaar en dood en log en duister is. Het heeft heel lang geduurd voor Cristall terug was; voor ze weer in de zon en de frisse lucht kwam zitten. Ik weet dat een deel van haar nog altijd begraven ligt onder die aarde. Ik ben mijn man niet kwijtgeraakt zoals Cristall Anthony, maar ik ben hem wel kwijt. En het komt me voor dat het leven heel vaak weer terugkomt bij het begin. En dat drie jaar later iemand op wie ik beloofd heb te letten, nu uiteindelijk op mij let.

'Kun je dit voelen?' Ik probeer niet ineen te krimpen als Cristall voorzichtig de vingertoppen van mijn linkerhand aanraakt. Ik knik. Het is een opluchting om iets te voelen. Lichamelijke pijn is ten minste een verbinding met mijzelf. Vanbinnen ben ik nog gevoelloos. Mijn vingertoppen zijn het enige wat ik van mijn hand kan zien. Ik probeer me voor te stellen hoe die handen en vingers eruit zullen zien als het gips eraf is. 'Zo goed als nieuw,' zegt Cristall tegen me. Maar mijn hart gelooft dat niet helemaal. En als ik zie hoe ze kijkt, weet ik dat zij ook zo haar twijfels heeft. Ik doe mijn ogen dicht. Haal diep adem. Met grote inspanning klem ik mijn kaken op elkaar terwijl zij mijn handen wast. Wanneer ik mijn ogen weer open, zit ze aandachtig naar me te kijken. Ze legt haar eigen hand naast de mijne.

'Probeer er niet aan te denken,' zegt ze. 'Schoonheid zit vanbinnen. Kijk maar naar mijn handen. Die van jou zijn een toonbeeld van schoonheid vergeleken met die lelijke ouwe boomwortels.' Maar dat zie ik niet. Die van haar voelen stevig, warm en sterk. Als zij ze omdraait, voel ik de pols in haar vingers zachtjes tegen de mijne kloppen. Zo zitten we een tijdje met onze vingertoppen naast elkaar. Ik kan me mijn leven zonder haar niet voorstellen. Ik glimlach naar haar en dan buig ik spontaan het hoofd en kus ik haar handen. En heel even kan ik niets zien.

2
Voedsel zoeken

Het is net na het middaguur of de voornoen, zoals het in het westen van Schotland heet. Het is bijna tijd voor de post die aan het eind van de ochtend van de boot komt, een moment dat altijd hoopvol stemde. Ik heb mijn vuile overall aan en ben bramen aan het plukken aan het eind van het karrenspoor dat mijn huis met de rest van de wereld verbindt, waar het busje mijn post achterlaat. Het is stil op de smalle weg, waardoor ik weet dat de stroom verkeer naar de veerboot voorbij moet zijn en de boot al bijna binnenloopt. Er steekt een ongewoon warme wind op, en de barometer gaat omlaag, een teken dat de luchtdruk daalt en de lucht zal betrekken. Het is een tijd van het jaar dat je de wolken beter in de gaten houdt om te proberen te voorspellen wanneer en uit welke richting de stormen aan het eind van de zomer onze kusten op zullen waaien vanaf de Atlantische Oceaan. Het weer kan grillig zijn hier op de eilanden.

Daar komt een vriendin aanlopen over het gebarsten asfalt

van de weg. En omdat ik sinds gisteren niemand gezien heb of mijn eigen stem heb gehoord, raak ik er opgewekt van. Ik probeer het niet aan mezelf toe te geven, maar de laatste tijd ben ik vaak eenzaam.

De weg is zo stil dat haar begroeting als een schot door de lucht schalt.

'Weet je, we zouden geen vriendinnen zijn als we niet hier woonden,' zegt ze zonder enige inleiding, de woorden stuiven haar mond uit.

'Pardon?' antwoord ik terwijl de roeken en kraaien rellend en klepperend alarm beginnen te slaan. In eerste instantie staar ik naar haar bewegende mond omdat het soms wanneer je iets onverwachts hoort, een paar seconden kan duren voor je ogen en oren weer synchroon lopen. Met een zweem van verwarring kijk ik naar haar ogen.

'Nou ja, dat is toch zo?' Ze kijkt fel terug en herhaalt zichzelf dan langzaam waarbij ze elk woord articuleert. 'Ik zei: als we niet op dit eiland zaten, zouden jij en ik helemaal geen vriendinnen zijn.'

Het is lang stil. Eerst hoor ik alleen een lange, prachtige noot van een merel, die plotseling verstrikt lijkt in een kluwen doornen. Maar dan hoor ik de harde klank van de waarheid in haar woorden. Ik houd niet van ruzie, dus denk ik snel aan alle redenen waarom we geen aanvaring hoeven te krijgen. Het is al te makkelijk om te gevoelig te zijn en ik heb tegenwoordig niet veel vrienden. Op een eiland waar iedereen in zo'n kleine, hechte sfeer woont heb je evenveel goede buren nodig als vrienden. Een ogenblik lang staar ik haar alleen maar aan.

'Dat is waar,' zeg ik uiteindelijk. 'Stel je voor, misschien waren we elkaar wel nooit tegengekomen als we niet allebei hier woonden.' Ik probeer me alle mensen voor de geest te halen die ik nooit zou zijn tegengekomen als onze paden elkaar niet toevallig hadden gekruist. En dan denk ik aan iedereen die ik nog zal ontmoeten en dat is een welkome, intrigerende gedachte.

Dus glimlach ik weifelend naar haar. Ze glimlacht niet terug. Ze heeft iets straks rond haar ogen en haar lippen zijn ook dun getrokken. En ik voel die van mij van de weeromstuit ook strakker trekken. Ik vraag me af wat er nu gebeurt als een glimlach geen glimlach meer is. En dan laat ze me heel traag haar tanden zien.

'Dat bedoelde ik niet,' zegt ze zachtjes terwijl ze haar armen over elkaar slaat. Gebeurt dit nu echt, vraag ik me af. Ik voel hoe mijn blik zich vernauwt en mijn spieren aanspannen. Ik merk dat zij mijn blik niet probeert te vangen of vast te houden met haar ogen. Het is een hol gevoel, alsof ik hier sta te wachten tot er iets ergs gebeurt, iets waarvan ik weet dat het er al heel lang aan zat te komen.

Dit doet onwerkelijk en prehistorisch aan: twee vrouwen, van verschillende leeftijd en status in hun sociale hiërarchie, staan buiten elkaar hun tanden te laten zien. De dag valt stil. Ik kan de vogels en de wind in de bomen niet meer horen. En plotseling voel ik me kwetsbaar, omdat ik daar in mijn eentje met haar op de weg sta.

Ik weet dat ik de emotionele kracht hier niet voor heb vandaag, dus zet ik een stap naar haar toe en raak ik haar arm licht aan. Soms kan lijfelijk contact bewerkstelligen wat woorden niet lukt. 'Kijk, zijn de bomen niet prachtig vandaag?' zeg ik. Ze haalt alleen maar haar schouders op en schudt mijn hand ruw van haar mouw.

En al wil ik geen heibel, ik weet dat ik me niet op de kop moet laten zitten. Ik houd me voor dat ik haar gewoon ronduit ga vragen waarom ze zo doet. Maar zodra mijn lippen de woorden vormen, komt de vraag er verkeerd uit. 'En hoe zijn we zo snel op dit punt beland?' flap ik eruit. 'Waarom maken we ineens ruzie?'

En dan ben ik woest op mezelf en woest op haar.

'Wil je dat weten?' roept ze me toe met een nu luide stem.

'Jazeker.'

'Goed, dan zal ik 't je zeggen,' schreeuwt ze. 'Je hebt het recht niet om nog te blijven nu hij weg is.'

En daar heb je het. Kletterende woorden, als aasresten die uit boomkronen spatten. De vogels wervelen weg boven ons, rond en rond in hun eigen luchtstroom, razendsnel maar zonder ergens heen te gaan. Het is vreemd kalmerend om naar dat insulaire, rondgaande vliegen te kijken. Geleidelijk dwarrelen ze in de bomen neer en laten ze ons in stilte staan.

'Maar waarom zou ik niet blijven?' vraag ik vol ongeloof. 'Ik woon hier. Dit is mijn huis.'

'Het is egoïstisch! Het is te groot voor jou. Je kunt niet eens zelf een gezinnetje stichten. Waarom zou je 't dan verpesten voor een ander?' schreeuwt ze naar me. 'Op die croft is een jong gezin nodig om hem goed te beheren. Je hebt het recht niet hier nog te blijven en hem helemaal voor jezelf te houden.'

Even sta ik perplex. Ik wil haar vragen hoezo een croft niet goed wordt beheerd als ik alle uren van de dag buiten bezig ben met het fokken en onderhouden van mijn ooien, rammen en lammeren? Waarom telt dat niet mee in het oordeel? En ik laat al die inspanning en liefde door mijn gedachten gaan – doet dat er helemaal niet toe? En al die andere, onzichtbare, onuitgesproken jaren hartzeer? Ik heb kinderen proberen te krijgen, wil ik haar zeggen. Ik heb er alles voor gedaan. Maar dat doe ik niet, want welke woorden ik vind, ze geven nooit ook maar de geringste uitdrukking aan de worsteling en de pijn van die liefde die alle andere te boven gaat. Dus schud ik mijn hoofd maar, ontdaan en vol ongeloof.

'Hoe haal je het in je hoofd om dat te zeggen,' zeg ik haar rustig. Terwijl ik me omdraai, vraag ik me af hoe die witte, verblindende drift zomaar uit het niets kan ontstaan. En ik word getroffen door de volkomen zinloosheid van deze woordenwisseling, alsof de drift van woede zelfs de hoeksteen van het leven van zijn plaats zou kunnen krijgen. Een minuut geleden was dit nog een gewone dag, kalm en vredig. Ik ben verbijsterd hoe snel we op het punt zijn geraakt dat we niet meer terug kunnen.

'Er is heel veel wat je niet weet,' zeg ik rustig. 'En op een dag vertel ik het je wel. Maar niet nu.'

'Ja, doe dat. Vertel het mij maar, en ons allemaal,' roept ze, 'dan snappen we allemaal eindelijk waarom je hier nog bent!'

Maar ik loop al weg. De eilandwind waait anders dan alle andere winden die ik ken.

Het is niet altijd makkelijk om ergens rustig te wonen waar de hemel zo hoog is en de wind vrij waait, dapper, tegendraads en fel, en zichzelf om zijn geweldige landschap slaat en ons ertoe aanzet ons kleine leventje te laten overeenstemmen met zijn grootsheid, in woede en in liefde. Misschien maakt de enorme schaal van het landschap menselijke gevoelens wel zo nietig dat de stemmen van de mensen die het bewonen scherper, onverschrokkener, grootmoediger, ruimhartiger, wreder en bitser zijn, in een poging begrepen te worden. Het is een prachtige wereld van koppige trots, afschuw van verschillen en angst voor verandering. In velerlei opzicht is het nog feodaal met zijn eigen unieke erecode waarin men snel beledigd is en niet snel vergeeft. Vergevingsgezindheid is een kwaliteit die zich al even lastig laat loswoelen als de rotsblokken in de grond.

Tot nu hebben deze vrouw en ik onze meningsverschillen altijd ontweken, gezellig van gedachten gewisseld tijdens wandelingen of als we op de veerboot wachtten. Wanneer je buiten bent en samen van die frisse lucht geniet, is het alsof er meer ruimte is om adem te halen. Ik heb nooit gedacht dat ik haar beter dan oppervlakkig kende, zoals het zo vaak gaat als heel verschillende mensen bij elkaar komen te zitten. Zoals bij de zee kan het kalme oppervlak van een vriendschap je doen denken dat het rustig vaarwater is dat daar uit de kust glinstert, zonder dat je onzichtbare stromingen en muien vermoedt. Nu realiseer ik me dat ik haar helemaal niet ken.

Het lijkt alsof ik word gestraft omdat ik alleen ben gebleven op de croft. Tijdens mijn tijd op het eiland is me opgevallen dat vrouwen zelden het avontuur aangaan om in hun eentje te boeren, behalve als hun 'kerel' doodgaat. In zulke ongelukkige omstandigheden worden ze vriendelijk behandeld en gesteund door andere mannen uit het grotere familieverband of met wie ze andere banden hebben, en krijgen ze hun onvoorwaardelijke hulp en steun. Geen enkele andere vrouw op het eiland beheert uit vrije wil een croft of boerderij. Ik denk dat ik weet waarom. Ik heb hier geen familie of andere bondgenoten, en oppervlakkige vriendschappen zijn constructies zoals omheiningen en hekken: ze kunnen dicht- en opengaan. Wanneer ze dichtgaan moet ik het in mijn eentje uitzoeken. Ik moet leren me te beschermen tegen de wolven en het donker buiten mijn eigen muren. Daar maakt je instinct je attent op, zoals een oeroud schrift dat uit het verleden nog steeds aansluit.

In elke traditionele samenleving is gedurende de geschiedenis de familie, tot aan verre verwanten, het belangrijkste toevluchtsoord bij strijd. Hoe meer mensen om je heen, hoe beter, en ze bieden je door een gedeeld belang in elkaars succes een betere kans het te overleven. Maar als het verkeerd gaat, dan is het de patriarchale herder die overblijft. De cultuur van dit eiland is geworteld in een landschap waarin landoverheersing en -bezit het hoogste goed zijn. Zoals bij veel oeroude stammenculturen heeft de ongelijkheid van de seksen zich tegelijk ontwikkeld met de veranderende agrarische praktijk. In de prehistorie waren mannen eerst jagers, toen hoeders, terwijl vrouwen de godinnen waren, totems, ontginners van de vruchtbaarheid van de grond en telers van gewassen. Pas in de relatief recente geschiedenis hebben de mannen de ploeg overgenomen en daarmee ook de heerschappij over de grond, terwijl de vrouwen het juk opgelegd kregen van het huis, van huiselijke taken, van het managen van de familie en van minder werk. In één klap sloegen die samenlevingen om van matriarchaal naar patriarchaal. Die arbeidsverdeling werd rap tot de natuurlijke verklaard, bestendigd en gehandhaafd, en is wereldwijd nog altijd duidelijk aanwezig in plattelandsgemeenschappen.

Op ons eilandje blijft deze sociale norm nog altijd breed aanvaard en onaangevochten. Het matriarchaat is familie, kinderen, handwerk en bakken. Het patriarchaat is de wederhelft: land, zware arbeid, nageslacht en overerving van weide- en akkergrond. Er is een Gaelische uitdrukking die zegt dat de kinderloze vrouw hulpeloos is. Zonder kinderen wordt ze gewaardeerd volgens een schaal die alleen maar afloopt. Als alleenstaande vrouw die zonder familie of andere banden zelf schapen houdt, ben ik hier een zeldzaam ras. In mijn eentje de croft beheren en zijn grond bewerken is een vorm van rentmeesterschap die steeds meer als een trotsering, een bedreiging en een gevaar wordt gezien.

Als ik wegloop, kom ik langs een van de schaapskooien waar een groepje boeren bij elkaar staat te drinken na een dag op de schapenveiling. Ze vallen stil als ik langsloop. De spanning trilt in de lucht. Ik negeer de stemmen die achter mijn rug weer opklinken en versnel mijn pas. Hoe dapper ik me ook wil voelen, ik wil geen problemen hier. Het is voor elke kleine gemeenschap een schok als traditionele verbanden worden verbroken. Traditie is iets vermoeiends en dwingends, en wordt generatieslang geweven en de draden worden strakgetrokken om verband, structuur en patroon aan te brengen. Ongelukkig zijn is geen reden om het weefsel uit elkaar te trekken of om het garen los te knippen. Draden die verkeerd lopen, losscheuren of knappen vormen een afwijking in het patroon waardoor angst, wrok en bitterheid de kop opsteken. Dat bedreigt de stabiliteit van andere draden. Het zou ertoe kunnen leiden dat ze gaan rafelen of zichzelf proberen los te tornen. Ik heb geen kinderen. Ik heb geen man. Ik pas niet meer in het patroon.

Een keer per dag naar het eind van het karrenspoor lopen om je post uit de bus te halen is geen grote opgave, maar soms lijkt het verpletterend zwaar. Alleen al de deur openen en naar buiten stappen kan verbazingwekkend moeilijk zijn wanneer je alleen woont. De onzichtbare grens met de buitenwereld oversteken wordt steeds lastiger als je het op zijn beloop laat. Ik dwing mezelf om op te staan en naar buiten te gaan. Elke dag blijf ik bij de lucht, kijk ik naar de overdrijvende wolken en het miezerende licht. Dit soort kleine geneugten kunnen helpen. Ze herinneren je aan een groter, zachtaardiger, moediger universum. Ik stel kleine uitwisselingen op prijs, een praatje, vriendelijke woorden, of alleen maar een glimlach of een groet. Woorden kunnen een cruciale voedingsbron zijn, en naar buiten gaan en één iemand tegenkomen is soms het enige menselijke contact op een dag. Het staat of valt met vriendelijkheid.

Ik praat tegen mijn paard, hond, schapen, kippen en zelfs tegen de wilde vogels en dieren die mijn pad kruisen. Ik mis mijn oude kat die dood is, maar twee jonge katjes van het asiel hebben haar plaats ingenomen. Ik vul mijn wereld met de natuur en dat voelt merkwaardig genoeg vrediger aan dan mijn eigen soort opzoeken. Evengoed zijn sommige dagen te stil. Sommige dagen, sommige weken zijn zo stil dat je de klank van je eigen stem vergeet. De dagen dat het niet zo is, komen steeds zeldener. Overleven van dag tot dag is lijfelijk en angstaanjagend.

Zelfs vriendelijkheid kan tweesnijdend zijn. Ze kan uit vrije wil en oprecht worden betoond, of met een struikeldraad en valstrik worden gelegd. Ik ben beducht om gunsten en hulp te aanvaarden. Vriendelijkheid waarbij onderaan kleine lettertjes staan, kan een slimme fuik zijn. Ze creëert haar eigen schulden, afhankelijkheden en verplichtingen. Dankbaarheid, haar beloning, heeft haar eigen breekbare gewicht en vering. Je denkt dat haar zachte veertjes geen kwaad kunnen tot ze zich samentrekt en je binnenhaalt. Ik ben voorzichtig. Ik kan steeds beter zien aankomen wanneer ik word binnengehaald. Zodra ik iets hoor als: 'Niet echt meer een plek voor jou nog, nu je man weg is,' stap ik snel over op een ander onderwerp. Ook al gaat het dan over koetjes en kalfjes, het weer of wat er wel of juist niet wil groeien in de tuin, dat is veiliger dan een hele retorische batterij vragen op je afgevuurd krijgen of ongewild in een mijnenveld van suggestieve speculaties belanden. Ik probeer gesprekken licht te houden en beperk ze tot algemeenheden.

Soms lijkt het vreemd dat niemand naar mijn handen vraagt, zelfs al zit de ene voor het comfort nog in een stijf verband en de andere weliswaar niet meer in gips, maar nog wel in een onhandige, beschermende brace. Maar tegenwoordig verbaast niets me meer.

Ik speur naar kleine juweeltjes die een dag doen oplichten met hun gloed, zoals die ochtend dat een oudere vrouw iets zegt over hoe mooi regenbogen zijn, of een kind dat me opgetogen vertelt waar de makrelen foerageren. Kleine ogenblikken die voor anderen van geen belang zijn, maar die ik koester.

Op een avond zet ik me ertoe om uit te gaan. Ik ga naar de *ceilidh*. Ik wil muziek horen en ik ben al zeker een jaar niet naar een groot feest geweest. De indeling is als gebruikelijk: een zaaltje met een verhoogd podium; een plank waarop je je fles zet met een sticker waarop je naam staat. Vanavond zijn drie muzikanten zich aan het warm spelen – accordeon, viool en doedelzak. Ik raak dronken, en ik ben blij want mijn hand in zijn brace is langzaam aan het helen. Hij is nog niet helemaal hersteld, maar ik denk: ach, wat zou het ook? En ga dansen. Het zijn traditionele reels en jigs, wat betekent dat je met anderen danst. Na een dans met een van de boeren ben ik buiten adem. Hij schudt mijn vrije hand en dan komt zijn hand onverwacht omhoog om mijn wang te beroeren.

'Zo mooi. Je bent zo mooi,' zegt hij.

Het is een te intiem gebaar, maar zijn toon sust me. Die is vriendelijk. Dus glimlach ik, al trek ik me tegelijk terug.

'Dank je,' zeg ik terwijl ik afstand begin te nemen.

Maar zijn hand komt weer en aait heel langzaam met zijn vinger langs mijn wang. 'Maar je huid, die is vies... heel vies.' Zijn heldere ogen verharden boven zijn glimlach.

Ik ben sprakeloos. Ik haat dat akelige gevoel als iemand je zo'n klap geeft. En plotseling staan de tranen in mijn ogen. Ik kan niets doen om dat nog verborgen te houden voor hem. Ik draai me snel om. Maar hij ziet het en pakt mijn arm zachtjes vast.

‘Want weet je, jij bent anders dan wij. Jij denkt dat je net zoals wij bent, maar dat,’ knikt hij naar mijn tranen, ‘verraadt je. Wij zijn familie, als je begrijpt wat ik bedoel. Jij hoort hier niet. Dit eiland wordt nooit jouw thuis.’

En subiet stroomt al die muziek en pret uit me weg, terwijl ik hem zie weglopen en me weer voel alsof ik zes ben en overeind krabbel op het speelplein. Het doet pijn dat handen nog altijd naar diezelfde afgesleten stenen grijpen.

Ras is iets waarover op het eiland niet hardop wordt gesproken. Je vangt alleen een flard op, als een koude windvlaag die je het hoofd tussen de schouders doet trekken.

Van sommige problemen lig je ’s nachts wakker. Van honger bijvoorbeeld. En van schulden. Wanneer het ene het andere aanwakkert, begint het ingewikkeld te worden. Anderhalf jaar, misschien nog wel langer, hebben verwoestende stormwinden over mij heen gejaagd. In die periode ben ik kleine, ongeboren leventjes kwijtgeraakt, mijn huwelijk – en daarmee ook mijn vertrouwen – en heb ik allebei mijn handen gebroken. Het is verontrustend hoe snel de worsteling om de eindjes aan elkaar te knopen overgaat in de worsteling om nog te overleven. Ik heb geprobeerd om te blijven werken om het hoofd boven water te houden, maar er is nooit tijd geweest om van een ramp te bekomen voor de volgende al als een golf over me heen sloeg.

Ik heb gehoord dat verdriet zich opslaat in je longen en grote gelijkenis vertoont met het trage verval van de herfst, en zo voelt het ook. Drie maanden na Rabs vertrek aan het begin van de zomer, overlijdt mijn vader tot mijn grote schrik en wordt bij mijn moeder alzheimer vastgesteld. Het koudere seizoen bergt me op achter de luiken en gaat gepaard met een verraderlijk, verwoestend verdriet. Afscheid nemen van waar je van houdt, maar wat heel je leven op een afstand, voorwaardelijk of gevoelsmatig afwezig is gebleven, is moeilijker. De dood berooft je van je stem, van verzoening en vergeving, met zo’n verpletterende onherroepelijkheid dat het je kan overweldigen. Ik vind troost in de zachtjes brandende bolster van de winter die langzaam over de bergen komt. Die doorstraalt de croft met licht en helpt me mijn tranen makkelijker te laten stromen. Maar de winter is lang, en op sommige ochtenden is het moeilijk die stralende zon te vinden.

Dan raak ik mijn stem kwijt. Het begint met een fikse keelontsteking. Het is vreemd om te proberen te spreken wanneer je stem niet doet wat hij altijd heeft gedaan en niet meer klinkt als je eigen stem. Ik forceer hem, omdat het makkelijker is wel te proberen te praten dan helemaal niet. Anderen verwachten ook dat je in ieder geval die moeite doet. Het enige probleem is dat de spieren van de luchtpijp en de stembanden dan nog meer ontstoken raken, en op een dag doe ik mijn mond open en komt er helemaal geen geluid meer uit.

Vervolgens begin ik bloed op te hoesten. De diagnose is een ademhalingsaandoening in de longen, die verzwakt zijn door de fysieke inspanning van het proberen te blijven functioneren en met zoveel verdriet om te gaan. Het gaat gepaard met een verlammende vermoeidheid en een immuunsysteem dat aangetast is en moeite heeft zich te herstellen. Terwijl de weken en maanden voorbijgaan en mijn stem niet terugkomt, trek ik mij terug in stilte. In sommige opzichten is het een opluchting om te zwijgen, want praten is afmattend. Na een tijdje raak ik gewend aan de stilte. Later verbaas ik me over hoe verdriet je zo'n lijfelijk aspect van jezelf kan afnemen. Op een dag vind ik een jong vogeltje in de tuin dat stom is, en dat ontroert me omdat ik nooit had gedacht dat een zangvogel geen stem zou kunnen hebben. Ik vraag me af hoe het voor een vogel zou zijn om niet te kunnen zingen.

Je kunt licht onderschatten hoe slopend verdriet kan zijn, en met hoeveel kracht het ineenstorten van je oude leven en dromen je kan treffen, zowel lichamelijk, emotioneel als psychisch. Ik schaam me dat ik daar als veel anderen altijd zulke simplistische ideeën over had – goed, je rouwt, en dan is het weer over. Alsof het zo makkelijk was om de mouwen op te stropen en op dezelfde voet door te gaan. Ik had maar heel weinig benul hoe moeilijk het is om de gevallen draden weer op te pakken en iets substantieels in het gat te weven waar eerst je leven heeft gezeten. We zwijgen zo hard over het onderwerp verdriet dat we de dood onzichtbaar maken, terwijl we toch weten dat het leven maar een voorbijgaand oponthoud is, een prachtige, korte ademteug, voor de dood ons allemaal omarmt. Ik vraag me af hoe het komt dat we deze tegenstrijdigheid aankunnen, en waarom we zo immuun zijn voor of bestand tegen het verdriet van een ander, of er simpelweg niet mee om kunnen gaan. Komt het doordat we proberen onze eigen sterfelijkheid niet onder ogen te zien? Schieten we instinctief in de verdediging wanneer we de zwakte van een ander zien, uit angst dat we anders de deur naar onze eigen kwetsbaarheid wagenwijd openzetten? Ik vind het schokkend dat we geen ruimte maken om elkaars pijn te delen.

Ik kom er al snel achter dat trauma iets anders is dan verdriet. Het weefsel van zijn lichamelijke, emotionele en psychische draden is eindeloos subtieler en ingewikkelder. Een trauma is een onverhoedse aanval die geduldig wacht tot ver na het einde van de catastrofe waardoor het plots ontstaat. Het is alsof je wordt vastgebonden, gekneveld en met je hoofd onder water wordt gehouden. Het maakt je paniekerig en licht in het hoofd. Je houdt watertrappelen net zo lang vol totdat je te moe bent om nog door te worstelen. En er komt een moment dat je denkt dat het misschien wel heel vredig is om niet meer te hoeven vechten om nog adem te halen.

Als het lammeren eenmaal begint, rest me niets anders dan de gure, bitterkoude weken van begin maart te verduren. Wanneer de ooien gaan persen en hun lammeren beginnen te komen, kun je niets meer doen wat het op de wereld komen van die levens nog uitstelt. Het is zwaar en pijnlijk werk om met die stuwende contracties tegelijk nog mijn langzaam helende linkerhand te proberen te ontzien. Er zijn complicaties opgetreden omdat de botjes niet goed zijn gezet en de spieren zijn weggekwijnd. Bij het lammeren heb je twee handen nodig, en zonder hulp moet ik die van mij allebei gebruiken. Ik heb constant pijn en draag de beschermende brace nog, maar er zijn momenten waarop ik vrij moet werken en op mijn tanden moet bijten om hem af te doen. Het is een opluchting dat mijn rechterhand beter wordt en dagelijks meer beweegt, al doen in de vochtige, ijskoude omstandigheden de vingers die zo zwaar beschadigd waren nog altijd pijn en ze zijn vaak stijf en beurs.

Ik probeer troost te putten uit de wetenschap dat de winter ten einde loopt en de lente, een tijd van hernieuwing, eraan komt. Maar in april is het weer schrikbarend – hagelstormen, bevriezende sneeuwjachten, hoosbuien – en de dagen en nachten lopen in elkaar over. Ik ben er de hele dag op uit met Maude in ijzige hagel, wind, regen en kelderende temperaturen. Ik maak een klein onderkomen in de schuur voor Maude en mij, een paar tot een bed gevouwen dekens op schoon vers stro, waar ik in haar warme vacht kan krullen en een paar uur kan slapen, met zijn tweeën helemaal in de dekens gewikkeld in het zacht ademende duister en onze adem stomend in de koude lucht. De nachten dat het regent, is het prachtig en stil, liggen we te luisteren naar de wind en het water dat op het golfplaten dak klettert. Ik dommel weg naast mijn schapen en word in de vroege uren weer wakker van het rusteloze blaten van de ooien die met het hoofd in de nek rondjes draaien en met een poot over de grond krauwen onder de druk van de eerste weeën. Er klinkt een knikkend bottengeluid als hun kaken op elkaar klemmen en hun adem gesmoord wordt, als hun neusgaten verwijden, flanken zwoegen – en vervolgens het geluid van zacht gehijg. En dan weet ik dat ik op moet staan, langzaam moet bewegen om een heel klein, glibberig, warm leventje er voorzichtig uit te helpen op het stro en zijn luchtwegen schoon moet maken. En naderhand, wanneer de lammetjes overeind krabbelen en ik heb gekeken of er biest uit de spenen komt en ze eraan hebben gezogen, ga ik naar buiten, was ik mijn gezicht en handen in de regenton en tuur ik omhoog naar de lucht.

Als het licht wordt, sta ik op om over de croft te joggen om mijn stijve lijf warm te krijgen. Er is geen warm water omdat de olie op is én het geld om de tank weer te vullen. Het huis is koud – de thermometer binnen geeft maar zeven graden aan – dus maakt het voor het comfort weinig uit of ik in de schuur slaap. Die ochtenden na een slaap van maar een gebroken handvol uurtjes vergen een inspanning, maar dat vroege hardlopen brengt mijn gestel snel op gang. Ik ren snel, zo snel als ik durf zonder het gevaar te lopen dat ik val, in de hoop dat ik geen koude, levenloos op de grond liggende lijfjes hoef op te rapen. Ik huiver voor de aanblik van die donkerblauwe, nietsziende ogen.

Als we een lam vinden dat misschien nog gered kan worden, likt Maude zachtjes zijn gezicht en dan zet ik het in de warmhoudoven, of onder een warmtelamp die boven een kistje met stro hangt, en wacht ik tot de mond opwarmt van blauw naar roze. Ik drink rillend sterke, hete thee terwijl mijn handen en gezicht ontdooien. Het is een vreemde opluchting om de pijn van het leven te voelen terugkeren. Mijn handen zijn nog zo zwak dat ik weinig grip in mijn vingers en armen heb. Ik probeer niet terug te denken aan de gebeurtenissen van de afgelopen zomer. Het lichaam heeft tijd nodig om te genezen, houd ik mijzelf voor. Maar ik weet dat dit werk me aansterkt, en dat al deze lichaamssensaties goed zijn. Het is opbeurend om die kokendhete thee het bloed door mijn lijf te voelen jagen. Het doet me beseffen hoe koud die lammetjes het moeten hebben als ze in de buitenwereld ontwaken. Een lam heeft een dun vel, met amper een vacht voor de eerste paar weken na de geboorte. Het is een wonder dat ze het redden in die bijtende, koude wind.

Zodra het uitmesten, voeren en wateren is gedaan, is het weer tijd om de ronde te doen. Uren later was ik mijn handen en gezicht onder een lopende kraan, leg vers stro neer, hul me in dikke dekens en maak me op voor de volgende lange nacht.

In stille nachten hoor je alles anders. Geluid klinkt harder onder een stille, zwarte hemel, de krijsen van kerkuilen en de wind in de bomen bulderend als een zee. Die eerste vijf weken van het lammeren blijft het maar doorgaan – voeren, wateren, tegen de elementen vechten om die nieuwe leventjes in leven te houden. Sommige halen het niet, lammetjes die dood worden geboren of te vroeg, een navelstreng die te snel knapt, een stuk vlies dat een luchtweg verstikt, kleine longetjes die verdrinken voordat ze voor het eerst kunnen ademhalen. De aanblik van die verloren gegane, volmaakt gevormde, roerloze lijfjes is afmattend, hartverscheurend.

Dit jaar ben ik dankbaar want er gaat er niet één verloren, maar er zijn genoeg jaren geweest dat ik op mijn tanden moest bijten en gewoon moest doen wat er moest gebeuren. Als een lam dood wordt geboren, of vlak na de geboorte sterft, is er geen tijd om stil te staan. Je leert je ongevoelig te maken, je emoties en tranen aan de kant te zetten om door te kunnen gaan met het soms brute werk dat nodig kan zijn. Ik kan een scherp mes moeten pakken en het lam voorzichtig uit moeders zicht moeten halen. Ik veeg of was het niet schoon, maar breng het meteen naar buiten en vil het.

Je moet door de gewrichten van de knieën en de ellebogen heen snijden, dan een snee onder de kaak maken en het vel in een rechte lijn doorsnijden over de borst tot aan de navel. Je klemt het lam met de kop naar beneden tussen je knieën, trekt het vachtje met het vel over het kopje en vervolgens van de rug af. Het is belangrijk dat je niet te diep snijdt wanneer je het lam klaarmaakt voor het villen, anders trek je vleesweefsel en spieren mee wat na een paar dagen zal gaan rotten. De rest van de vacht lostrekken over het achterwerk en de staart is het lastigst.

Wanneer ik het karkas in een emmer doe, ziet het eruit als een dood, gevild konijn. Later zal ik het begraven en dankzeggen voor zijn korte of ongeboren leven. Villen is onaangenaam werk, akelig om te zien terwijl de zon 's ochtends net opkomt. Maar het is wel zo dat deze vacht, om een ander pasgeboren lam gebonden, een ander kwakkelend beestje een kans zal geven dat de ooi haar adopteert. Het lammeren is een strakgespannen boogpees, een koorddansen tussen eindes en aanvangen, leven en dood.

Ik voel me hierna een tijdje beter, alsof de strijd om die kleine kreetjes op de wereld te helpen mijn lichaam kracht heeft gegeven. Ik vecht voor elk van die leventjes die ik verlos. Dit jaar baren mijn ooien drielingen en tweelingen en maar twee eenlingen. Aan het eind van de cyclus zijn er 110 lammeren uit 48 ooien gekomen, en ik ben trots op die prestatie omdat die ertoe doet. Voor mijn levensonderhoud, maar ook die eerste klagende kreet horen doet er voor mij ontzettend toe. Ik denk aan mijn kleintjes die ik niet heb kunnen helpen; die te vaak wegglipten in het duister in mij.

En dan begeven mijn longen het weer. Ik word op een ochtend snakkend naar adem wakker en opnieuw hoest ik bloed op. Ik houd me voor: kijk het nog even aan, en op dat moment neemt de onverhoedse aanval een andere vorm aan. Het is moeilijk strijden tegen schimmen, maar het voelt wel alsof ik daartegen strijd. Tegen schimmen, en een stille, sluipende uitputting.

Ik ga voedsel zoeken wanneer er niets meer in de koelkast ligt en er geen geld is om hem te vullen. Ik heb amper lang achter elkaar door kunnen werken, toen ik eigenlijk voluit door had moeten werken, mijn schaarse middelen zijn op, en de betalingsherinneringen blijven maar binnenkomen. Er zijn te veel valse starts en gedwongen stops geweest door constante pijn en complicaties met mijn handen, en mijn situatie wordt nog hachelijker wanneer mijn longen weer ziek worden en mijn lichaam het weer opgeeft.

'Als het zo zwaar is, waarom pak je je boeltje dan niet bij elkaar en ga je ervandoor?' vraagt een buurman.

Op dit dieptepunt in mijn leven zou ik wel willen dat dat kon. Maar wanneer een huwelijk kapotgaat, is er vaak een langere periode waarin je de financiële lasten die je daarvoor samen droeg, niet gelijk kunt verdelen. Ik ben, kortom, blut. Het is overweldigend om financieel zo diep te zinken. De gedachte aan een verhuizing kan ik niet aan. Bestaan is al moeilijk genoeg, laat staan dat ik ook nog zo'n grote beslissing zou moeten nemen en uitvoeren. Ik zou wel willen dat ik me sterker voel met genoeg geestelijke veerkracht om dat soort ondernemingen aan te kunnen.

Nog helemaal los van mijn eigen feilen, zit er niets anders op dan een onweerlegbare waarheid onder ogen zien: ik kan hier niet weg omdat het huis niet af is en er is geen certificaat dat bevestigt dat onze ambitieuze, tot op heden onvoltooide renovatie naar behoren is afgemaakt. Zonder dat cruciale document kan het niet in de verkoop. Ik zou kunnen proberen achteraf een omgevingsvergunning te krijgen, maar ik ben niet in staat het werk van een drie vellen lange lijst te bekostigen dat volgens het bouwbesluit nodig is voor zo'n vergunning kan worden afgegeven. Er is al een zorgwekkende achterstand in betaling van rekeningen voor de nog steeds niet voltooide uitbouw die al jaren eerder aan het oorspronkelijke huisje is gebouwd. Ik weet niet eens hoe ik ook maar zou kunnen beginnen die te betalen.

Soms is het verleidelijk gewoon een gat te graven en heel je puinhoop erin te begraven. Zo gaat dat hier wanneer er geen andere manier is om van alles af komen wat overbodig, ongewild of ongewenst is: puinbegraafplaatsen. Wanneer ik over de croft loop, valt het me op dat sinds kort distels welig tieren op de stenige grond. Het doet me overwegen dat je soms niets anders kunt dan doorbijten, de grond omkiepen en proberen te wortelen, hoe ondiep dan ook. Soms is gewoon maar volhouden en vasthouden het enige wat je kunt doen.

Ik had zulke plannen voor dit huis toen we pas op het eiland waren aangekomen. Eerst was er maar één slaapkamer, maar ik had me altijd voorgesteld dat het op een dag een huis voor een gezin zou zijn vol kinderen om van te houden. Nu is het maar een leeg huis met twee ongebruikte slaapkamers. Niets is af – aan sommige stukken is zelfs nog niets gedaan – en soms vraag ik me af of het ooit zal worden goedgekeurd. Een van mijn grootste directe zorgen is dat het tot nu toe een van de natste jaren is die de eilanden ooit hebben meegemaakt en dat er nog geen gootwerk te bekennen is en geen regenwaterafvoer rond het huis. De regen blijft gestaag vallen en er zit op de buitenmuren een hoogwaterlijn op bijna één meter. Wanneer de regen soms even stopt, glinstert die lijn loodgrijsgroen, een dikke herinnering aan het gevaar dat het huis loopt. Op natte dagen – dat zijn de meeste dagen – staat het water in grote plassen rond het huis.

Met het verstrijken van de maanden zal het donkerder kleuren door opspattende aarde die in de gebarsten witgekalkte muren dringt. Als ik er van dichtbij naar kijk, zie ik daar levende dingen groeien: kleine, glanzende naaktslakachtige krullen die op weekdieren lijken, plukjes polvormig mos, vaalwit en dan donkere, bruinende paddenstoelsporen. Ik trek de scheuten en planten uit die van de lateien groeien, en elke paar maanden schrob ik de muren. Vaak ben ik bang dat het huis zo vochtig zal worden dat het zal gaan verbrokkelen en instorten. Ik heb stapels ongeopende post in een doos bij de deur. Ik gooi alle post die geen brief is in deze doos vol rekeningen. Eerst houd ik mezelf voor dat ik ze later ga openen; na een tijdje wordt het te eng om nog te kijken. Verbazingwekkend dat een stapel van stukjes papier zo zwaar als een molensteen rond mijn nek kan voelen.

Uiteindelijk is het simpel. Iedereen moet eten, is mijn redenering. Ik heb honger en ik heb niet genoeg eten in huis. Als er binnen alleen maar stenen muren en vloeren zijn, moet je wel naar buiten. Op een dag sta ik in de tuin en hoor ik mijn maag rommelen en krampen van de honger. Ik reik naar het groen en breek een handvol af. Ik bestudeer het en houdt het dan nog iets dichter voor mijn ogen. Ik sta me daar af te vragen hoe het zou smaken. Eerst schuw ik het om bladeren te eten. Het voelt te verwilderd, wanhopig aan. Maar het voordeel is dat er heel veel zijn. Het is geruststellend om te weten dat zolang de zon blijft schijnen en de regen blijft vallen, deze voedselbron in ieder geval niet op zal raken.

Ik draai de bladeren om, houd ze onder mijn neus om eraan te ruiken. Ik zoek naar woorden die me zullen helpen de plant te determineren. Fris, groen, kruidachtig, een vleugje citrus, denk ik als ik een blaadje tussen mijn vingers wrijf. Maar deze beschrijvingen zijn te algemeen. Die zijn op de meeste planten van toepassing. Dat maakt me behoedzaam. Het blaadje laat een groen vlekje achter op mijn vingertoppen waaraan ik aarzelend lik. Ik wil zeker weten dat het niet giftig is. Een plant juist determineren is cruciaal: je gaat niet lopen knoeien of gevaarlijk doen. Jaren eerder heb ik kruidengeneeskunde gestudeerd in Londen. Ik heb al mijn oude aantekeningen en materiaal bewaard en de afgelopen maanden heb ik mijn eigen praktische snelle afvinklijst gemaakt. Ik kan zien dat dit lijsterbes is. De bladeren zijn lang en ovaal, met een gezaagde rand. Ik weet dat die veilig is. Dus neem ik een voorzichtig hapje, eerst knaag ik aan de randjes en dan vouw ik het dubbel en plet ik het in mijn mond. Het schuurt een beetje, alsof ik in kladpapier bijt, maar ik zet door. Na het even over mijn tong te hebben laten gaan, begin ik er langzaam op te kauwen zodat de smaak vrijkomt. Bitter, prikkelend, zuur is de eerste sensatie; een ogenblik van twijfel doortrokken met een scherpe vleug.

'Hier,' houd ik mijn hond er eentje voor die me nauwlettend in de gaten houdt. Ze snuift eraan, likt er onderzoekend aan en draait dan weg alsof ze beledigd wordt, met een blik van afschuw in haar ogen.

'Ach, kom nou,' zeg ik, 'zo slecht is het nu ook weer niet.' En dan werp ik een snelle blik over mijn schouder en weer de andere kant op. Want het is op een of andere manier alsof ik een wilde ben die daar rauwe bladeren in haar mond staat te proppen.

Het duurt verrassend lang om een blad op te eten dat je net van een boom hebt geplukt. Het dikke esdoornblad is het taaist. Beuk is zacht, verkreukt, met haartjes als een donsvelletje. Sleedoorn prikt met zijn punten in je vingers als je niet oppast, terwijl de haagdoorn zo grof gestructureerd en compact is als de zilverberk dun is en glad-koel. Het voelt vreemd, die eerste paar monden vol proeven, als een clandestien geheim in mijn mond. Maar het is meer. Het is een opluchting. Ik ben uitgehongerd, snak naar eten. Dus de volgende ochtend sta ik vroeg op en ga ik er steels op uit, deze keer met een diepe mand. Ik doe die dag de belofte dat ik alleen zal meenemen wat ik nodig heb.

Terug in de keuken vermaal ik haagdoornblad in een stenen vijzel. Het smaakt notig, scherp, prikkelend wanneer het tot een pesto wordt verpulpt met versgeplukte, gemalen grote hazelnoten van mijn hazelaars. Sommige dagen zoek ik naar brandnetel, cichorei of de jonge bladscheuten van de beuk, berk of eik die je rauw kunt eten als sla. Buiten het seizoen, als vruchten zeldzaam zijn, zit het blad van wilde framboos vol voedingsstoffen, het is rijk aan ijzer, mangaan en calcium. In de herfst ga ik voor muur en stuifzwam naar de bossen en de kortgemaaide heuvels. Ik ben niet zeker over paddenstoelen. Ik spijker mezelf erover bij, maar ik durf het toch niet aan om varkensoortjes, eekhoorntjesbrood en de abrikozige cantharel te plukken.

In de winter plunder ik de schuur – er is nog wat gereedschap achtergebleven in Rabs werkplaats. In een kast vind ik een scherp mesje. Ik maak er een schede voor van schapenvacht en neem het daarna mee aan een leren koord om mijn nek als ik ga wandelen. Ik gebruik het om er dunne strips van jonge eik mee te snijden van maar een paar centimeter dik, waarbij ik eerst de buitenkant weghaal voor ik langzaam in de lengte langs de bast snij. De buitenste laag van de boom is taai, knoestig, compacter dan je zou verwachten. Hij smaakt grof naar snippers van ongeschaafd hout en schaadt mijn tanden, dus houd ik het aan één kant. Maar ik weet dat bast voedzaam is, dus zet ik door. Eronder is het hout bleker, wit zoals een huid. Ik snij dit fijn en kauw op een stukje. Het sap smaakt zoet naar berk. Thuis staat de keuken vol stoom terwijl ik het in strips snij, kook en afgiet. Hoe leger mijn kasten raken van gangbare levensmiddelen, hoe voller ze worden met deze andere, wilde etenswaren.

Het is één ding om wild voedsel te plukken om je voeding aan te vullen, maar van het land proberen te leven is wat anders. Maandenlang vormen kool van eigen grond en verse haring, havervlokken en geweekte linzen de basis van mijn maaltijden. In de zomer zijn er kelderaardappelen en saladegroenten, en andere groenten en vruchten in de tuin, maar er zijn altijd hiaten, vanwege mislukte of verrotte oogsten – slachtoffers van het almaar onvoorspelbaardere weer en mijn eigen gebrek aan kennis en ervaring in conserveren en veilig bewaren om zo elk gewas zo veel mogelijk te verduurzamen. Dingen uitproberen resulteert soms in verspilling of het verlies van een hele, zorgvuldig bereide partij.

Mijn voedselcrisis wordt versterkt door een stroomonderbreking op het eiland die vijftien dagen duurt. Een voorraad vlees voor twee jaar, op de croft geslacht en versneden en opgeslagen in de vrieskist, vergaat. Er komt geen compensatie. Nu heb ik geen andere keus dan te leven van wat ik kan vinden en verbouwen om te overleven.

Gewassen verbouwen is een leerproces en oogsten en opslagvaardigheden zijn even belangrijk als weten hoe je moet planten. Ik graaf gaten in de donkere grond en maak natuurlijke voorraadkuilen die ik voor mijn groentenoogsten bekleed met stro en vachten. Ik weet dat die daarin een winter lang goed blijven. De aarde is niet zoals een vriezer afhankelijk van het elektriciteitsnet, en mijn doos rekeningen wordt er niet zwaarder van.

Er zijn mislukkingen en successen. Ik wacht maanden of de aardappelen gaan groeien, graaf geulen, ondersteun ze. Wanneer ik ze opgraaf, leg ik ze in een kist, zet die in een ondiepe kuil die ik heb gegraven en bekleed met stro en grassen, en bedek de kuil. Maar wanneer ik een paar weken later kijk hoe het ermee staat, besef ik dat de kuil niet diep genoeg was. De aardappelen wemelen van de maden en larven en zijn verrot door het stro en de grassen die nu vergeven zijn van de snuitkevers. Het is een schandalige verspilling van alle tijd en moeite en van een betrouwbaar hoofdgewas waar ik me op verlaten heb.

Naar voedsel zoeken vergt ook oefening. In het begin loop ik te snel en registreren mijn ogen alleen wat dichtbij en duidelijk is. Niet alles wat je eerst ziet is eetbaar of lekker om te eten, en in eerste instantie ben ik behoedzaam, pluk ik alleen wat ik ken. Je moet je een weg banen door de wilde orchideeën, grasklokjes, wilde, geurende grassen en parnassia die scheut om wortel zitten naast wolken distels, bramenprikkels en sleedoornstekels. Ik ontdek wilde kruiden: tijm, verse zuring, munt. Als je goed kijkt, kun je verbazingwekkend veel vinden.

Op een dag stuit ik op een ganzenei. Ik neem het mee naar huis en kook het. De dooier is vol oranjegeel, het eiwit is luchtig, anders dan de eieren die mijn bejaarde hennen leggen. Het is een geschenk, dit wilde voedsel. Het verzekert me ervan dat ik misschien wel mager ben, maar niet van de honger zal omkomen. Met dit wilde land, de zee en het loch zo vlakbij begin ik geleidelijk een nieuwe affiniteit te voelen met de aarde en lucht die wemelen van het leven. Elke dag zeg ik dank voor wat ik te eten heb. Ik vorm mijn eigen rituelen die de leegte vullen met betekenis die hernieuwde hoop lijkt te bieden. Het is vreemd om me weer sterk te voelen met mijn hardere huid en mijn ruwere handen terwijl ik niet alleen leer om te leven, maar ook om te overleven. Naar voedsel zoeken brengt je veel meer bij dan alleen maar wat je wel en niet kunt eten. Het brengt je dankbaarheid bij, veerkracht.

Deze wildernis is vrijgevig, vergevensgezind; vriendelijker dan mensen. Wanneer ik terugdenk aan de vrouw op de weg en haar boosheid, ben ik blij met die drift, met wat me dat heeft geleerd. Wat het ons allebei misschien heeft geleerd. Het helpt om de woede weg te branden en weer met liefde naar de wereld te kijken. Om vriendschappen en kennissenkringen op hun waarde te schatten en dat opnieuw te doen en dan te weten aan welke je vasthoudt en welke je laat gaan.

3
Veilinghal

De lucht is drukkend, vochtig en verstikkend. Het is eind oktober, laat in het seizoen om nog lammeren te verkopen, en noodweer dreigt. Ik heb het vroege veer naar het vasteland gepakt en ben voor de meute aangekomen om er zeker van te zijn dat ik de veilingmeester kan spreken en hem mijn lammeren kan laten zien. Maar als ik er ben, is het niet degene die ik ken en hij is in een gesprek verwikkeld met anderen die ik niet ken. Wanneer ik binnenkom kijken ze op, maar niemand glimlacht, en ik voel me even onzeker en niet op mijn gemak.

'Honderd en zes Scotch Mule-lammeren – ben jij dat?' roept een veilingdrijver door de hal terwijl hij tussen de hokken door komt banjeren.

Ik knik ja. Het is een opluchting om te weten dat ze veilig in hokken zitten. Mijn lammeren zijn na een ruwe oversteek laat van de boot naar Oban gekomen en het is haasten geweest om ze uit te laden. Ik veeg snel met mijn hand over mijn ogen en werp een blik op mijn formulier. Daarop staat de ontvangst van mijn vervoersvergunning aangetekend, wat inhoudt dat het mij toegestaan is om vee te verhandelen, maar toch ben ik even zenuwachtig, schichtig en schuw als de beesten die net uit de vrachtwagen komen. Mijn linkerhand zit nog in het verband om hem stabiel te houden terwijl de banden en pezen aansterken. Hij is zichtbaar weggekwijnd, dus hebben de orthopedisch chirurgen beraadslaagd over de uitslagen van uitvoerige onderzoeken van de botten, banden en zenuwen. Die uitslagen bevestigen wat ik altijd al heb geweten. Aangezien hij verkeerd gezet is, is hij al die tijd vanaf de val ontwricht gebleven. Het wordt lastig om mijn lammeren te hanteren omdat hij nog steeds zwak is en simpele bewegingen nog steeds moeilijk zijn.

Het is ook niet bevorderlijk dat ik nog nooit zelf mijn eigen dieren heb verkocht. Vorig jaar was ik er na Rabs vertrek niet alleen te slecht aan toe, maar het overlijden van mijn vader viel ook tegelijk met de schapenveilingen, en in de nasleep van die vreselijke zomer was ik nog te verslagen door de schok en het verdriet. De grote vrachtwagen van de veilinghal haalde mijn schapen op van de pier en de veilingmeester heeft ze zonder toezicht in de ring verkocht. Mijn afwezigheid vond zijn weerslag in de prijzen waarvoor ze weggingen. Je krijgt nooit zoveel voor je lammeren als je ze niet zelf presenteert of in de ring laat zien. Dit jaar, beloof ik mijzelf, gaat dat anders. Ik ben er nu klaar voor om te tonen dat dit echt mijn dieren zijn. Dat is niet alleen belangrijk voor mijn gevoel van eigenwaarde en zelfvertrouwen, maar ook om aan te tonen dat ik capabel en betrouwbaar ben. Al ben ik even onervaren als vastberaden.

'Kom, vooruit!' roept de drijver tegen de lammeren terwijl hij wappert met zijn blauwe schortpanden. 'Kom op, vooruit!' Hij begint te sissen met zijn tanden op elkaar. Ik hoor het schort knallen, als een zweep. En dan zwiept zijn stok omlaag, het harde stuk slaat op een zachte rug. 'Niet doen,' zeg ik met klem. 'Daar zijn ze niet aan gewend.' Maar hij luistert niet. Ik zie de donkere poelen van hun ogen glazig worden van de adrenaline en een soort innerlijke waakzaamheid lijkt een gespannen flikkering aan te zetten terwijl zij hun angst op mij richten. Je moet die gedachte wegdrukken, denk ik. De veilinghal is geen plek voor doetjes. Vlees is vlees.

Het is een gewoel en geroezemoes terwijl we als één lichaam snel voortbewegen, rap de smalle metalen loopplank af, terwijl het koude aluminium aan beide zijden weergalmt van het open en dicht knallen van hokken. De lucht is benauwd, walmt van de geur van gespannen, zwetende lijven, kabaal, zware schreeuwende stemmen, en boven alles uit het geratel en geroep over de luidsprekers in de ring. Eindelijk staan we in een groot hok, met twee kleinere ernaast voor als de rammetjes van de ooitjes worden gescheiden.

'Hopelijk kun je een ooi van een hamel onderscheiden,' knipoogt de drijver naar me. Hij knikt naar de heldere lampen rechts van me. Het lawaai dat uit de veilingring komt is oorverdovend. 'Een kwartiertje, op z'n hoogst, en dan ga jij erin.' Terwijl de hekken dicht denderen, beent hij weg. Ik staar naar mijn lammeren. Ik sta te trillen.

De jaarlijkse veiling is iets waar het hele croftjaar gestaag op uitloopt. Het is de enige tijd van het agrarische jaar waar ik tegen opzie. Ik houd van het lammeren, met mijn schapen in de weer zijn en me onderdompelen in het land, de seizoenen en het weer. Toch zou ik een ander einde voor de dieren willen. Eentje dat zachtaardiger zou zijn, waarbij de dieren snel de genadeklap krijgen van een vaardige, bevoegde slachter die naar het eiland zou kunnen komen waardoor er minder stress, minder gereis en minder ruwe behandeling zou zijn. In vroeger tijden werden de dieren rustig naar een schuur geleid die ze kenden en werd er vlees naar behoefte geproduceerd en niet zo massaal geslacht zoals nu.

Het hok waarin we staan, is al gebruikt, dus is er geen hooi of water meer. Het zaagsel is dun en spaarzaam verstrooid en plakt onder de voeten waar het doordrenkt is van urine. Mijn laarzen komen hard neer op kaal beton – op de plekken waar het niet glad is van bruine mestspetters. Een dier dat ontspannen is scheidt harde keutels uit; deze zijn dun, kleverig, nat van angst.

Het kost altijd een paar minuten om de lammeren naar geslacht te scheiden, en het is lastiger nu ze geen tijd hebben gehad om tot rust te komen. Een zeker vertrouwen is geschonden. Ze snuiven snel lucht binnen. Hun kaken klemmen op elkaar en een dun, glazig filmpje maakt hun ogen dof alsof er een binnenooglid dicht is gegaan – een combinatie van uitputting, adrenaline en angst. Het doet me beseffen dat we niet van elkaar verschillen. We zijn allemaal dieren, aangestoken door een instinct dat ons vertelt wanneer we op ons gemak kunnen zijn, wanneer we op onze hoede of bang moeten zijn. Elk beest weet wanneer het veilig is en wanneer niet. Daarom haat ik de markt. Het dwingt me getuige te zijn van de angst en stress van de dieren en die in de hand te werken.

Er is ook een diepere, menselijke worsteling die andere emoties naar boven brengt. Elk jaar werk ik er hard aan om in de boerengemeenschap te integreren, er deel van uit te maken en om, nu Rab weg is, puur en alleen om mijzelf geaccepteerd te worden. Het wordt er niet makkelijker op. Het is balanceren op een wankel koord en niet alleen vanwege mijn sekse. In de poging om deel uit te maken van het systeem en de gemeenschap is dat balanceren geen sinecure als ik ook mijn identiteit, overtuigingen, manier van denken en stem intact wil houden. Het verbaast en ontmoedigt me om erachter te komen dat, terwijl ik steeds ervarener en capabeler blijk te zijn, het koord steeds wankeler lijkt te worden.

Terwijl ik zo snel werk als ik maar kan om de lammeren te sorteren, ben ik bang dat mijn gebrek aan ervaring en mijn handicap eraan af te zien zijn. In vroeger tijden zou Rab hier in mijn plaats hebben gestaan. Er zijn nooit andere vrouwen in de grote veilinghal als de dieren aankomen. De paar vrouwen die de veiling bijwonen, komen meestal pas later opdagen en zitten boven in de galerij die uitkijkt op de ring. Ze betreden zelden het geïmproviseerde café waar hun kerels bijeenzitten en er rondjes dampende koffie en warme broodjes rondgaan terwijl de verwachte handel van de dag wordt doorgenomen. Dat weet ik omdat ik meestal ook daarboven op de tribune heb gezeten.

Terwijl ik aan het werk ben, valt me op dat er een geprint wit verkoopvel op de vloer is achtergelaten. Ik pak het op en sta even stil. De verkoopkaart, waarop de vakken voor de verkoop staan, is iets wat je bij je houdt. Het is niet alleen een souvenir, maar ook een werkdocument waarop je aantekeningen kunt krabbelen van hoogste en laagste prijzen van de dag, de bekeken vakken, de schapen die je in de gaten houdt of wilt verslaan. Vandaag is de eerste dag dat mijn naam wordt afgedrukt als de geregistreerde, enige houder van de croft. Ik loop met mijn vinger de lijst af. Bij mijn lammeren staat Vak 56, maar daarnaast is Rabs naam getypt. Ik denk aan al die koude, bevroren ochtenden dat ik mijn ooien ging vangen, of in de schuur stijf wakker werd bij het ochtendgloren.

'Pardon,' gebaar ik verontschuldigend naar de toezichthouder, 'volgens mij is er een vergissing gemaakt. Mijn naam staat niet op de lijst.'

Hij wijst naar het papier en corrigeert me: 'Daar staat-ie, hoor, naast Vak 56.'

'Dat is mijn naam niet,' zeg ik. 'Het moet dezelfde naam zijn als die in het croftregister staat.'

'Wat doet dat ertoe?' vraagt hij.

'Alles,' zeg ik. 'Want ik ben de houder, en voor mij doet het ertoe.'

Hij haalt zijn schouders op. 'Tja, je achternaam staat erop. Dat is toch nog je naam?'

Terwijl de lammeren tegen mijn benen dringen, haal ik rustig adem en probeer ik het uit te leggen.

'Dat is mijn achternaam, maar dat is niet mijn voorletter. Hij woont niet meer bij mij.'

'O, ik begrijp het. Zit het zo?' vraagt hij terwijl hij zijn armen over elkaar doet.

'Alsjeblieft, zou het nog veranderd kunnen worden?' vraag ik hoopvol.

Hij wijst naar de stapeltjes nette witte vellen die gevouwen en wel in elke metalen standaard zijn gestopt. 'Wees nou een brave meid en maak er niet zo'n drukte van.'

Ik staar hem vol ergernis aan.

En geen van beiden komen we in beweging of zeggen we iets. Hoe kan ik het hem allemaal uitleggen, vraag ik me af, waarom het ertoe doet dat mijn naam staat aangegeven als de herder van Vak 56 met 106 lammeren? Ik wil zeggen dat toen Rab wegging, ik niet alleen maar een vrouw zonder echtgenoot was, maar ook dat ik van mijn hele identiteit was beroofd. Hoe kan ik hem uitleggen dat het is omdat ik anders geen gezicht heb? Dat ook al ben ik door de wind gejaagd, doordrenkt van de seizoenen, dit, dit agrarische jaar, mijn naam niet eens kent?

Uiteindelijk zucht ik diep en keer ik me weer naar mijn lammeren. 'Evengoed bedankt.'

'Wie zorgt er dan voor je schapen?' roept hij me nieuwsgierig achterna.

'Ik hoed zelf mijn schapen.'

'Dan heb je wel een nieuwe herder nodig,' lacht hij en hij loopt weg door de hokken.

Even voel ik me raar en licht in het hoofd. Ik haal diep adem, zet dat gevoel uit mijn hoofd.

'Goed,' zeg ik rustig tegen de lammeren in het hok, 'laten we dit snel doen.'

Ik pak de volgende beet, en glij met mijn vingers onder de harde botkam van de kaak terwijl mijn linkerarm licht over de rug strijkt. Ik buig over het lam heen in een losse, maar stevige omhelzing van het lichaam zodat ik de flanken voel hijgen, de adem die tegen de mijne in stoot. 'Ooilam,' verzucht ik eroverheen gebogen haar voorwaarts wensend terwijl ik voorzichtig haar achterste bevoel om haar te onderscheiden van de bijna identieke jonge mannetjes. Over mijn schouder hoor ik op de achtergrond een paar luide stemmen kleinerende grappen maken.

'Zo te zien weet je wat je doet,' wordt er geroepen.

Ik ga door en kijk niet op, maar instinctief verstrakt mijn huid, plotseling alert bij deze ongedwongen, maar ook spottende toon.

Dan hoor ik de metalen pin van het hek klikken.

'Een helpende hand kan geen kwaad!'

Zonder enige aankondiging duwen benen zich tegen me aan en zitten er handen op mijn heupen. Ik wurm met alle macht om me om te kunnen draaien en overeind te komen, maar ik word neergedrukt door het zware gewicht van die handen en kan me niet bewegen.

'Ga van me af!' Mijn stem klinkt schril en paniekerig. Met mijn gezicht naar beneden en mijn arm rond de ooi, wordt mijn schreeuw gesmoord, gedempt in haar vacht. Ik zie het belachelijke tafereel voor me, net zo'n wrang, over een grens gaand moment in een comedy. Het is in een paar seconden gebeurd: hij duwt mij en de ooi voorwaarts, drijft ons door het hok en dan is het voorbij. Zijn ogen glanzen terwijl ik wankel, een knie op de grond zet en me dan overeind werk, buiten adem van de inspanning.

'Niet slecht, lass. Helemaal niet slecht,' gooit hij erachteraan.

Mijn wangen slaan uit van woede en ik voel me misselijk, duizelig. 'Vieze, vuile klootzak,' fluister ik. Ik wil het tegen hem schreeuwen. Maar dat kan ik niet. Ik weet niet waarom, maar ik ben mijn stem kwijt. En ergens diep weggestopt zit een walgelijk gevoel van vernedering, dat ik ben bezoedeld, te schande ben gezet. Hete, boze tranen springen me in de ogen. 'Raak me nooit maar dan ook nooit meer aan,' bijt ik hem toe in een poging mijn angst te verbergen. En dat ziet hij. En dan ziet hij de brace om mijn hand.

'Het is maar een grapje, lass,' haalt hij de schouders op, plotseling onzeker. 'Ik had niks kwaads in de zin. Maar je moet ook niet raar gaan doen, hè,' vermant hij zich. 'Zie het maar als je zegenstuivertje voor vandaag. Noem het een borg, van tevoren betaald.'

Zegengeld is een oude traditie. Het is een gebaar van goede wil dat verkopers kopers tonen aan het eind van de dagverkoop of van een andere transactie. Hij is een van de schapenkopers. Ik besef tot mijn ontzetting dat ik hem later in de ring zal tegenkomen.

Ik heb het niet op harde stemmen of ruwe handen. Geweld is een aanranding. Wanneer een ouder ruw is tegen een kind en de andere die tussenbeide zou moeten komen, dat negeert, is dat een dubbele klap. Je legt je eigen stem het zwijgen op, reageert overdreven, zoekt veiligheid door goedkeuring te krijgen, of trekt je terug in jezelf. Deze driehoek van medeplichtigheid brengt zijn eigen verlamming met zich mee, aan welke zijde van de driehoek je ook staat. We zijn allemaal kinderen vanbinnen, en al probeer ik het niet te doen, toch slik ik soms, wanneer ik bang ben of me bedreigd voel, mijn angst in en verberg ik mijn woede in stilte. Ik houd mezelf voor dat onze ervaringen ons maken tot wie we zijn. Maar binnenin mij ontbrandt een strijdgeest. Misschien laat de veilinghal mijn ogen daarom zo woest stralen.

Terwijl ik noest doorga met de ooien uit de kudde te halen, opent een jonge boer stil het hek. Ik kijk op. Ik zweet nog steeds ontdaan van het eerdere treffen, en mijn armen hebben moeite om een jong mannetjeslam vast te houden.

Hij kijkt er even naar en komt er dan bij om me te helpen. 'Je zult het wel wat sneller moeten doen.'

Ik herken hem. Zijn familie woont aan de zuidkant van het eiland. Hij beweegt ontspannen, met zijn armen die zich licht door de kudde werken, maakt geluidjes en praat rustig tegen de schapen. We zijn geconcentreerd, werken zwijgend en snel samen. Wanneer we klaar zijn, schudt hij het hoofd en glimlacht.

'Soms kun je de hulp maar beter aannemen die je geboden wordt,' oppert hij. 'Dat is makkelijker. Waarom zou je het jezelf moeilijk maken? Zo maak je ook vrienden.'

'Maar ik heb er een hekel aan dat ze zo ruw worden behandeld.'

'Ach, ik weet niet waar je je druk om maakt. Morgenochtend zijn ze allemaal dood, wat maakt het jou uit.'

Hij heeft gelijk. We hebben allebei gelijk.

Ik ben hem dankbaar voor zijn hulp. Maar voor mij doet het ertoe dat deze laatste passage en overgang zo kalm mogelijk en zonder gedoe gaat.

'Je zou dit niet moeten doen als het zoveel pijn doet,' haalt hij zijn schouders op.

En dan is het plotsklaps onze beurt. Twee veilingdrijvers stappen het hok binnen als mijn nummer voor de veiling wordt omgeroepen. Hier heb ik op gewacht, maar het komt toch als een schok. Ze zijn groot, fors, gezet en komen langs benen terwijl ze met hun handen hard tegen hun dijen slaan. Ze werpen me een nieuwsgierige, laatdunkende blik toe. Ik ben de enige vrouw in de hokken. De schapen proberen zich te verspreiden maar het enige manoeuvreren waar ruimte voor is, is zich naar voren laten drijven. Verder naar voren schallen de luidsprekers met een oorverdovende dreun. Deze klanken en bewegingen zijn niet meer te stuiten: voeten gaan, vachten schieten voor, laarzen glijden over nat zaagsel, een slippertje bruine angst terwijl we ons een weg banen naar die harde felle lichten. De dreun wordt heftig en dringend, staccato kreten, abrupt gevolgd door de knal van een hamer. Er volgt een langgerekte pauze en dan begint het weer. Het kabaal van de veiling is nog één hek verder. Ik slik. De adrenaline giert door mijn lichaam, als een bliksemstoot van hoogspanning, mijn hart bonst, mijn lippen stijf op elkaar als het laatste hek dichtknalt.

'Je had een rok aan moeten doen,' knipoogt de drijver naar me. 'Succes. Naar ze glimlachen. Dan krijg je de beste prijs van de dag.'

Ik stap op een richel terwijl de lammeren gewogen worden.

Naderhand pak ik het witte geprinte vel aan en voel ik het zachte gewicht van vachten en warme, hijgende, dicht tegen me aan gedrongen lijven.

Het gaat door me heen dat al die momenten hiertoe hebben geleid. Het zijn grote, gespierde, prachtige dieren. Met in die sterke botten de worsteling, de pracht en alle stralen van de zon; de regen, dauw, sneeuw dik op natte vachten en al de heide en wilde bloemen die dichtgaan onder een bleek schijnsel van een zwevende maan. Zoals ik daar sta met mijn schapen raak ik vervuld van trots, en van een scherpe onrust. Terwijl hekken overal om ons heen open en dicht kletteren, zijn we voor een kort ogenblik stil, terug op die heuvels.

Er klinkt geknars van metaal als de grote verzwaarde hekken naar de ring openzwaaien. En ik ga de verblindende lichten in en loop over zaagsel. Alsof je in een goudvissenkom stapt. Ongemakkelijk loop ik door de ring om mijn witte formulier aan de veilingmeester te geven helemaal tegenover de hekken.

'Honderd en zes Scotch Mule-lammeren. Eerste vak van vier.' En dan glimlacht hij naar me en zegt: 'Zullen we eens een mooie prijs voor je maken?' Ik glimlach dankbaar terug. Hij buigt naar voren en richt zich op samenzweerderige toon tegen het publiek: 'Een mooi vak is dit, kijk maar eens goed. Kom maar, niet zo benauwd. Dit is echt topklasse, rasbeesten. Ik weet niet wat ik liever zou verkopen, een kudde Scotch Mule-lammetjes of dit prachtige ooitje.'

'Nee,' protesteer ik snel, 'mijn ooien zijn goed genoeg.'

Hij zwaait met zijn hand naar me. 'Sst, kom op nu, meissie, doe nu even mee. Als je tenminste een goeie prijs voor dit vak wil vandaag.'

Ik staar hem vol ongeloof aan. Ik voel mijn maag omdraaien. Ik schud het hoofd, maar hij lacht alleen maar dat ik stil moet zijn. En dan begint zijn stem over de luidsprekers te schreeuwen en de rest te overstemmen. 'Kom op nu, de beste die je hier zult zien. Wat geven jullie me voor haar?' roept hij. Hij steekt zijn hand omhoog en start het bieden. 'Dertig pond, dertig pond, dertig pond, veertig pond... Daar zit wel meer in, hoor. Jong is ze ook nog. Kom op, eens zien hoe hoog jullie kunnen komen... en we doen er een hok van honderdzes lammetjes bij.'

Een zee van gezichten staat tegen de reling te dringen. Even flitst het door me heen om weg te lopen, maar dat idee vermorzel ik meteen. Dat is ondenkbaar: het zal worden misverstaan als lafheid, vernedering, woede of schaamte. Niemand loopt weg van zijn dieren als ze eenmaal in de ring staan. En boven alles wil ik niet dat hij dit met zoiets goedkoops wint. Hij kan de pot op, denk ik vinnig. Ik ga mijn schapen professioneel tonen.

Maar de menigte merkt dat ik niet op mijn gemak ben en het geroep en gejouw begint.

'Lekkere bouten en zadeltje!' schreeuwt iemand. Er stijgt een gebrul van waarderend gelach op. Hier en daar oe's en ah's en gefluit. 'Die moeten we even voelen om zeker te weten dat ze net zo goed is als ze eruitziet.'

Een nog hardere kreet van achteraan: 'Een pracht van een ooitje!' En dan verandert de atmosfeer terwijl de luidsprekers kraken van de steeds luidere stem van de veilingmeester die de biedingen opneemt. Het dunne vel in mijn nek rilt en mijn schouders verstrakken. Ik herken deze wilde roofdierenondertoon. Ik weet dat me geen kwaad zal overkomen en toch voel ik me alleen en kwetsbaar tot in mijn vezels. Maar ik ben vastbesloten ze niet te laten zien dat het me raakt. Met glinsterende ogen en gloeiende wangen blijf ik me concentreren ondanks de razernij die in mij smeult.

De twee drijvers staan ook in de ring, slaan met stokken op de grond om de schapen in bedwang te houden. Eén geeft een mep op een rug en ik roep iets boos terwijl het trippelende lijf van het lam naar voren schiet en het hoofd tegen de metalen hekken stoot. Elke keer dat de drijvers dichterbij komen, drijf ik de schapen de andere kant op. We slieren samen rond en rond in een soort groteske dans. Aan het bieden lijkt geen eind te komen, maar ten slotte is het voorbij en komt de hamerslag. Als het laatste bod is genoteerd, reikt de veilingmeester mij het formulier. 'Goed hoor, *lassie*, je bent een stoere meid – en braaf gedaan.' Ik kijk hem niet aan. Ik schud hem de hand niet. Ik pak gewoon mijn formulier aan. Ik weet dat mijn stem onvast zal klinken. Maar ik kan niet weggaan zonder iets te zeggen. Ik moet mezelf ertoe zetten om hem beheerst toe te spreken.

'Die hele show van je was ongepast en nergens voor nodig.'

'Ja, maar je hebt wel een goede prijs gekregen. Ga me nou niet zeggen dat je daar niet blij mee bent.'

Ik draai me snel om zodat hij de hete tranen in mijn ogen niet ziet.

Die ziedende woede blijft de hele dag hangen, opgestookt door een steeds sterker besef van onrecht en dat de veilingmeester zich niet aan de regels heeft gehouden. Ik voel me vernederd en gecompromitteerd: door het accepteren van de cheque van de koper zijn mijn handen gebonden. Mijn lammeren halen een van de hoogste dagprijzen, maar deze handel heeft een bittere nasmaak. Wat ik echt wil zeggen, schiet me pas later te binnen. Ik spreek met mezelf af dat ik mijn lammeren nooit meer in deze veilingring zal verkopen.

Op de veerboot naar huis maken de boeren er later een grap van. Dus vraag ik: 'Zouden jullie je vrouw of dochter net zo hebben behandeld?' Maar dat doen ze af met hetzelfde oude argument: 'Je hebt een goeie prijs gekregen. Wat wil je nog meer?'

En op hun eigen manier hebben zij gelijk – op de veiling is het een mannenwereld en vlees is vlees – maar ook ik heb gelijk.

Ik ben blij met de rust en het evenwicht op de croft. Die leert me nog toegewijder naar mijn dieren om te kijken door ze kalm te observeren en zacht te hanteren. Ik word er sterker van terwijl in het harder wordende jaargetijde het gras zilver glanst en de kou over de velden glinstert. Als je in de schemering over de croft loopt, leer je altijd met één oog vooruit te kijken, zelfs als je het weer en de donkerende luchten achter je in de gaten houdt. In het afnemende licht vervagen de grenzen van de croft, worden ze steeds schimmiger, en besef je dat je zult moeten gaan onthouden hoe die marklijnen lopen. Ik weet dat ik alert zal moeten blijven als ik me hier staande wil houden en als ik mijn rechtmatige aanspraak op deze lap grond en op mijn plek in de boerenwereld waar wil maken in de lange, afmattende wintermaanden die eraan komen.

4
Dood gras

In de dampende schemering wordt het gras doorschoten met vreemde lichten en schaduwen. Aan de horizon gaat de wind liggen terwijl de zon nog diep nagloeit, waardoor de ruige luchten oplichten als een sinister voorteken. Zo is het altijd wanneer een lege maan opkomt en het tij heel laag zakt. Het is een tijd waarin je de donkere, naar de aarde gerichte kant van de maan even kunt ontwaren.

Als ik dichterbij kom, komt de worstelende vorm voor me op de grond als een prachtige schok. Zijn verenkleed is zacht en geelbruin en beweegt vloeiend met een soepele, geheel eigen elegantie. Hij komt omhoog en valt steeds omlaag en lijkt zo met zijn eigen schaduw te dansen. Al het andere roestende gevogelte is stil, zit veilig op een tak voor de nacht. Een paar minuten lang sta ik aan de grond genageld. Het is een vreemd beest, groter dan een kraai: één lichaam met vier vleugels.

Ik kijk toe terwijl de delen samenklitten en dan weer loskomen. Het is moeilijk te bepalen of dit leven vecht om vrij te komen of om vastgehouden te worden. Ik gis dat het een buizerdvrouwtje is dat haar nestjong voert dat nog niet kan vliegen. Maar het doet pijn om ernaar te kijken, omdat ze het kuiken tergt. Dit treffen heeft een zekere wreedheid – iets wilds, oerouds en ontstellends. De oude vogel dwingt de jonge de vleugels uit te slaan, om te vechten voor opgehoeste restjes. Zodra het jong in de lucht is, een metertje hooguit, slaat de ouder op hem neer en valt het jong op de grond. Ik herken iets in deze strijd. De jonge vogel snakt naar voedsel, is zichtbaar uitgeput door het niet-aflatende lokken en weer neerslaan. Maar het komt omhoog, keer op keer, en pakt wat het nodig heeft om te overleven.

Ik knipper slaperig met mijn ogen als het raam plotseling vol wordt belicht door het verblindende felle schijnsel van koplampen op het erf. Het is laat, al even na middernacht. Ik ben met mijn armen om Maude heen abrupt wakker geworden uit een diepe slaap op de grond voor een koude haard. Ik ben doodop. De winter en eerste voorjaarsmaanden zijn meestal een tijd van rust voor het lammeren begint, maar ik ben elke dag van zonsopgang tot zonsondergang in de weer. Buiten werken is iets wat ik kan met mijn handen nu ze langzaam aan het helen zijn. Snoeien, vaten schoonwassen, planten optillen of potten vullen zijn allemaal handelingen die de verloren knijpbeweging van vingers en duim weer versterken, al weten de orthopedisch chirurgen niet of die ooit nog helemaal zal terugkomen. 'Laten we het even aanzien voor we plannen maken je handen weer te breken,' zeggen ze.

De koplampen gaan uit. Dan hoor ik een portier dichtslaan en zware voetstappen over de ruwe stenen lopen. Er is geen tijd om te reageren; geen tijd om de lichten binnen uit te doen of de gordijnen te sluiten. Gewoonlijk heb ik wanneer dit gebeurt tijd om me boven te verstoppen. Het volgende moment staat er een man in mijn huis. Hij is van middelbare leeftijd, gedrongen, met een wasbleek gezicht. Ik staar hem verbijsterd aan. Niet dat ik hem niet ken – op een eiland kent iedereen elkaar. Maar ik wil hem hier gewoon niet hebben. Hier heb ik vaak mee te kampen. De trotse traditie dat verlichte ramen een open deur betekenen en dat je niemand de toegang weigert die bij je aanklopt, is er een waarvan te vaak misbruik wordt gemaakt.

Vannacht ben ik te moe om me hiermee in te laten. 'Het spijt me,' zeg ik. 'Maar het is al veel te laat – ik ben net op weg naar bed.'

Hij glimlacht en schudt langzaam het hoofd. Dan ploft hij in een lege houten stoel, alsof zijn benen het plotseling begeven hebben. Een fles whisky wordt op tafel gezet. Hij is al bijna leeg. Zijn ogen staan oplettend, glinsteren.

'Is altijd nog tijd voor één glaasje voor je naar bed gaat,' brabbelt hij. 'Zo, en nou over jou. Wanneer komt die vent van je t'rug?'

Ik kies mijn woorden met zorg. 'Nee, echt hoor. Toe, je moet weer gaan. Ik ben heel moe – laten we dit een andere keer maar doen.'

Zodra ik dat gezegd heb, kan ik mezelf wel voor mijn kop slaan. Ik probeer de sfeer licht te houden, mijn toon beleefd, beschaafd. Maar deze open uitnodiging had ik hem niet willen geven. Dat weet hij.

'Fraai welkom, hoor. Kom op, doe nou niet zo...' zoekt hij naar het woord dat hij nodig heeft en dan zegt hij langzaam: '... bezopen.'

Hij glimlacht somber. Dan reikt hij naar achteren en plukt een glas van het aanrecht. Hij pakt de fles en wijst met de hals naar mij. 'Wou je een glas?' Ik schud nee en zie de geelgouden drank tot halverwege het glas klotsen. Dat zijn wel vier borrels. Zodra het is ingeschonken, weet ik dat het moeilijk gaat worden om die stoel weer leeg te krijgen.

'Niet echt gastvrij hier, hoor,' mompelt hij. 'Jullie zijn ook allemaal hetzelfde, jullie nieuwkomers. Geen benul van wat een gemeenschap is. Slansj!'

Hij keilt de borrel naar binnen en reikt naar de fles om zijn glas weer te vullen.

'Nee, het is mooi geweest,' zeg ik. 'Ik vind echt...'

'Tijd om te gaan?' onderbreekt hij me. 'Zomaar? Ik ga wanneer ik zover ben. Maar ik ben nog niet zover. Ik zeg wel wanneer ik weer ga. Maar nu nog niet.'

Het is een uitdaging. Bekaf trek ik er een stoel bij. Ruziemaken verergert het alleen maar. Vijandigheid is met zachte hand beter te hanteren. Dus zit ik daar te kijken hoe hij drinkt. Ik zou niet weten wat ik anders moet doen. Ik kan hem niet lijfelijk bij die tafel wegsleuren. Drank kan iemand prikkelbaar maken, lichtgeraakt, snel geneigd om zich beledigd te voelen of om ruzie te maken. Ik wil niet dat de sfeer nog slechter wordt. Alsof je op eieren loopt. De laatste tijd voelt het alsof er in mij ook iets broos aan het breken is. Ik houd mijn energie onzichtbaar op hem en de deur gericht.

Drank is een probleem dat op het eiland niet wordt onderkend. Deze croft ligt op wat vroeger een uitgesleten drinkpad was. Het was anders toen Rab er nog was, maar nu ik er alleen voor sta, is het zenuwslopend om 's nachts mannen voor mijn deur te horen, met hun joelende dronken stemmen – zelfs wanneer het huis in duisternis is gehuld. Meermalen ben ik wakker geworden van een groep die mijn huis in is gedromd terwijl ik boven lig te slapen. De geluiden van iemand die in je huis is zonder dat je hem binnen hebt gevraagd, maakt me na die gespannen laatste jaren in Londen altijd bang. Ik lig daar en houd mijn hond dicht bij me. Een paar kreten naar boven de trap op, dan geven ze het op en hoor ik de deur dichtknallen.

Een andere keer worden er steentjes naar mijn raam gegooid. Ik heb nooit mensen na sluitingstijd bij mij laten doorzakken, maar in de maanden na Rabs vertrek komen ze, ook zonder uitnodiging. Je wordt makkelijk overrompeld omdat het zo sporadisch voorvalt. De deur zit niet op slot – niemand doet zijn deur op slot op het eiland. Het is iets om trots op te zijn dat in deze kleine gemeenschap iedereen elkaar kent. De man in mijn keuken vannacht is geen vaste klant. Maar dat doet er niet toe. Hij zit daar evengoed onuitgenodigd en als hem gevraagd wordt te vertrekken, weigert hij te gaan. Uiteindelijk stapt hij uit eigen beweging op en terwijl ik de koplampen in het donker zie verdwijnen, vraag ik me af of ik het slot zal laten maken.

De laatste tijd heb ik waar ik ook loop steeds het gevoel dat ik word geschaduwd door een schim. Hij heeft verschillende stemmen, kenmerken, karakters en gezichten. Maar ik ken zijn gedaante en hij kent mij. Die snelle stap en die flikkering van een beweging achter me. Soms vang ik een glimp op vanuit mijn ooghoek, of in een vluchtige blik; op andere momenten voel ik hoe zijn arm me stil probeert te dwingen. Wanneer je een schaduw probeert te ontlopen, begint het daglicht broos aan te voelen, schrijnend en scherp; je wordt steeds kwetsbaarder terwijl je eigen silhouet en vorm, je vertrouwen en geloof, geleidelijk desintegreren. In die eerste maanden zou ik, als ik allebei mijn handen had kunnen gebruiken, me moediger en sterker hebben gevoeld. Ik weet niet of gezonde handen geruchten en schimmen kunnen tegenhouden, maar ze kunnen je ten minste het gevoel geven dat je terug kunt vechten en kunt zorgen dat je niet iets ergs overkomt.

Op een dag daagt een groep mannen uit de omgeving me uit op de veerboot. Het is een simpele, maar geniepige beschuldiging. En een opluchting dat ik hem hoor, zodat ik hem direct zelf het hoofd kan bieden.

'Ben je nou tevreden nu je hem het huis uit hebt geschopt?'

Ik vraag me af hoeveel ik wel of niet zal zeggen.

'Wou je de croft gewoon helemaal voor jezelf hebben?'

Ik knipper even met mijn ogen omdat het niet alleen pijn doet om dit te horen, maar ook om te beseffen dat iemand er zo hard in wil gaan. Ik weet me geen raad. Deze mannen waren niet eens vrienden van Rab.

En dan gebruiken ze dat woord weer. Het is een basale, grove vorm van schelden, maar evengoed schokkend. Het doet er niet toe hoe vaak je het hoort, het voelt altijd als zand in je ogen of een nagloeiende klap in het gezicht. 'Kutwijf.' Ik ken dat woord met zijn scherpe, staande letters. Niet alleen heb ik het eerder over mij horen zeggen, maar twee maanden na Rabs vertrek is het met schapenmerkspray ook op mijn muren gespoten.

'We hebben een besluit genomen. Het was het beste voor ons allebei,' zeg ik. En dan doe ik er het zwijgen toe. Ik staar uit het raam naar de prachtige, golvende zee. Dat is kalmerend en helpt op de een of andere manier die diepe krenking weg te spoelen. Ik zeg niet: 'Er zat niets anders op.' Soms heeft het geen zin om iets uit proberen te leggen.

Bovendien is die plek nog te rauw om al te spreken of zelfs maar na te denken over wat er al die maanden geleden is gebeurd. Cristall zegt dat ik nog aan het herstellen ben. 'Aan het herstellen van wat?' vraag ik.

'Van de schok en van een langer gebrek aan liefde.'

Diep vanbinnen weet ik dat het klopt en niet klopt. Het duurt lang voor angst gaat liggen. Sommige herinneringen veroorzaken donkere wolken die het zonlicht tegenhouden.

Soms staar ik urenlang naar de horizon met de gedachte dat alles wat ik maar nodig zou kunnen hebben, daar op me ligt te wachten.

Het is rustgevend om naar een weids uitzicht te kijken. Mijn ogen leren omhoog te gaan om de wilde vogels en de bergen te zien. Ik luister naar de prachtige, in mij na-ijlende kreten van de buizerd en arend als ze door de hoge passen zweven en hun vleugels uitslaan. Het is vreemd opbeurend om met ze mee te trekken. Ik stel me een bleek zonlicht voor dat in een koude vluchtspurt door veren stroomt. Het is geruststellend om langs de betrouwbare, solide contouren en ruige hellingen van die bergtoppen te gaan. Ik put kracht en inspiratie uit hun verweerde, onverzettelijke silhouetten. Het besef dat dit landschap me niet meer overmant komt als een schok. Het houdt me nu in zijn armen. Het geeft me kracht en de moed om weg te lopen uit sociale structuren die ik niet meer nodig heb en die mij niet meer in hun macht hebben.

Het besluit om opnieuw te beginnen is nooit eenvoudig. Maar wanneer het tijd wordt om mijn baan bij de school op te geven, weet ik dat. Ik vertrek met een gevoel van opluchting en van bitterzoete spijt. Ik zal de kinderen missen. Maar er zijn andere factoren die het makkelijk maken om weg te gaan. Een stem roept me na: 'Dus je, gaat ervandoor. Nou ja, het was een mooi baantje voor je zolang je dacht dat je nog kinderen kon krijgen.'

Ik hap niet. Ik draai me alleen maar om en glimlach. Uit ervaring weet ik wanneer ik het gevecht moet aangaan en wanneer ik gewoon weg moet lopen.

En ik mis de kinderen werkelijk. Het leven lijkt kaler zonder het dagelijkse contact met hen, zonder hun plezier. Maar het liet me ook mijn eigen hartzeer rondpompen en ik weet dat het me niet verder helpt en dat ik dat stop moet zetten. Het werkt bevrijdend om mezelf nog hechter met de croft te verbinden, met mijn geest vrij om de tocht te maken die nog voor me ligt.

Ik heb een nieuwe vriend. Hij heeft een prachtig geelbruin verenkleed en een tot een haak gekromde snavel. Ik zie hem graag terwijl ik aan het werk ben op de croft of door de heuvels loop. Het is een lust om zijn roep te horen. Ik stop, spits de oren voor de scherpte van zijn schelle gemiauw. Het is een jong nog en zijn roep verschilt behoorlijk van die van een volwassen buizerd – korter met een herhalend staccato, en niet één smachtende kreet. Het is een geluid dat door de lucht scheert en in je denken snijdt. Misschien is die scherpte kenmerkend voor een jonge vogel. Ik kijk graag naar zijn aarzelende beginnersvluchten. Ik zoek hem op en hij kijkt terug naar mij. Mettertijd landt hij lichtjes op hekpalen en gaat hij me daar nauwlettend zitten bekijken. Ik praat tegen hem en raak gewend aan zijn gezelschap. Hij blijft wild en waakzaam, maar hij begint me van dichterbij te volgen. Zijn vleugels zweven in mijn schaduw waardoor ik, als ik me omdraai, hem boven me zie of hem zie neerstrijken in een boom vlakbij. Op sommige dagen hoor ik zijn kreet wanneer ik wakker word. Dan sla ik mijn ogen met vreugde open.

Gaandeweg claimt hij de croft als zijn territorium. Ik probeer er niet over in te zitten wat dat inhoudt. Elke roofvogel die zich in een territorium vestigt, is onvermijdelijk een gevaar voor kleinere vogels en andere wegschietende, bibberende wezentjes zoals muizen en woelmuizen. Maar op een dag verschijnt hij niet en mis ik hem. Het besef dat ik onbewust in zijn ban ben geraakt, komt als een schok. De volgende keer dat ik hem zie, ben ik onthutst door een blik in zijn ogen. Hij draait met zijn kop en richt zijn blik op een kleine spreeuw op de vensterbank. Ik maak een plotse beweging om hem af te leiden en het spreeuwtje vliegt weg. En ik ben geschokt, want in zijn scherpe ogen, de wrede kromming van zijn snavel en zijn koele blik zag ik het gezicht van een roofdier. Ik mag hem nog zoveel waarnemen, hoe hij zich voedt blijft onzichtbaar voor me. Ik zie maar een deel van het dagelijks leven van deze vogel terwijl zijn heldere, scherpe ogen alles zien.

Het is een stralende dag, maar ik zit met Maude uit te rusten in mijn huis en naar de vogels te kijken die heen en weer hippen op de vensterbank. Een roos windt zich rond het kozijn. Ik heb zachte touwtjes aan de draadsteun van de prachtige klimplant vastgemaakt met simpele voerbakjes eraan. Elke ochtend vul ik ze met vet vermengd met verse bessen en zaden. Eén vogeltje is anders dan de andere. Het zit apart, lijkt schuw en niet samen met de andere te willen eten. De andere hebben het verschil door. Terwijl het rustig zaadjes aan het pikken is, duikt de vaste spreeuwenkolonie omlaag boven op het vogeltje. Ik zie hoe zich een lawaaierige schermutseling ontvouwt. De eenling probeert de andere van zich af te slaan, maar krijgt het al snel benauwd. Een paar minuten lang storten de spreeuwen zich en masse op het voer en dan zijn ze even rap als ze verschenen weer verdwenen. Pas dan keert het kleine vogeltje terug. Ik glimlach als zijn kopje omlaaggaat en weer aan de zaadjes begint te pikken.

Plotseling werpt een bekende donkere schim zich tegen het raam. Scherpe klauwen grijpen het vogeltje, snijden in zijn borst en keel. De aanval gaat zo snel dat ik aan de grond genageld sta en in geschokte stilte toekijk. Een zwak gefladder en een kort krijsen dat door merg en been gaat. Naderhand staar ik naar het lege voerbakje terwijl kleine veertjes naar de grond dwarrelen.

Die lente bedenk ik een nieuwe traditie. Ik bestempel het einde van de lammerij als het keerpunt van het jaar en markeer dat met mijn eigen ritueel. Het is een harde, magere winter geweest. Terwijl de zon hoog boven de bergen rijst, steek ik het oude dode gras aan van het hooiveld en het ruigere braakland. De dorre stengels zijn door de wind en vorst gedroogd, hebben nog amper voedingswaarde voor de paarden en schapen. Alles wat rest van de prachtige groene golvende grassen is nu uitgebleekt wit als de oude botten van het land. Hun broze stengels zijn hol, de waardevolle knoppen vol zaad al lang verwaaid.

In de oude mythen van wedergeboorte werd het dode land zo gelouterd van alles wat het uitdroogde, uitzoog. Ik smeed mijn eigen toekomst, wis jaren ontbering in het croften op deze brandstapel. Het is een windstille dag, maar als het vuur ontbrandt, schroeit de hitte mijn gezicht en armen, dus sla ik erop met natte doeken waardoor ik de knetterende randen van die gloeiende vlammen inperk. Soms moet je jezelf lossnijden van het dode gras van je afgedragen leven. Ik weet dat ik mijn eigen regels moet schrijven en overtreden. Ik kijk hoe het vuur die donkere herinneringen verzengt, tot vergetelheid verbrandt. Mijn oude leven uiteen zien vallen is wonderlijk bevrijdend en geeft me een nieuwe kijk op een aantal dingen die ik nog steeds probeer te begrijpen. Ik vraag me af wat ik nu precies in de toekomst anders zal moeten doen om me te bevrijden van de starre structuren van het eiland en mijn leven op mijn eigen voorwaarden te gaan leiden.

Maar ik mag dan nog zo vastberaden zijn om nieuw land te

ontginnen, ik heb geen idee waar ik heen ga. Soms dwingt verandering je ergens toe en komt die voor je er al helemaal klaar voor bent. Het leven is altijd een worsteling. Maar één ding weet ik zeker: steeds als je neer wordt geslagen, sta je op. Elke keer weer.

5
Zwaluw

'Ik heb je gemist,' zegt Cristall.

'Ik jou ook,' geef ik toe. 'Ik ben blij dat het lammeren weer voorbij is voor een jaar.'

We praten terwijl we werken. Op de een of andere manier gaat praten over moeilijke zaken hier in de frisse lucht makkelijker als onze vingers erwtenpeulen afknappen van uitbottende planten die zich rond wilgentenen hebben gewikkeld. Het geluid is koel, knisperend, raspend. De bedwelmende geur van gebroken lathyrus hangt in de lucht. Waar de honden rond hebben getrippeld, ruikt de aarde warm naar schaduwen, verfomfaaide oren en zachte vleugels.

'En, is het nog zo zwaar?' vraag ik rustig. Ik weet dat sommige dagen erger zijn dan andere en dat die dagen een opgave zijn voor haar. Ik probeer haar wat troost te bieden, maar kan de woorden niet vinden. Ik heb het druk gehad en het is niet makkelijk om te weten hoe ik moet helpen. En dan springen de tranen in haar ogen. 'Ach, lieve meid. Ik mis hem zo erg dat het haast is alsof het gisteren is gebeurd. En toch is het zo moeilijk om erover te praten. Het is op de een of andere manier choquerend om te vertellen hoe ik me voel.'

Het verdriet kleeft ons nog te veel aan. Het is nu twee jaar geleden dat Anthony is overleden aan alvleesklierkanker. Het was een verpletterend verlies, een leven dat in een paar weken voorbij was. Iets wat zo innig werd gevoeld, een band die zo bruut is losgescheurd dat er maar een half leven is overgebleven. Cristall vertelt me dat in de natuur het twee of drie hele jaargetijden duurt voor een groene plant een diepe snee kan genezen, nog langer als je een dikke tak of zelfs een hoofdtak snoeit. Ze vertelt me dat een inkeping tijd nodig heeft om weer te groeien en nog langer om weer uit te botten voor hij weer kan gaan bloeien. Dat de tak soms gewoon afsterft, en dat het dan slechts een kwestie van tijd is voor hij helemaal terug moet worden gesnoeid.

'Soms denk ik dat het leven in mij is afgestorven,' zegt Cristall zachtjes. 'Ik mis hem zo erg dat ik zou willen dat er een eind aan mijn leven komt zodat ik dicht bij hem kan zijn. Zodat ik bij hem kan zijn. Choqueert dat je? Dat wil ik elke dag sinds hij is overleden. Op sommige dagen gaat dat gevoel voorbij. Maar op sommige dagen blijft het. Misschien gaat het wel nooit helemaal weg. Maar ik weet dat het verkeerd is om zo te denken. Dus elke dag word ik wakker en dwing ik mezelf om op te staan, om door te gaan met het leven.'

En op mijn eigen kleine wijze denk ik het te begrijpen. Mijn eigen leed staat diep in mijn lijf geschreven, op al die nauwelijks merkbare manieren die alleen een verwante ziel terdege kan kennen. 'Geef je er niet aan over,' vertelt ze me. 'Blijf inademen en dan weer uit, teug voor teug. Houd vast aan de kleine dingen en de kleine dagelijkse gebruiken. Routine is belangrijk wanneer je alleen woont.' Ik weet wat ze bedoelt. Ik probeer bezig te blijven wanneer ik die benauwdheid me in voel snoeren als een vogel in een strik. Alsof je hoog op een koord balanceert, wachtend tot je wegglipt.

Naar buiten toe houden we allebei vol dat het goed gaat. We zetten elk een goed ingestudeerd, bijna vervolmaakt gezicht op. Zij schittert. Ik blijf op mijn hoede. Maar als je hier buiten zo dicht bij een vriend bent, dan kun je je niet verbergen. We zijn het allebei zat om moedig te zijn. 'Ik ben zo alleen dat ik mezelf soms niet ken,' beken ik. Cristall begrijpt dat het soms moeilijk voor me is om uit te leggen hoe dat voelt. Het is alsof ik op drift ben geraakt, alsof ik verdwaald ben of alleen ben achtergelaten in het donker. Op sommige dagen kan ik me niet verroeren. De last in mijn hart is te zwaar.

We werken door in aangename stilte. Een gedeeld alleen-zijn komt voort uit een lange vriendschap vol vertrouwen. Wanneer ze daarna spreekt, is haar stem even licht als de zang van een vogel. 'In het leven draait het om een slipstream vinden, een veilige doortocht. Als je dat lukt, zal alles langzaam weer in evenwicht komen.' Onze gesprekken gaan vaak zo. De afgelopen zware jaren teruggebracht tot maar een paar woorden. 'En je weet dat je mij altijd hebt.' Ze strekt haar handen uit en pakt teder de mijne vast.

'Beloof me dat je niet bij me weggaat,' zegt ze rustig. 'Mijn familie is in de geest heel nabij, maar heel ver weg. Wat wij samen hebben, is een bijzondere band. Beloof me dat als er iets gebeurt met een van ons tweeën of met ons allebei, dat we dan samen dit eiland verlaten. Ik zou het niet aankunnen om zonder jou hier te blijven of weg te gaan. Ik wil niet alleen zijn.'

'Ik ga overal heen waar jij heen gaat,' zeg ik ernstig.

'En beloof me dat als, wat God verhoede, mij iets overkomt, jij voor Isla zult zorgen waar we dan ook zitten. Ze kent je en is dol op je. Ik zou me beter voelen als ik wist dat ze bij jou kon blijven.'

Ik knik ja. 'Dat zweer ik.' Ze knijpt even in mijn hand.

'Ik kan me mijn leven niet voorstellen zonder jou,' zeg ik haar. En dan haal ik diep adem en zeg ik het nog eens, maar deze keer kijk ik haar recht in de ogen. Het is belangrijk om dit te doen. Er zijn zo weinig momenten in het leven dat je echt zegt wat je bedoelt. We slaan onze armen strak om elkaar heen. Ik wil dit ogenblik vasthouden. Ik ben zo blij dat het bijna zeer doet.

Dan zitten we te lachen met de wind die ons in de rug waait en Cristalls hond die extatisch om ons heen springt. Het is een opluchting wanneer je over wezenlijke, serieuze zaken hebt zitten praten, om hard te lachen. Om de opgetogenheid te voelen van die rennende, rondjes wervelende poten, de teruggevouwen oren en hijgende ademhaling. Om dat wilde, blije zelf tot leven te voelen komen. En plotseling is het makkelijker om adem te halen omdat het leven mooi en eenvoudig is.

De volgende ochtend vroeg ben ik in de tuin. Cristall rijdt langs op weg naar het veer. Ze zwaait uit het raampje van haar gedeukte Peugeot. 'Toettoet!' roept ze. Ik glimlach en zwaai terug. Ik kijk haar na en dan denk ik: ik wilde dat ik haar had gezegd dat ik van haar hou, dat zij als mijn gezin is. Zo is het in mijn hart, maar ik wilde dat ik het hardop had gezegd.

'Ik hou van jc,' rocp ik haar na. Ik roep het nog eens, harder nu. 'Ik hou van je!'

Maar ze is al verdwenen.

Later, 's middags, ga ik zelf de boot halen. Het is mijn eerste tripje naar het vasteland in maanden. Ik heb met Cristall voor de thee afgesproken in het hotelletje boven aan het dok met uitzicht op de zee en het eiland. Ze is wezen lunchen bij haar broer en schoonzus die op een ander eiland verder langs de kust naar het zuiden wonen op een uur rijden. Terwijl de veerboot voorttuft over het water, laat ik mijn hoofd tegen het raam rusten. Het van de zee weerkaatsende zonlicht doet mijn ogen knipperen. Het is een prachtige middag en een snelle oversteek vandaag. De zee stroomt hard bij het keren van de vloed. De zeehonden liggen languit in de zon op de rotsen met hun natte golvende, glinsterende vachten. Strandlopers en wulpen lopen al door de bovenste ondieptes te waden. Scherpe snavels prikken in de eerste lage poelen die het tij heeft achtergelaten.

Aan de overkant ligt het eiland in zijn woeste getijdenkanaal. Het is stralend groen in het felle zonlicht, een klein sieraad van de Hebriden. En plotseling voel ik iets vreemds in mij flikkeren. Alsof mijn hart glimlacht. Ik kijk op naar de zwaluwen die boven mij omhoog stijgen en omlaag duikelen. En ik bedenk dat er een nieuw jaargetijde zit aan te komen en dat misschien het leven voor mij ook aan het veranderen is. Even vraag ik me af of dit nu geluk is. Het is zo lang geleden dat ik gelukkig ben geweest dat ik het niet zeker weet. Maar het is een ander gevoel, en dat is genoeg. Ik ben er dankbaar voor.

Ik herinner me de met Cristall gedeelde gelofte. Die verbindt me op de een of andere manier op nieuwe wijze met het landschap, alsof ik hier nauwe verwanten heb en weet dat ik hier thuishoor. Ik voel me hier geworteld door de kracht van die band. Terwijl ik het zonlicht inadem, is het alsof de zomer vanachter de bergen is komen aansnellen en al het grijs uit de wereld heeft verjaagd. Ik glimlach bij de herinnering aan hoe ze me groette terwijl ze vanochtend heel vroeg langsreed in haar blauwe auto. En dan denk ik aan al die manieren waarop ze voor mij belangrijk is. We hebben zo goed op elkaar gelet dat we onbreekbare banden hebben geweven.

Wanneer ik van de boot stap, glimlach ik naar de veerman. Ik loop naar het hotelletje boven aan het dok. De pier is nog altijd in gebruik en de vissersboten meren al aan. Manden verse langoustine, krab en vis worden uitgeladen en ingepakt. Het is zo'n verschil met mijn Londense leventje. Eenvoud kenmerkt elke dag en toch is het op velerlei wijze drukker en voller dan ik me kan herinneren van al die jaren in de stad. Ik ga het café-restaurant binnen. Het is een feest om aan een tafel te zitten en een vers gezette koffie te bestellen. Vreemd wat een genot zulke kleine dingen kunnen zijn.

Een uur later sta ik bij het hotelraam te kijken hoe de zon achter de wolken wegzakt. Ik staar naar buiten door het raam. Scholeksters gaan hoog stappend door het lage tij, de snavels omlaag gestoken, de feloranje ogen priemen in de natte geulen en laagwaterpoelen. Poederwitte meeuwen scheren door de heldere lucht, hun schrille kreten scheuren door de hoge regionen. Ik knipper met mijn ogen en probeer het me niet te laten duizelen en alles in me op te nemen waar Cristall zoveel van houdt.

Ze is er nog niet omdat er een ongeluk is gebeurd, een botsing met twee auto's, en de weg is tijdelijk afgesloten. En dan wenkt de receptionist me met de hoorn van de telefoon in de hand. Ik luister vol ongeloof terwijl ze me vertelt: 'Een arts wil u spreken. Uw vriendin Cristall zit in een van de auto's.'

En plotseling snellen mijn voeten over de vloer en klopt mijn hart zo snel dat het lijkt alsof ik zweef.

'Hoe is het met haar?' vraag ik meteen. 'Is ze gewond?' Mijn stem klinkt scherp, ongerust.

'Maakt u zich maar geen zorgen. Het gaat goed. Alles komt goed.'

Ik slaak een enorme zucht van opluchting. De arts wil het telefoonnummer van haar dochter die in het zuiden woont – de anderen wonen in Nieuw-Zeeland – en ik kan mezelf wel voor mijn kop slaan dat ik het niet bij me heb omdat ik mijn telefoon thuis heb laten liggen. Maar ik ben blij en geroerd dat hij eraan denkt om haar te bellen zodat ze zo snel mogelijk kan komen. 'Dat is heel aardig van u, en dat heeft ze ook nodig,' zeg ik. 'Iemand die mij helpt om voor haar te zorgen.' En ik denk: Cristalls dochter zal haar ook willen bezoeken als ze naar het ziekenhuis moet. Ik geef hem het nummer van iemand op het eiland van wie ik denk dat ze kan helpen, en dan zeg ik het hem nog eens: 'Oké, ik kom eraan, over tien minuten ben ik er,' omdat ik weet dat het wel even duurt voor haar dochter er is. En ik weet dat Cristall mij bij zich zal willen hebben.

Het klinkt alsof hij wordt afgeleid. 'Nee, blijft u maar waar u bent,' zegt hij beslist. 'Er staat een lange file, en daar komt u niet langs. Het is allemaal afgezet door de politie en die kent u niet.'

'Maar ze is wel in orde?' Ongerust dring ik nog eens aan.

'Ja hoor. Blijft u waar u bent, dan kan ik u daar terugbellen. Geloof me, het komt allemaal goed.' En dan is het plotseling stil op de lijn, tot hij gehaast zegt: 'Sorry, maar ik moet nu ophangen.' En dan klinkt er een ononderbroken toon. Hij heeft opgehangen. Pas wanneer ik terug naar mijn tafeltje loop en ga zitten, denk ik: waarom wil hij zelf haar dochter spreken als we ons geen zorgen hoeven te maken?

Ik bel een taxi en ga direct naar haar toe, besluit ik, zodra hij belt. Maar de telefoon gaat niet over. Ik raak meer en meer gefrustreerd terwijl de minuten wegtikken. Ik weet dat ik daar moet blijven zitten, maar ik snak ernaar om in beweging te komen. De arts heeft niet gezegd of ze gewond is. Ik probeer die gedachte te verdringen, maar die laat zich niet wegdrukken. Ik realiseer me dat ze bepaalde spullen nodig zal hebben, dus probeer ik mezelf af te leiden met het maken van een lijstje.

Een uur later gaat de telefoon weer over en heb ik een ambulancebroeder aan de lijn. Zijn stem klinkt kalm, zacht, weloverwogen en professioneel, waardoor ik weet dat dit ernstiger is dan ik me had durven voorstellen.

'Wat is er gebeurd?' vraag ik terwijl het me koud om het hart slaat. En plotseling ben ik bang.

Hij vertelt me voorzichtig dat het een frontale botsing was. Dat Cristall nog bij is, maar dat ze bekneld zit in de auto en dat ze niet bij haar kunnen komen. 'Het is een ravage. De brandweer is het dak van de auto los aan het snijden,' stelt hij me gerust. 'Dat is de enige weg waarlangs ze haar los kunnen krijgen. De auto is echt total loss.'

Als hij dat zegt weet ik dat Cristall wil dat ik daarheen kom. Omdat ik weet dat ze bang zal zijn, in haar eentje bekneld in haar in elkaar gedeukte auto. Dat weet ik zo zeker dat het mijn keel dichtknijpt. En op dat moment zie ik alleen nog maar haar prachtige hemelblauwe ogen. Ik pak mijn tas al om te gaan en dat weet hij. Hij is ervoor opgeleid om dat te weten. 'Blijf alsjeblieft waar je bent,' zegt hij tegen me. 'We doen wat we kunnen voor haar.'

Als hij al lang heeft opgehangen, zie ik dat ik de hoorn nog krampachtig met wit weggetrokken knokkels vasthoud, alsof het ding een reddingsboei is. Ik klamp me vast aan elk woord dat hij me heeft gezegd.

Ik voel me zo hulpeloos.

Ik staar uit het raam naar de meeuwen die samendrommen rond de vissersboten op zee en zou willen dat ik een vogel was, dat ik met mijn vleugels wijd snel door die open lucht zou kunnen vliegen. Ik reken snel uit hoeveel tijd het me kost om bij het ziekenhuis te komen. Terwijl mijn ogen de veerboot in de verte zien verdwijnen en lage wolken over het water jagen, zakt de zon weg achter de bergen. Thuis is er nog, maar ligt nu plotseling in de schaduw.

Ik wacht. Ik verroer me niet. Ik blijf zitten waar ik zit omdat ze me zeggen dat ik dat moet doen. Ik luister. Ik vertrouw. Het is goed, alles komt goed, blijf ik me steeds maar weer voorhouden. Alsof je door herhaling iets waar kunt laten zijn. Het zal jaren duren voor ik begrijp waarom ik daar ben gebleven terwijl ik bij haar had moeten zijn, en nog langer om mezelf te vergeven. Ik kan niet terugkeren op de schreden die ik niet heb gezet.

Autoriteit kan je minder moedig maken. Vertrouwen is een verfijnd, riskant iets. Je draagt je stem over, kluistert je instinct. Dat misselijkmakende besef overspoelt me ineens. Ik haal het niet tot buiten. Ik ren naar het damestoilet en dan ben ik niet meer zeker van hoe het gaat, want de tijd lost op. Het enige wat ik me herinner is die harde vloer en mijn vingers die zich wit vastklampen aan de rand van de wasbak.

Ik sta wat rillerig weer bij de receptiebalie. De bar is leeg. Er is niemand te bekennen. Ik loop langs de bar het kleine restaurant in. Een serveerster is servetten aan het vouwen.

'Heb je nog nieuws? Hoe is het gegaan?' vraag ik haar bezorgd.

Ze kijkt me niet-begrijpend aan.

'Van het auto-ongeluk.'

Haar ogen worden groter als ze het begrijpt. Ze legt het servet dat ze aan het vouwen is voorzichtig neer. En dan vouwt ze haar handen.

'Het spijt me, maar ze heeft het niet gered.'

Ik zie haar lippen bewegen en hoor het geluid van haar stem, maar ik word geen wijs uit haar woorden. Ik sta daar verloren in de verblindende zon te staren.

'Nee, dat kan niet waar zijn. De arts zei dat het goed met haar ging. Dat heeft hij me zelf gezegd.' Maar plotseling slaat de paniek toe. 'Vertel me alsjeblieft wat er gebeurd is. Ik moet het weten,' dring ik aan. 'We zijn heel close.'

Ze schudt heel langzaam haar hoofd. 'Het is echt zo,' zegt ze, 'de oude mevrouw is overleden. Het is heel triest.' Ik staar haar geslagen aan. En dan komt dat verschrikkelijke moment dat het besef inslaat dat de wereld niet meer hetzelfde is. En dat die dat nooit meer zal worden.

Achter de serveerster voorbij het grote raam buitelen, duikelen, scheren de zwaluwen. Maar die lichtblauwe lucht doet nu pijn aan mijn ogen. Ik ben de weg kwijt, mijn hart zoekt naar dat leven waar ik van houd, raast door een hemel die blauwe zwaluwen regent, wit zonlicht, stromende lucht.

Wanhopig speur ik haar gezicht af, maar zij kijkt omlaag naar haar handen, zucht zachtjes en hervat dan het vouwen van de linnen servetten. Ze heet Ana en ze komt uit Roemenië. Ik ken haar oppervlakkig, zoals mensen elkaar herkennen maar weinig afweten van elkaars leven.

De ruimte vernauwt zich. Ik sta daar maar naar adem te happen. Leven door de dood te weven. Stilte tot geluid. Vleugels van zwaluwen en een blauwe lucht. In een poging het verdraagbaar, begrijpbaar te maken. Dit is een van die scharniermomenten waarvan je weet dat het altijd pijn blijft doen. Een van die rampen waarvan je weet dat je die misschien wel nooit zult begrijpen.

Wat is een leven? En waar gaat het heen wanneer het zo schokkend abrupt voorbij is? Ik knijp mijn ogen dicht. Steeds als ik ze weer open, doet het pijn om terug in de wereld te zijn. Ik zie in die blauwe lucht een wrede tegenstrijdigheid, dat iets zo prachtigs getuige kan zijn van zoiets verschrikkelijks.

'Alsjeblieft,' fluister ik. Het is niet een vraag, meer een hulpkreet. Terwijl Ana tegen me begint te praten, vullen ontstellende beelden de gaten in mijn bewustzijn. Ik kan de brandende banden ruiken, de donkere remsporen op geblakerd asfalt die een gat in mijn geest snijden. Een gebroken vangrail, metaal dat in platen over de weg schiet en twee auto's die schots en scheef zijn achtergelaten, als aan de kant gegooid speelgoed. Eentje ligt ondersteboven, als een gebroken bot dat door gescheurde, gebarsten huid steekt, de andere is in elkaar gestouwd tegen een boom. En dan zijn er de gekreukte lijven, over een stuur gezakte schimmen. Plotseling doet het pijn om adem te halen. Sommige dingen zijn te erg om je voor te stellen.

Ik knipper met mijn ogen, staar uit het raam. Ik weet dat Cristall daar ergens is. Het enige wat ons scheidt, is glas. Ik voel haar. Ik voel haar zo dichtbij dat ik haar adem bespeur. Ze zit in de vleugels van de zwaluwen, slaat haar armen om de lucht. Ik kan haar stem horen, het hemelblauw van haar ogen zien, haar lach voelen schallen.

Het enige wat ik kan doen is mijn ogen open- en dichtdoen. Ik kan niet huilen. 'Blijf bij me,' fluister ik. 'Ga alsjeblieft niet weg.'

Ik voel haar in de blikkeringen op het raam, kleine stukjes regenboog. Een leven dat zijn laatste prachtige zucht uitblaast. Dus raak ik dat licht aan, leg ik mijn hand erop, alsof ik het voor altijd zou kunnen vasthouden, maar als ik mijn hand eraf haal, is het weg.

Ik keer me tot Ana. Mijn ogen hechten zich aan haar gezicht. 'Help me alsjeblieft,' fluister ik.

Onze blikken treffen elkaar. We vinden mijn naakte kwetsbaarheid allebei pijnlijk. Ze heeft bruine ogen. Gouden ringen rond de iris. Ze kijken me een lang ogenblik aan, lang genoeg om te weten dat een van ons beiden op den duur bewust de blik zal moeten afwenden. Ik tuur over de afstand tussen ons heen, met smekende ogen. 'Zie jij wat ik zie? Kun je voelen wat ik voel?' Zij is degene die de blik afwendt. We staan zo dicht bij elkaar dat ik haar hartslag zie kloppen in de zachte holte bij haar keel. Ik denk: iemand heeft haar daar vast een zoen gegeven.

We bespeuren allebei de behoefte en vertwijfeling van de ander. Waarom kunnen we elkaars pijn niet voelen? Waarom kunnen we niet, tenzij wij van haar houden, wanneer iemand doodgaat ook maar een fractie van dat verdriet voelen? Komt het doordat het te veel is, ons brein te klein en ons hart te broos, om meer pijn aan te kunnen dan die van onszelf?

Ana schudt het hoofd. Ze zucht, afgeleid. Dan werpt ze een blik op haar horloge. 'Het was een erge klap. De weg blijft nog uren afgesloten.' Ze heeft een prachtige stem. Ze kijkt me strak aan en zit dan aan een ring rond haar vinger. Een lang ogenblik kijken we allebei naar haar handen. Dan haalt ze nuchter de schouders op. 'Het spijt me. Ik dacht dat je het al wist.'

Op dit soort momenten heb je iemand, iets nodig om je aan vast te houden. Maar er is niemand. Dus blijft je hart erachteraan ijlen, achter wat je hebt verloren aan, alsof de liefde alleen, en een stem die keer op keer een naam roept, in staat zijn het terug te brengen. En dus fluister ik: 'Toe. Ga niet weg. Blijf bij me.'

Ana geeft me een glas water. Mijn hand trilt. Ik mors bijna alles, dus zet ik het neer.

'Sorry,' zegt ze. 'Maar je kunt hier niet staan. De keuken gaat zo open.'

Ze strekt onzeker haar arm uit om haar hand op mijn schouder te leggen. Hij voelt klein en niet vertrouwd. Instinctief pakt ze niet mijn hand, dus fladdert hij daar halfdood tussen ons. Ik heb met haar te doen en met mijzelf. Twee vreemdelingen die kortstondig door een lukrake tragedie tot iets innigs worden gedwongen.

'Het spijt me,' zegt ze rustig. 'Het spijt me echt.'

Ik zit op de veerboot te wachten. De schipper is vroeg. Hij komt naast me zitten, maar kijkt me niet aan. Het is vreemd genoeg een troost om daar in stilte te zitten en gewoon een ander lichaam naast je te voelen. Hij staart uit over zee. Dan zegt hij: 'Aye, het is een schok, dat nieuws.'

Ik weet dat hij weet dat ik het weet. Een poosje kijken we allebei naar de meeuwen. En opnieuw geven die vogels me de innerlijke kracht om iets te vragen: 'Wil je me alsjeblieft alles vertellen wat je weet.' Ik snak ernaar de gaten op te vullen, ook al schreeuwt elke cel in mijn lichaam dat dit niet echt is, niet waar kan zijn. Moed puttend uit het landschap maak ik me op om te luisteren, met mijn blik gericht op het water terwijl een uitzonderlijke zonsondergang de hemel laat stralen. En dat licht is zo subliem dat ik er dankbaar voor ben. Ook al is het verblindend, ik knipper niet met mijn ogen terwijl ik hoor van het kleine wonder dat Cristall de klap heeft overleefd, bij bewustzijn is geweest en haar naam heeft kunnen fluisteren. Pas toen ze haar losneden en haar eruit tilden, begon haar lichaam het te begeven; het metaal had haar bij elkaar gehouden, waardoor ze kon blijven ademhalen. Dat ze in de helikopter op weg naar de spoedeisende hulp in Glasgow is overleden, daarboven bij de zwaluwen in die prachtige lege blauwe lucht.

Ik rij over het eiland maar kan door mijn tranen heen de weg niet zien. Ik parkeer de oude pick-uptruck op het erf en laat hem daar staan met de sleutels nog in het contact. Ik loop traag wankelend over het erf. Shock put je plotseling uit na de adrenalineroes.

Mijn huis is leeg maar mijn handen blijven zich uitstrekken om iemand, iets vast te houden. Ik hurk neer en pak de zachte groene bladeren, stengels, bloemen, planten vast. En dan zit ik op mijn knieën aan het gras te plukken. Ik ruk enorme kluiten los en houd ze omhoog naar de hemel. Ik hef mijn hoofd op en schreeuw het uit, mijn stem lost op in het blauw terwijl ik haar naam uitroep. Ik zit zo hard te snikken dat ik mijn stem niet herken. Vanbinnen voel ik me hol terwijl mijn pijn uit het donkere, schorre gat van mijn mond raast. Er komen geen woorden, maar als die er nog zijn dan wil ik dat het haar woorden zijn, niet die van mij. Ik weet dat ze nog ergens dichtbij is. En dus sla ik een deken om me heen en zit ik daar onder de donkerende lucht. Ik luister en huil tot ik in slaap val met mijn natte wang op het gras. Uren later heb ik geen stem meer. En dan ben ik stil. Mijn stem is stof geworden.

’s Ochtends word ik stijf en koud wakker. Het is een prachtige dag. Wanneer ik naar binnen ga en mijn gezicht was, herken ik het hologige beeld in de spiegel niet. Ik ben een spookverschijning met langs het voorhoofd plukken haar die nu wit zijn. Later ontdek ik bij nader onderzoek in medische boeken dat dit kan optreden bij extreme gevallen van acute stress.

Op die dag komt Isla bij mij in huis. Ik nestel me met haar op de vloer, druk mijn neus tegen haar zachte oren en adem de geur van wind op die in haar vacht hangt. Ze zucht en likt mijn wangen. Haar staart slaat op de vloer – ze is klaar om naar huis te gaan. Later neem ik haar mee daarheen. Ik moet Cristalls paspoort vinden, haar papieren, al die draadjes van een leven. De familie heeft ze nodig voor de officier van justitie. Het is te zwaar om alleen te gaan. Dus gaan we samen, Isla en ik. Om afscheid te nemen.

Ik begin te huilen als we er aankomen en kan niet meer ophouden. Ik zet de motor uit en klamp me vast aan het stuur. Isla geeft me een lik over mijn wang, nestelt zich dan diep in de stoel en weigert nog van haar plaats te komen. Ik weet dat zij het weet. Het is moeilijk voor ons allebei. Uiteindelijk lijn ik haar aan. Ik open het hek en we lopen langzaam het huis binnen. Alsof we een andere wereld binnengaan. Een wereld die gisteren bestond. Een wereld die nu verdwenen is.

Alles is nog zoals Cristall het heeft achtergelaten: een half leeggedronken kopje koffie, een trui die over de rug van een leuning is gehangen. Deze ruimte is zo stil, al het leven is eraan ontfutseld. We zitten urenlang binnen. Voelen de zwaarte van het meubilair zonder de hand die ze verplaatst en tot leven brengt.

Het valt zwaar om naar de papieren te zoeken. Ik wil geen lades of verborgen ruimtes openen. Die horen bij een leven dat niet van mij is. Pas wanneer we ons opmaken om te vertrekken zie ik een zwaluw aan de binnenkant van het raam naar ons zitten kijken. Ik kan er niet bij hoe die binnen is gekomen, want de deuren en ramen zitten allemaal dicht. Maar het doet goed om dit kleine leventje bij ons te hebben in de afwezigheid van het andere. Het vogeltje hipt op de koude kachel en kijkt me recht aan met onderzoekende kraaloogjes. Het opent zijn snavel alsof het iets te zeggen heeft, maar er komt geen geluid uit. Langzaam open ik de glazen deuren. Het kijkt weer naar me en dan vliegt het weg. Wanneer ze het ziet gaan, komt Isla overeind. Ze loopt naar de wagen en kijkt niet meer om. Dat is het moment dat ik weet dat Cristall dood is. Dat dit geen thuis meer is.

De familie arriveert. We rouwen gezamenlijk en alleen. We begraven Cristall niet maar verstrooien haar as zoals ze heeft gevraagd, geven haar terug aan de wind, bergen en lucht.

Haar as is zacht en fijn. Ik probeer geen adem te halen: ik wil dat ze vrij is op de wind en niet vastzit in het harde verdriet in mijn longen. Ik steek mijn vingers er langzaam in en pak een handjevol. Het blijft aan mijn vingers zitten en plakt, waardoor het moeilijk is om het te laten gaan. Het voelt vreemd om haar in mijn hand te houden – een zo geliefd leven waar nu niets van rest dan een grijs, zacht poeder. Het schallen van haar lach, het helblauwe kleurenspel van haar heldere ogen. Dit zijn haar gedachten. Haar hart en zang. Ik loop met haar rond en neem haar mee mijn tuin in, en naar alle lievelingsplekjes op het eiland waar ze zoveel van hield.

Er is een stiekem stuk van mij dat een beetje van haar in mijn zak wil houden. Om weer bij me te zitten naast de haard. Om mee kaart te spelen, te schaken, te koken, te tuinieren, te praten, wijn te drinken. Maar dat doe ik niet, want ik weet waar ze het allerliefst zou willen zijn. Samen zeggen we elkaar zachtjes vaarwel, Isla, Cristall en ik. Ik graaf geen gat – het is te donker en de grond te vochtig. In plaats daarvan strijk ik een handvol van haar as voorzichtig over de bomen en planten die we ooit samen hebben geplant, jaren eerder, als kleine scheuten en zaadjes. Elk blad, elke plant, elke plek is een herinnering. De rest verstrooi ik op de wind.

Als haar huis is leeggehaald, vul ik het mijne met haar bezittingen, omring ik me met alle spullen waarvan zij hield. Alle rommel, overblijfselen, bric-à-brac. Meubels, boeken, tupperwaredoosjes, peper-en-zoutpotten. Schilderijen van haar muren. Ik kan amper een vin verroeren door al deze fysieke familiaire overblijfselen, mijn huis en ik doortrokken van verdriet. Anderen vinden het vreemd, maar ik moet haar dicht bij me houden in deze spullen. Hoe we verdriet ondergaan is uniek en uiterst persoonlijk. Soms denk ik dat ik haar hoor in een andere kamer, maar als ik ga kijken, is de kamer leeg. Ze is er, maar altijd net uit zicht.

Je komt niet over de dood heen. Die wordt simpelweg een intrinsiek deel van je eigen weefsel. Elke keer dat ik de kleverige knoppen van de balsempopulier ruik, gaat mijn hart zingen en rouwen. En ik houd halt. Ik kijk of ik zwaluwen zie. Ik keer mijn gezicht de wind in. Ik spreek haar naam uit in mijn hart. En langzamerhand doet het niet meer pijn om adem te halen, en ben ik in staat om over haar te praten.

Het duurt bijna zeven jaar voor ik er enigszins vrede mee heb. Ik spreek af voor koffie met een brandweerman, iemand uit de omgeving, die me vertelt dat hij als eerste ter plaatse was bij het ongeluk. Die haar als eerste daar vond. Hij weet nog dat toen hij bij haar neerknielde, ze langzaam haar ogen opende. Dat het zo'n mirakel was. Het wonder van het leven. Hij vertelt me dat dit beeld hem nu nog even levendig voor ogen staat als op die dag. Dat ze haar naam nog kon fluisteren. Dat ze glimlachte, een verschrikkelijke flikkering die over haar gezicht trok, terwijl ze vocht om bij te blijven, in leven te blijven.

Naar zijn woorden luisteren is niet makkelijk. Naderhand vinden ze mij, ook wanneer ik niet naar ze zoek. Het is heel moeilijk wanneer je niet de kans krijgt vaarwel te zeggen. Een deel van je blijft daardoor op drift. Je moet die afscheidswoorden alleen vinden in stilte in je hart.

Ik ben hier. Ik ben daar. Ik wil het weten. Ik wil alles en alles en alles hiervan weten en waarom het ooit is gebeurd. En waarom zoiets als dit ooit gebeurt. Zijn vriendelijke stem en de pijn die ik in zijn ogen zie terwijl hij alles vertelt wat hij zich kan herinneren, maken mij heel blij dat hij er voor haar was. Het troost me dat ze is gestorven met vriendelijkheid en liefde om zich heen. Het geeft me een gevoel van voleindiging waar ik al die jaren naar op zoek ben geweest. Het helpt me begrijpen dat de liefde die je voor iemand hebt gekoesterd, je nooit zal verlaten.

6
Ram

Ik sta pas vlak voor middernacht klaar bij de deur. Wanneer ik een blik op de klok werp, laten mijn zenuwenvingers de spullen vallen die ik bijeen heb geraapt: touwen, gereedschap, een fullsize lijkenzak, handschoenen en een hoofdlamp. Sommige klusjes kun je beter stilletjes 's nachts doen. Als de deur achter me dichtklikt, jankt Maude zachtjes, maar ik verhard me, ook al krimpt mijn hart ineen bij de gedachte aan wat er op me ligt te wachten tot ik het opgraaf. Een grillig filmpje zweet prikt op mijn achterhoofd en nek. Al mijn angsten en twijfels tuimelen door elkaar terwijl mijn hersenen wanhopig naar een andere mogelijkheid zoeken, maar mijn instinct dringt aan: 'Het is nu of nooit.'

Ik klik de hoofdlamp aan, die met een zwakke, flikkerende lichtstraal het donker in schijnt, pak dan de schop op en begin snel de velden over te lopen. Ik had dit niet zo gepland, maar ik durf niet terug te komen op mijn pas ontstane vastberadenheid. Vannacht is het Hallowe'en en ik laat mijn eigen dode verrijzen. Ik ga mijn geliefde ram opgraven, die ik zes weken geleden heb begraven, en dan rij ik met hem de eerste boot op naar het mortuarium in Oban, en vandaar naar de veterinair patholoog in Glasgow om erachter te komen waaraan hij is doodgegaan.

Het is lastig om snel te lopen als je met een onhandige uitrusting loopt. Ik steek de croft over en laat de schop vallen, zijn stalen randen kletteren tegen een rots. Het is ontstellend hoe ver dat geluid draagt. Een uil krijst en zweeft dan stil voor me uit op zijn vleugels die links, rechts kantelen richting het graf. Het is een prachtige nacht met een laaghangend wolkendek en lichtflikkeringen die over zee scheren waar de wind moet zijn opgestoken. Het gloeit al heel zwak achter de bergen. Als de maansikkel opkomt, gaan deze velden glanzen met een kristallen, zilveren licht. En dan kan ik me nergens meer verbergen.

Denken aan hem blootleggen vervult me met weerzin, maar elke keer dat ik denk: laat het nu maar zitten, siddert mijn instinct. Het is een verschrikkelijk gevoel wanneer je niet zeker weet of iets wat is gebeurd, gewoon een ongelukkig voorval of een natuurlijk verschijnsel is, of dat er – mijn donkerbruine vermoeden – sprake is van mogelijk onrecht of een wederrechtelijke handeling. Ik wil het weten, maar ik sta in dubio. Ik weifel om te gaan graven terwijl ik worstel met een steeds sterker crisisgevoel. De tijd dringt: elke minuut dat mijn ram onder de grond ligt en het natuurlijke proces van ontbinding doorgaat, maakt de uitslag van elk wetenschappelijk onderzoek lastiger te interpreteren. Uiteindelijk heb ik mijn besluit genomen en ik ben merkwaardig opgelucht als de schop voor het eerst vochtig de veengrond in snijdt. Met elke bons aarde schraap ik me dichter bij het graf.

Voor hij doodging verkeerde mijn ram in blakende gezondheid, nog piekfijn en prachtig na de winst van een handvol wapperende rozetten en prijzen op de eilandshow, waaronder de begeerde zilveren beker voor 'Kampioen volbloed schaap'. Zijn succes volgde op weer een veiling waar mijn lammeren hoge prijzen hadden gehaald in de verkoop en eervolle vermeldingen hadden gekregen te midden van de 10 000 stuks vee die op die dag op de markten stonden. Op het eiland zijn ze meer bestemd voor de fok dan voor de slacht. Maar toen de lammeren werden verkocht, werd ik bespot en gedwarsboomd door boeren uit de buurt die me aan het twijfelen brachten over de kwaliteit van de lammeren en of ik wel in staat was schapen te houden. Ik was niet van plan geweest om de commerciële lammerij voort te zetten, maar had het idee dat ik geen kant op kon en er wel mee door moest gaan. Als ik mijn schapen opgeef, raak ik straks de croft kwijt, ben ik bang. En praatjes stoken dat vuur verder op: een croft moet onderhouden worden. Zijn gras schreeuwt om eigen dieren. Wanneer een stuk grond zo begeerd wordt en zijn geschiedenis nog zo leeft en gonst van oude geschillen en grieven die van voor onze komst zijn, dan weet ik dat ik moet zorgen dat elk grashalmpje wordt afgegraasd. De lammeren van dit jaar zijn de eerste nakomelingen van de enorme stamlijn van mijn ram. Dat maakt het bijzonder de moeite waard, aangezien ik alles wat ik had in deze gedurfde onderneming had gestopt. Het zijn de mooiste die ik ooit heb gefokt, met zijn prachtige bouw en sterke, nobele kop.

De laatste keer dat ik hem bij leven heb gezien, stond hij rustig uit een emmer te eten. Daarna mekkerde hij tegen me terwijl hij met zijn prachtige grote voorhoofd tegen mijn benen wreef. Het was een volslagen schok om hem de volgende ochtend dood aan te treffen. Ik staarde ontzet naar zijn levenloze lijf. Het was hartverscheurend om te zien dat zijn ogen dof waren geworden, niet meer bewogen. Ik probeerde ze voorzichtig te sluiten. Terwijl ik mijn armen om hem heen sloeg, sprongen de tranen in mijn eigen ogen. Maar zelfs in mijn ontreddering verbaasde ik me over waar ik hem had gevonden: in een ondiepe greppel met de kop voorover, uit zicht – een smalle plek tegen een hek precies achter zijn met vers stro bedekte stalruimte. Dat vond ik vreemd, want 's nachts sliep hij altijd binnen met zoet zomerhooi en een emmer schoon water, beschut tegen weer en wind. Het deed me pijn zijn mooie kop besmeurd in de modder te zien liggen, dus waste ik zijn gezicht schoon. Naderhand heb ik een gat gegraven, er vers stro in gelegd en hem begraven. Het kwam niet bij me op hem niet te begraven. En ik heb niemand van zijn dood verteld. Je denkt niet helder als je in shock bent.

Alle strijdlust was in één keer uit me geslagen die dag. Nadat ik hem met aarde had bedekt, die zachtjes had aangestampt en de zoden weer over het graf had geschikt, heb ik me in dekens gewikkeld en de nacht daar op de heuvel uitgezeten. Ik ben de hele tijd wakker gebleven, omhoog starend tot de hemel lichter werd. Al was de lucht helder, de sterren onderscheiden was lastig. Al vanaf Cristalls overlijden had ik ernaar gesnakt die harde lichtblinkingen te zien. Ik bleef zoeken, maar die nacht was het duister ondoordringbaar.

Op de dag van de show was het betrokken geweest voor het begon te regenen. Kijkend hoe mijn ram daar stond met gespitste oren, gedrongen gespierd na nauwgezette voeding, zwol ik van trots. Hij was stevig met zijn tachtig kilo, raszuiver in elke gram, en ik raakte zenuwachtig en opgetogen toen ik me realiseerde dat we een kans maakten. Eindelijk was het dan zover, dacht ik, dat de boerengemeenschap en ik saamhorig en solidair de handen ineen konden slaan. Ik was vastbesloten en vol hoop dat ik dat zou doen zonder mijn eigen stem te laten wegdrukken. Tijd om te laten zien wat voor vlees ze in de kuip hebben, besloot ik, terwijl ik zijn pasgeschoren vacht gladstreek met een zachte doek. Het was opwindend om klaar te zijn voor deze uitdaging. In het begin was de sfeer vrolijk, maar zoals te verwachten viel werd het gestaag minder, hoe leger de flessen drank raakten en hoe harder hoeven en laarzen modder rondspatten. De stemming begon om te slaan en ik begon me ongemakkelijk te voelen. In de ring werd mijn 'huisram' bespot en ik uitgelachen omdat ik hem had ingeschreven. Een vrouw die de score hielp bijhouden, weigerde me succes te wensen. 'Je hebt hier helemaal niets te zoeken,' zei ze.

'Maar ik ben uitgenodigd.'

Ze keek me woest aan. 'Je had niet moeten komen. Dit is mannenwerk. De ring is geen plek voor een vrouw.'

Ik liep door. Er was geen tijd om neerslachtig te worden en ik had dit al zien aankomen. 'Dit gaat ons lukken, jou en mij,' zei ik kalm tegen mijn ram. Ik had veel werk verzet om dit te bereiken, negen maanden lang elke dag geoefend om hem veilig te kunnen hanteren nadat hij op me af was gestormd en bruut omver had gestoten. Het had moed gevergd, toewijding en moeite. Plotseling besefte ik hoe belangrijk vandaag voor me was en hoeveel ik had geleerd. Tegelijkertijd was ik verbijsterd dat bij elke categorie waar hij aan meedeed, hij won. Bij de prijsuitreiking was ik in alle staten. We hadden het veel beter gedaan dan ik ooit had durven dromen. Naast het kampioenschap als volbloed schaap, kregen we een allround zilveren plak, een hele rits rozetten en twee zilveren bekers van een onafhankelijk jurylid. Had ik maar geweten hoe snel die stralende speeltjes hun glans zouden verliezen. Soms, als ik terugkijk, zou ik wel willen dat ik die show nooit had bijgewoond.

Dit voelde als een veel te vroegtijdig einde van zijn leven. Hij was pas drie. Ik werd alleen maar onpasselijker als ik dacht aan de akelige, slapeloze nachten te wijten aan de stress die de amper verhulde dreigementen na de show brachten. 'Ik trek het niet meer,' fulmineerde ik bitter. 'Ik wil niets meer te maken hebben met het boerenbedrijf of met schapen.' Misschien kwam het doordat ik zo gekwetst was, verslagen door het verdriet en in de war, dat ik zijn dood geheimhield. Maar ik voelde ook een ziedende boosheid in de wetenschap dat anderen zich zouden kunnen verkneukelen als ze van zijn dood wisten. Informatie is een ruilmiddel op het eiland, en het is een gure wind die vol leedvermaak aan komt stormen om hoge bomen om te blazen.

Maar er was iets met de omstandigheden rond de dood van

de ram waardoor ik me niet op mijn gemak voelde en maar rond bleef tasten. Noem het intuïtie, maar wat het ook was, het bleef me dwarszitten. Dieren gaan dood, soms zonder een aanwijsbare oorzaak. Maar die van mij waren geschoren, behandeld, ontwormd, ingeënt en kregen weidegras vol kruiden. Mijn ooien en lammeren kregen met hun blakende gezondheid ook eervolle vermeldingen op de show. Ik heb het veld nagelopen op mogelijk giftige planten, maar kon er geen vinden. Dat zijn medelammeren gezond en wel in hetzelfde veld stonden, stelde me voor een nog groter raadsel. Mijn achterdocht groeide toen kleine dingen me begonnen op te vallen: hekken die niet zo stonden als ik ze had achtergelaten, andere details die niet met elkaar overeenstemden.

Een paar weken later vielen al die kleine details en nog meer op hun plaats en maakte ik me het bittere verwijt dat ik mijn ram zo snel had begraven. Een toevallige opmerking die iemand maakte, liet me in verbijstering achter, maakte me plotseling opmerkzaam en riep vragen op. Zonder tondel of brandstof krijg je geen rokende geruchten. Die woorden bleven me achtervolgen, waardoor ik 's nachts zwetend in paniek wakker werd, en later heb ik die aanleiding nagetrokken met een langer gesprek in aanwezigheid van een vriend. Pathologisch onderzoek om de doodsoorzaak vast te stellen is een verantwoorde werkwijze en zelfs standaard, vooral bij een stamboekdier. Ik besefte dat ik overhaast had gehandeld.

In stilte deed ik wat navorsing, sprak ik met fokkers, veeartspraktijken en de dierengezondheidsdienst, en verdiepte ik me urenlang in factsheets en medische verslagen. 'De enige manier om het te weten te komen is hem opgraven,' was het advies dat ik kreeg. 'Maar je moet snel zijn, want de autolyse, verrotting en ontbinding van het lichaam zullen de weefsels vernietigen die nodig zijn om een doodsoorzaak vast te stellen.' Eerst stond de gedachte aan zo'n drastische onderneming me tegen. Instinctief keerde ik me af van die verschrikking en koos ik ervoor hem in vrede te laten rusten, met het idee dat het onmogelijk zou zijn hem uit de grond te tillen of te slepen.

Maar later ben ik van gedachten veranderd. Je moet wel in het geweer komen als een spoor van twijfel blijft knagen, want onzekerheid is een bijtend zuur. Het brandt door het verbindend weefsel van je gedachten, tast je gemoedsrust aan. En dan heb je een verklaring nodig om je uit je ellende te verlossen.

Het dekken is een ritueel dat nog steeds wordt beschouwd als het domein van de mannen van het eiland. Mijn lammeren die voor de hoogste prijzen weggaan op de vlees- en fokmarkten, hebben me geholpen het recht op mijn eigen lap grond te verdienen. Maar een dekram grootbrengen is spelen met vuur geweest. De ram wordt traditioneel gezien als het wezen dat op het eiland leven brengt, met zijn bevruchting van de ooien en zijn pasgeboren lammetjes die de cyclus van de seizoenen verankeren, die de kerk ook markeert en die het boerenjaar aandrijft. Zijn essentie is de heilige fallus die zijn zaad voortbrengt – een symbool van vruchtbaarheid dat al lang geleden is ontrukt aan de oeroude hoede van matriarchale godinnen en priesteressen – die door de mannen oplettend en omzichtig wordt beschermd.

Ik wist dat ik mensen tegen de haren in zou strijken door dit domein binnen te dringen en dat ik moest oppassen wat ik deed. Maar om mijn rechtmatige plek in dit woest competitieve territorium te bevechten wist ik ook dat ik diep moest gaan om mijn eigen innerlijke kracht te ontdekken. Het was belangrijk voor me dat ik eindelijk in staat zou zijn mijn eigen grenzen te trekken en mijn eigen normen en waarden voor mijn eigen praktijk te bepalen, als ik het niet alleen maar net aan wilde blijven redden, maar ook eindelijk wilde gedijen. Ik dacht aan alles wat ik in al die jaren na mijn komst hier had doorstaan en meegemaakt om in mijn onderhoud te kunnen voorzien en een blijvend thuis te creëren.

Genezing komt sneller met een zalf dan door een wond open

te laten. Het is vreemd hoe geruchten flakkeren. Je voelt hun hitte aan je randen, zelfs al kun je de vlammen niet zien. 's Nachts wakker liggend keek ik naar de sterren en vroeg ik me af wat zij wisten. Zo is het met alles wat ergens onder begraven ligt.

Mijn vader heeft me een keer verteld: 'De sterren blijven altijd kijken, zelfs wanneer je denkt dat daar niets is. Ze zijn er altijd, zelfs overdag, wanneer je alleen maar wolken ziet. Wanneer ik doodga, word ik een ster daarboven. Eén sterretje dat zijn licht over de wereld laat schijnen.' Zijn veelal gepijnigde ogen straalden, zijn hele wezen leek een iriserende glans te hebben die nu eens niet gevoed werd door drank. Dus weet ik dat er ook momenten moeten zijn geweest dat ook hij een helder licht in die hemel moest vinden.

Ik vroeg hem: 'Waarom een ster?'

De in zijn gezicht gegrifte smart zal ik nooit vergeten. 'Omdat je, wanneer je een ster bent, vrij bent van de aarde.'

Ik denk altijd aan mijn vader als ik omhoogkijk naar de sterren. Maar eigenlijk is hij overal. Hij is overal waar ik ben en overal waar ik kijk. Mijn vader is het licht in mijn ogen en mijn duisternis. Hij is de felle, warme zon en koude, donkere maan. Zijn dood was even onrustbarend als zijn leven. En al stierf hij drie maanden na Rabs vertrek, ik kan zijn aanwezigheid nog steeds voelen. Ik wil zeggen: ik vergeef je, je liefde, woede, wanhoop en gewelddadigheid. Ik wil die traumaspiraal doorbreken die altijd die van jou was – een kind van zes dat opgroeit in een golfplaten barakkenhut in een township, ertoe veroordeeld om voor zijn ogen zijn eigen vader voor altijd neergehouwen te zien worden in Zuid-Afrika's jaren van apartheid. Ik wil zeggen dat het tijd is om die aarde weg te graven die ons allebei heeft verstikt. Ik zou mijzelf dolgraag van hem bevrijden, zodat mijn eigen leven verder kan gaan.

De nacht dat mijn ram doodging, kwamen zijn woorden weer terug. Ik wilde niet denken dat mijn prachtige ram iets was overkomen wat niet natuurlijk was. En toch wist ik niet wat ik moest denken van de dreigementen die ik kreeg toegeslingerd of wat het zou kunnen betekenen 'iemand uit onze kring het zwijgen op te leggen'. Ik schrok van het geringste geluid, de kleinste schaduw of beweging, mijn huid tintelde van angst. Dat je als vrouw die ook nog eens alleen woont kwetsbaar bent, werd plotseling heel reëel en tastbaar. Terwijl ik 's nachts wakker lag, keek ik hoe de wassende maan steeds meer licht ging verspreiden en steeds sterker aanwezig werd. Het was geruststellend om getuige te zijn van die stille transitie, als een rite de passage. Het wekte de droom om anders te leven. Ik wist wat ik moest doen.

Ik ben blij dat ik het uitstellen achter me heb gelaten. Ik ben die slagschaduw zat. Ik ben eraan toe mijn eigen doden uit te graven en me eindelijk te bevrijden van alles wat onder die donkere, zware zoden ligt.

Boven mijn hoofd komt een dun flintertje maan op. Eerst is de aarde donker en brokkelend, maar hoe dieper ik graaf, hoe natter het wordt, tot het haast een en al blubber lijkt. Modder kleeft aan mijn benen en voeten zodat ik het gevoel krijg dat ik wegzak. Het schopblad snijdt met een traag zuigend geluid hompen grond weg, tot het de rand van iets nats raakt. Een samengeklit stuk vacht komt mee op de rand van de spade. Ik leg die neer en ga behoedzaam kijken. Er komt een verschrikkelijke, misselijkmakende lucht vrij en heel even kokhalst mijn hele lijf en moet ik me afwenden. Ik weet dat ik iets over mijn mond zal moeten binden, mijn neus zal moeten bedekken om die afgrijselijke geur niet in te hoeven ademen. Die valt onmogelijk te beschrijven. Het is verrot, zoals vochtige bladeren, maar ook zoet; een angstaanjagende, bittere, schrikbarende stank. Het is, kortom, de geur van een lijk dat al zes weken onder de grond ligt.

Het is verbazingwekkend wat er gebeurt wanneer al die donkere organische materie leven uit de dood peurt. Het vlees van de ram ligt bloot op sommige plekken. Het is te zacht en geeft mee. Het is moeilijk om mijn schop onder zijn enorme gewicht te wrikken, om zakken en dikke touwen onder hem door te krijgen. Het lichaam is grotendeels nog intact en wordt samengehouden door een substantie van doorweekte scheurende huid en natte beslijkte wol die samenkoekt, maar aan de uiteinden is het zichtbaar uit elkaar aan het vallen. Zijn benen zijn nog onder zijn lijf getrokken alsof hij ligt te slapen, maar als ik de schop eronder zet, ril ik helemaal wanneer er een donkere, gespleten hoef loskomt. Het is een schok om de rottende massa van dit eens prachtige wezen te aanschouwen.

Het voelt te intiem om hem aan te raken, zelfs met mijn handschoenen aan. Terwijl ik sjor en hem op zijn andere kant rol, klinkt er een lage zucht terwijl er binnen in zijn pens en andere organen gas vrijkomt. Tot mijn afschuw golft en kreunt zijn lijf, lucht scheppend van tussen zijn eigen traag klotsende vocht en vloeibaar wordende massa. Ik wend me af, kan niet anders dan naar de grond boven me klauwen. Ik kan alleen met een korte snik ademhalen en die dan vasthouden tot ik mijn hoofd weer weg moet draaien voor de volgende. Na een paar minuten ga ik braken. De weeïge geur komt me walgelijk bekend voor.

Ik zet een lier in elkaar met touwen die zijn vastgemaakt aan de stevige trekhaak en het stalen frame van mijn wagen. Het ontbindende lijk is zwaarder dan ik heb verwacht en als de lier het optilt, gaan de wielen van de wagen heftig tekeer. En dan ligt hij daar roerloos in de duistere helderheid van de maan. Het roert me om hem zo te zien blootliggen en tot mijn verbazing ben ik in staat te zien hoe woest prachtig dit facet van de dood is. Het is grimmig en onwrikbaar. Ik weet dat de dood niet alleen maar inhoudt dat het hart niet meer klopt of de hersenen niet langer functioneren. Het is niet alleen het moment dat er geen ademtocht meer komt. Het is niet wanneer de huid afkoelt, het bloed stolt en de dampen en vloeistoffen van het lichaam stoppen met circuleren en assimileren. Dat is het allemaal, maar het is ook nog iets anders.

Als ik mijn ram optil, dwing ik mezelf om door te gaan met waar ik aan begonnen ben. Hij is zo groot dat hij niet in de veterinaire zakken past, dus trek ik de fullsize lijkenzak om hem heen die ik van het mortuarium heb. Ik weet dat ik waarschijnlijk te laat ben om nog te weten te komen waaraan hij is doodgegaan, maar op de een of andere manier doet dat er nu niet meer toe. Wat ertoe doet, is dat ik alles voor hem heb gedaan wat ik had kunnen doen. Ik rij met hem de vroege boot op naar Oban, ga bij het mortuarium langs voor nieuwe lijkenzakken, en dan stop ik pas als de politie me aanhoudt in Glasgow. 'Het spijt me – ik ben de weg kwijt,' zeg ik terwijl ze mijn gegevens noteren. Ik heb verdacht vaak langzaam gereden en voorbijgangers naar de weg gevraagd, en iemand heeft me aangegeven.

'Is dit uw wagen?' vragen ze argwanend. En als mijn papieren gecheckt zijn, kijken ze aan de achterkant. Ze porren tegen de lijkenzak in de laadbak. 'Wat is dat in godsnaam?'

En plotseling voel ik me moe. Het is een hoop om uit te leggen en halverwege denk ik: had ik het maar simpel gehouden. 'Het is in orde,' vertel ik hun. 'Ik heb alle vereiste toestemmingen.' Ik laat ze de vergunning voor het opgraven zien en de goedkeuring van de overheid voor het transport. Uiteindelijk escorteren ze me met zwaailichten aan naar de veterinaire dienst. Het is een vreemde gewaarwording, als een déjà-vu: het voelt net zoals toen ik naar mijn vader in het mortuarium ging. Pathologie zit net als de lijkenkamer in het ziekenhuis ergens uit het zicht met weinig bewegwijzering. Het is geen wonder dat we het uit de weg gaan om over de dood te spreken als die zelfs op het aangewezen moment en de juiste plaats altijd buiten zicht wordt gehouden.

De politie wacht buiten gespannen tot het lijk is uitgeladen. 'Ik zou maar rustig rijden als ik u was,' raadt een van de agenten me aan. 'Als u de hele nacht bezig bent geweest met hem opgraven, bent u vast vermoeider dan u denkt.' En dan escorteren ze me weer naar de snelweg.

Als de uitslag komt, is het zoals ik al gevreesd en verwacht had. Het weefsel is al zo ver ontbonden dat het onmogelijk is om tot een afdoende conclusie te komen. De afdeling oppert dat we nog een stap verdergaan en sectie plegen op de vitale organen die misschien nog in betere staat zijn omdat het langer duurt voor ze vergaan. 'Er is nog een kans dat we geluk hebben.'

Maar uiteindelijk moeten we het accepteren als iets doodloopt. 'Ook al hadden we een beter monster gehad, dan nog was het lastig geweest om een accurate doodsoorzaak vast te stellen,' verzucht de patholoog. 'Een schaap kan op talloze manieren sterven. En het wordt nog ingewikkelder wanneer het door een gif gebeurt. Je moet precies weten waar je op test voor je een werkelijk resultaat kunt krijgen. Je kunt een ram al doden door hem met Savlon in te spuiten.' Er blijken ook talloze gifstoffen te bestaan. Bijna evenveel als er sterren aan de hemel staan. Ik zet er een streep onder en aanvaard wat het lot heeft beschikt.

Ik heb alles gedaan wat ik van mezelf verlangde. Ik heb het geprobeerd. Zijn opgraving is ook om andere redenen belangrijk voor me. Hallowe'en is traditioneel de dag dat je heen en weer gaat tussen de doden en de levenden. Het is een drempelmoment waarop je niet wegkijkt, of toesnelt om de doden weer leven in te blazen, maar aanvaardt dat we uiteindelijk allemaal aarde zijn. Het helpt om dit te aanschouwen, te weten dat op den duur zelfs de herinnering vervaagt en vervliegt.

7
Wilde kreet

De ganzen roepen in de schemering. Terwijl een ijzige nevel door het raam komt, trek ik de dekens omhoog. Ik luister oplettend als er een dichte stilte over de loden horizon valt voor één stem alleen moeizaam verder trekt. Het doet me stilstaan bij zijn eenzame, aan de lucht gebonden strijd. De klank van zijn gebroken kreet is verontrustend. Die drukt een verlangen uit, een hoop, angst en nog iets meer. In zijn roep hoor ik die van mij weerklinken. Ik heb een splinter in mijn hart. Zo nu en dan trilt hij, trekt hij samen bij een stuip of strekking van een spier. Ik denk: hoe kan een vogel weten wanneer en waarheen hij moet gaan als hij nergens achteraan kan?

Eenzaamheid doet je de ogen van anderen zoeken, zoals een mot naar een licht. Ik cirkel steeds dichter rond de vlam, zo ver als ik durf. Ik hunker naar warmte, vriendelijkheid, gezelschap. Niet alleen maar een glimlach of knikje in het voorbijgaan of een paar woorden over de dag of het weer, maar woorden die iets betekenen. Ik verlang ernaar om te horen dat mijn naam met liefde wordt uitgesproken. Het gebrek eraan maakt mijn glimlach te stralend, mijn ogen te smachtend of te hoopvol. Ik weet niet hoe, maar anderen merken of je zelfvertrouwen broos is of aan stukken. Dan blijven ze behoedzaam op afstand. Het is iets waar we als kind op leren letten. Eenzaamheid jaagt zelfs de vogels weg.

Op een dag zet ik me ertoe om naar een kleine bijeenkomst te gaan. Ik blijf nuchter en helder van geest. Ik weet dat het tijd is om te vertrekken als de discussie verhit raakt. Ik probeer buiten het gekrakeel te blijven, maar ontkom er niet aan.

'Jij vindt jezelf heel wat, hè.' Het begint altijd op dezelfde vermoeiende manier. Die woorden worden naar mijn hoofd geslingerd als een beschuldiging, niet als een vraag of zelfs maar een vaststelling. Ik weet niet waarom deze specifieke, ongegronde bewering steevast wordt gekozen om een ruzie te beginnen. Maar ik begin erachter te komen dat die een zekere angst of onzekerheid moet maskeren. Ik heb niets uitgelokt, ik probeer simpelweg naar de deur te komen.

'Toe, ik wil er alleen maar even langs. Mag dat?' vraag ik. De ogen van de man staan star van woede. Ik herinner me die zure blik. Als de herinnering in volle hevigheid terugkomt, voel ik vanbinnen iets knappen. Ik wil hem zeggen: jij had besloten ons te haten, al voor je ons had leren kennen. Lang voor ik mijn ram inschreef voor de show. Ik denk aan die eerste bittere misnoegdheden; de geruchten over een al lang bestaand geschil. We hoopten dat die gevoelens langzaam zouden oplossen, maar ze zijn juist gaan etteren als een oude wond. Ik bijt op mijn lip. Het maakt niets uit wat ik zeg.

Misschien leest hij iets af aan mijn blik. Wat het ook is, iets is de aanzet. Ik stoot mijn hoofd wanneer zijn hand naar me uitvalt en me tegen de muur gooit. Terwijl ik nog wankel, haalt hij alweer uit en pas dan besef ik hoe dronken hij is. Plotseling sta ik te schreeuwen: 'Blijf met je poten van me af!' en staat hij naar mij te brullen. En dan roept iemand: 'Hé, zo kan-ie wel weer – niet vechten hierbinnen.' De sfeer is om te snijden en de spanning stijgt voelbaar. Ineens moet ik alles op alles zetten om zijn handen van mijn kraag te krijgen en als de muren op me af lijken te komen, wurm ik mezelf los. Ik trek me terug en ga ervantussen. Het is een opluchting buiten de koele lucht en de stille velden in me op te nemen. Ik verwelkom het duister, maar na een paar stappen ontreddert het me. Ik hoor in mijn hoofd nog steeds zijn stem die dat woord lalt. 'Kutwijf.' Ik zet er over de weg naar huis stevig de pas in.

Geweld is niet altijd voorspelbaar. Drank geeft het vrij baan. Soms gebeurt het alleen maar omdat het kan. Er zijn te vaak problemen waar niemand van wil horen. 'Die onenigheid is jullie zaak, een privéaangelegenheid.' Zo gaat het op het eiland. Maar zonder hulp of steun kan ik het denk ik niet meer alleen aan. Na die avond begin ik dorpsbijeenkomsten te mijden. Dat betekent dat ik nog geïsoleerder raak. Maar het voelt veiliger.

Ik mis Cristall. Elke dag raakt de pijn van haar afwezigheid me opnieuw als een klap die nagloeit. Ons leven van alledag was zo met elkaar verweven dat ik haar schim nog steeds om me heen voel. Toen ze nog leefde, ging ik niet op zoek naar anderen, omdat zij simpelweg alles was voor mij. Ik maak me zorgen dat deze rouw te lang duurt, maar verdriet kent geen tijdschema en heeft geen benul van sociale normen of omgangsvormen. Het is een golf die over je heen slaat en je traag omlaagtrekt en daar houdt.

Een afwezigheid leert je harder te zoeken naar een glimp van wat diep in een hart wordt onthouden. Het is onmogelijk om te vergeten. Overal waar ik ga, omgeeft zij me. Dagelijks loop ik door het bos waar haar as rust, onder bomen die zij me gegeven en samen met mij geplant heeft. En ik ben dankbaar dat ze overal is; in de tuin bieden loten en wortels die we samen tot wasdom hebben gebracht nu beschutting aan kleine dieren en vogels. Wanneer de balsempopulier uitbot, bespeur ik haar in de geur, alsof ze even langsloopt. Soms praat ik tegen haar en dat voelt natuurlijk aan met Isla naast mij. Het is een dagelijkse werkelijkheid, soms bitterzoet en andere keren een bron van troost. Maar eigenlijk kom ik niets verder. In alles zoek ik naar haar.

En dat heeft ook iets moois. Het voelt alsof het landschap doortrokken is van haar geest. Op sommige dagen voel ik haar zo dichtbij dat ze in elke fladderende vleugel zit, in elke vlaag zonlicht, in elk ruisend blad. Ik probeer om te gaan met mijn verdriet, maar elke dag blijft die golf maar over me heen slaan. Elke dag wordt het moeilijker om alleen tegenover de lege horizon te staan. Verdrinken gaat makkelijker dan je denkt. Het kan langzaam gaan, met je ogen open en bij je volle verstand. Het kan gewichten aan je vastklampen zodat je ondanks je verzet steeds slechter blijft drijven en langzaam uitgeput raakt terwijl je omlaag wordt getrokken.

Luisterend naar de eenzame roep van de ganzen lig ik in bed en voelt mijn lichaam zwaar aan, koud, inert. Ik voel me gevangen in de omfloerste strik van hun vleugels. Een paar minuten lang worstel ik om in beweging te komen, maar het lukt me niet. Opstaan! zeg ik tegen mezelf. En dan zeg ik het hardop, en nog harder, keer op keer. Uiteindelijk sleep ik me het bed uit.

De volgende dag zet ik mijn wekker. Terwijl ik de deur open, zeg ik zachtjes tegen Maude: 'Wil jij me helpen?' Soms heb je gewoon een vriend nodig die je terzijde staat. Ik trek mijn hoge schoenen aan en we beginnen in een sukkeldrafje aan een ronde over de croft. Vanaf die dag ga ik elke ochtend hardlopen, en soms ook 's avonds. Ik loop in de ochtend- of avondschemering wanneer het eiland zachter aanvoelt. Ik loop hard om mijn hart weer warm te krijgen. En het is alsof het landschap zijn stralende geschenken voor me uitstrooit. Wanneer je in het donker loopt, of in de schemer, zijn de dieren in het wild minder angstvallig, zachter, waardoor je hun aanwezigheid eerder gewaarwordt. De glanzende rotsen, het natte gras, en de langs mijn benen schurende riethalmen geven me het gevoel dat ik heel ben, verbonden en aanwezig. Buiten in de natuur merk ik dat ik me niet eenzaam voel.

In het begin kom ik niet zo ver, dus houd ik om de paar honderd meter halt, voorovergebogen en naar adem snakkend. Maude wacht geduldig, haar geelbruine ogen slaan me gade, moedigen me aan. Ik heb nooit van hardlopen gehouden, maar met een collie is het anders. We bewegen samen op ons eigen ritme. Elke dag dwing ik mezelf een paar ademhalingen verder te lopen, meet ik de afstand niet in minuten, maar in doelen: de volgende struik of een hek in de verte. Elke ademhaling doet zeer, maar ik ben blij met hoe die snijdt. De pijn in mijn hart neemt af terwijl mijn lijf opleeft.

Op een ochtend ga ik er later dan normaal op uit en kom ik een groepje vrouwen tegen op de weg. Ze zijn samen een wandeling aan het maken, opmerkzaam en al roddelend. Wanneer ze mij aan zien komen rennen, vallen ze stil. Koeltjes treffen onze blikken elkaar om zich dan weer af te wenden. Het is ongemakkelijk, maar naderhand ben ik blij met dit vluchtige contact. Het is een klein stapje voorwaarts. Wanneer ik thuiskom, bedenk ik dat het misschien kan helpen de kloof tussen ons te overbruggen als ik vraag of ik een keer mee kan op een wandeling. De volgende dag stuur ik een van hen een bericht met daarin die voorzichtige suggestie. Ongeveer een week later komt de mededeling dat het goed is. Ik ben zenuwachtig, maar heb goede hoop. Dit is een kans op een nieuw begin en een einde van de vermoeiende patstelling.

De eerste dag dat we samen op pad gaan, zijn we op onze hoede. Glimlachen zijn schilden, ogen staan hard en helder. Wanneer ik vaker met hen ga wandelen, treffen onze blikken elkaar geleidelijk steeds vrijelijker. Op een dag klinkt een kabbelend gelach op als vogelzang en krijg ik eindelijk het gevoel dat we een stap verder zijn. Ik ontspan. Ik houd me voor dat vriendschap klein begint.

Dan doet een van de vrouwen iets aardigs. 'Je hebt het zwaar gehad.' Ze kijkt me aan. 'Toen je man wegging, had ik met je te doen.' Ik probeer te glimlachen. Ik bijt op mijn lip, terwijl mijn mond begint te trillen en dan kijk ik weg. Ik geneer me dood terwijl ik voel dat ik begin te huilen. Soms kun je het nergens mee tegenhouden. Wanneer je probeert sterk te zijn, is het vaak mededogen, niet vijandigheid, dat door je verdedigingslinie heen dringt, vooral als het een schaars goed is. Eenzaamheid is gevaarlijk: wanneer je te lang alleen bent geweest, kan elk klein intiem gebaar je ertoe verleiden je abusievelijk warm, veilig en gesteund te voelen. 'Ik heb het moeilijk,' zeg ik zachtjes terwijl ik wild over mijn gezicht wrijf. 'Het is zwaar om het in je eentje te proberen te redden.'

Ik weet dat ik het niet moet hebben over dat ik Cristall mis, over graffiti op muren, over harde blikken en afgewende ruggen, maar ik kan er niks aan doen. Ik kan die stroom van hete tranen niet tegenhouden noch die woorden die mijn mond uit komen snikken. Soms stromen dingen die je zo lang hebt opgekropt, vanzelf naar buiten. Ik wilde niet dat het zo zou gaan.

Monden verstrakken, kaken gaan op elkaar en schouders verstijven. We zitten nog geen halve meter van elkaar, maar die afstand lijkt even groot als een gapende kloof. 'Het spijt me,' stamel ik en ik wend me beschaamd af.

'Dat kun je niet zeggen,' zegt een van de vrouwen tegen me. 'Je kunt je buren niet zomaar beschuldigen.'

Andere blikken rijgen me zwijgend aan het spit.

Ik zeg niets, omdat ze me zo kwaad aanstaart dat ik me voel alsof ik uitgekotst word. Ik heb mezelf verzwakt. Had ik maar niets gezegd. Door mijn kwetsbaarheid te tonen heb ik hen impliciet beledigd. Ik heb het lef gehad kritiek te hebben op de eilanddroom en daar zal ik voor boeten. En toch voel ik iets van woede en onrecht. Ik heb jarenlang naar mijn eigen waarheid geleefd, ongeacht wat anderen ontkennen of proberen het zwijgen op te leggen of stop te zetten. Ik ben stammen en stamtrouw spuugzat. Ik staar hier in het zachte, onbewuste gezicht van diep verankerde vrouwenhaat. Die vergissing zal ik nooit meer maken.

Daarna wenden ruggen zich af en heb ik niemand meer om mee te wandelen. Ik ga weer alleen hardlopen. 'Ik red het wel,' houd ik mezelf voor terwijl de weken voorbijgaan. 'Het gaat wel over.' Maar dat is niet zo. Als je wordt uitgestoten, ga je zelfs aan je eigen bestaan twijfelen. Het is een nieuwe gradatie in stilte, lastiger om mee om te gaan dan de agressie van voorheen. Ik heb geen pantser om dit tegen te houden. De verwonding is dieper, subtieler, lastiger om bij te komen. Eerst verzet ik me ertegen. In een zakboekje schrijf ik lijsten met namen van mensen van wie ik houd. Ik maak een vriendschapsboom van hun namen.

Bij het veer ga ik in een rommelige rij passagiers staan met bekende gezichten. Ik zie op tegen die stuurse rij, maar ben er ook blij mee vanwege het kleine kansje dat die biedt om uit de impasse te komen. Ik probeer de hoop te houden dat de situatie een volwassen reactie van mijzelf en anderen zal afdwingen. Een erkenning dat we allemaal dezelfde lucht inademen en samen op deze steile rotswand wonen. Dat, ook al lopen onze meningen uiteen en kiezen we niet voor elkaars gezelschap, onze menselijkheid ons bindt.

'Hallo,' zeg ik.

Niemand reageert.

Zelfs een rotswand wordt afgesleten door gestaag druppelend water. Mettertijd voel ik me uitgehold worden. Opnieuw probeer ik eerst me ertegen te verzetten. Maar op den duur verzwakt het me. Je berust. Je raakt eraan gewend om te bestaan alsof je niet bestaat. Je begint te geloven dat je niets bent. Soms vraag ik me zelfs af of ik het me inbeeld. Maar elke keer dat ik het nog harder probeer, word ik nog harder teruggeworpen. Op een dag helpt de schipper me een zware zak te tillen en zegt hij zachtjes: 'Het is afgrijselijk om dit te moeten aanzien.' En ik ben dankbaar voor die paar woorden.

Iedereen heeft momenten waarop hij niemand heeft om mee te praten of dat mensen de andere kant op kijken en zich afwenden. Het is een van de wreedheden die we elkaar aandoen, een spelletje van het speelplein dat we als volwassenen blijven spelen. Er zijn maar een of twee dominante mensen in een groep nodig die daarin voorgaan en de rest volgt blindelings. De samenleving bouwt en ontmantelt haar eigen machtsstructuren met zulke methodes. Het neemt de eenzamen op de korrel, de ongewensten, de kwetsbaren en de gemarginaliseerden. Ik heb dit anderen uit ondervertegenwoordigde families of groepen zien overkomen. Maar ik ben alleen, wat mijn isolatie en kwetsbaarheid des te heviger maakt.

Ik loop mijn pad niet op waar ik voorbijgangers zou kunnen tegenkomen. Ik blijf uit zicht. Ik blijf dicht bij de heuvels. En ik mis Cristall meer dan ooit. Ik mis haar glimlach, haar lach, haar standvastige vriendschap, haar verwantschap en vertrouwen. Aangezien ik niemand heb om mee te praten, houd ik op met praten. Dan houd ik op met me redden. Ik maak mezelf onzichtbaar. Dat gaat makkelijker alleen.

Ik begin woorden uit het oog te verliezen. Ik ga naar het bos omdat dat me een kalm bewustzijn biedt dat zachter en vriendelijker is dan al het andere wat ik ken. Ik druk mijn wang tegen de koele bast, laat mijn hoofd vermoeid tegen een stevige stam rusten. Ik maak een eenvoudige schuilplaats en neem dikke dekens mee. Als het duister intreedt, steek ik een vuur aan en staar ik in de vlammen. Het vochtige hout sist en spettert, maar geeft ook warmte en wat comfort. Maude's ogen lichten op, gloeien in het vlammenlicht. Ik ben veilig tussen de bomen. Ik voel wat wild en gebroken is vanbinnen ademen. Ik ben klaar om de wereld die ik ken los te laten, als een blad dat opkrult en verkleurt voor het winter is. Wanneer de ochtend komt, wil ik daar niet weg. En dus blijf ik.

Het is een vredig leven in het bos bij de vogels. Sommige dagen schieten angstig en kwikzilverig voorbij, terwijl andere zich zwaar, doorweekt en uitgeput voortslepen.

Ik zit urenlang andere wilde schepsels om me heen te observeren en dichterbij te lokken. Hazen schuilen in de lange grassen als donkere vleugels van uil en valk langszweven. In de vroege dageraad en de late avondschemering sperren grazende herten hun neusgaten open en trekken ze hun lip op om waaks de lucht op te snuiven. De berkenbomen ratelen met hun armen, beijsde takken bleek gonzend als winterbeenderen. Stil op mijn hurken zit ik daar met andere gespannen harten, poederschaduwen die toehoren in het verstomde kreupelhout. Later vergaar ik aanmaakhoutjes en brandhout. Ik weet nog hoe dit bos mijn lijf en geest van voedsel voorzag een paar jaar geleden. Achteraf gezien lijkt die tijd dat ik hier naar voedsel zocht een makkelijke periode. Resten bij elkaar scharrelen is iets anders dan naar voedsel zoeken. Het leven van alledag wordt er rauwer van.

Cristall heeft me ooit gezegd dat ik mijn verwante zielen zou herkennen als ze zouden opduiken. Op een dag zie ik een klein olijfkleurig vogeltje. Zijn felgekleurde kruin lijkt van goud met een donkergerande krans. Het neemt me op met een nieuwsgierigheid die aanstekelijk is. Het opent zijn snavel om te zingen, een snelle cadans van stijgende en dalende tonen die haar plotseling voor de geest haalt. In dat vogelgezang en de ruisende bomen is ze adembenemend dichtbij.

Ik denk aan hoe alle wezens worden beïnvloed door het gedrag van hun vrienden en buren. Ik herinner me dat in Cristalls tuin een ruige stronk die tot op de kale wortels was teruggesnoeid door de empathie van anderen in de directe omgeving werd aangezet om nieuwe loten te laten groeien. Ze legde me uit dat bomen of instinctief andere voeden en ondersteunen, of zich wegbuigen van hun pijn en nood. Nu ik me haar woorden herinner, springen de tranen in mijn ogen. En ik besef dat ware vriendschap frank en vrij wordt gegeven. Je hoeft je er niet naar uit te strekken, ze hoeft niet verwacht te worden, verlangd te worden.

Wanneer ik naar de vrouwen op het eiland kijk, zie ik dat we stuk voor stuk de rol hebben gespeeld die wordt gevergd door de politieke eisen van die simpele normen van overheersing en onderwerping. Dat keer op keer het belang dat een samenleving en gemeenschap gedijt, ook haast het enige doel lijkt te zijn. De op dit eiland verbonden families zijn in principe niet anders dan de bomen: ze wortelen in een klein lapje grond dat aan een kleine getijderots hangt.

Ik hoor er niet bij. En het is me nu duidelijk dat in de verwoede pogingen tot aanpassing je soms het zicht kunt kwijtraken op je eigen behoeftes, of ze zelfs ontkent. Het is tijd om mijn eigen verwantschappen te smeden. Zelfs op een petieterig eilandje is de hemel hoog en de zee diep.

Luisterend naar het kleine goudhaantje krijg ik ontzag voor zijn schoonheid en dappere veerkracht. Hij weegt amper vijf gram, heeft alleen een woestenij overgestoken en een zee, vanuit de Russische en Scandinavische wildernis, en vertrouwt daarbij puur op zijn instinct. Ik weet dat ik een ander kompas moet zoeken. Terwijl het duister valt en ik rustig bij mijn schuilplaats bij het vuur zit, sla ik mijn armen om me heen en fluister: 'Ik ben mijzelf, gewoon zoals ik ben.'

8
Rauw en ruig

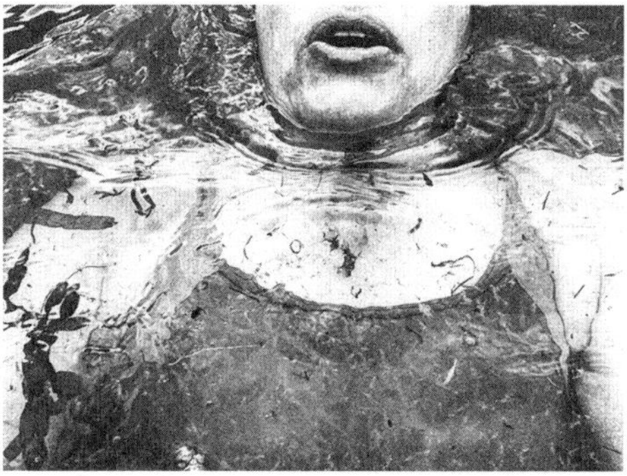

Het is al bijna dag. Mijn voeten wankelen de rotsige waterkant op terwijl in het oosten een sombere gloed verrijst. Ik heb lopen zwoegen tot ik niet verder kan. Ik heb het eiland in de rug; voor me ligt donker, steeds veranderend water. De golven komen hard aanrollen op het glinsterende kiezelstrand en de wind giert door boomgeraamtes. Ik ken deze plek en deze plek kent mij. Ik word er onweerstaanbaar door aangetrokken, altijd wanneer ik me het meest alleen voel. Ik kijk toe hoe de zee aan komt golven en zichzelf weer terug zuigt in een felle omhelzing met de sissende, natte stenen. Het is een voorbijsnellende tijd van het jaar waarin de zon en maan samen laag aan de hemel gloeien. Het brengt verwondering over de schoonheid en eigenaardigheid van het leven, en ik struikel bijna als mijn hart fluistert: als het je niet breekt, heelt het je misschien. Maar ik werp alle afleidingen van me af en dwing mezelf me uit te kleden.

Kou maakt je traag, maar verkleumende gedachten lijken er

vanbinnen gewichtloos van te worden. Terwijl stuntelende vingers onhandig knopen losmaken, vraag ik me af of het ooit mogelijk zal zijn al die momenten aan te wijzen die je naar een punt van crisis en wanhoop kunnen drijven.

Alleen in de vroege uren klonk mijn innerlijke stem rauw en ellendig, onder de modder van vragen, verwachtingen en onzekerheden die ik tegen niemand durfde te uiten en al helemaal niet tegen mijzelf. Ondertussen weeklaagde de stem voortdurend: 'Wordt het dan nooit licht?' Ik noem deze tijd de donkere wacht. Die kent mijn gezicht van dichtbij en alles wat er in een hart verborgen ligt. Ik snak ernaar een andere stem te horen zeggen: 'Je bent niet alleen. Je hoeft nergens bang voor te zijn,' en teder mijn hand te voelen pakken. Dan sluit ik mijn ogen. Die dagen en Cristall zijn verdwenen, en de tijd sleept zich doodop voort, anders dan ik ooit heb meegemaakt.

De temperatuur is tot onder het vriespunt gezakt, en de afkoeling door de wind daalt tot een verzengende min acht. Daar zo staand, half uitgekleed met armen die omhooggaan, knieën die buigen, mijn huid onbedekt, ben ik blootgesteld aan de elementen. Soms kan onze fysieke toestand een exacte weerspiegeling zijn van onze diepste indrukken en gevoelens. Ik verwelkom de scherpte van de kou. Ik ben het beu mijn eigen gedachten te verbergen; hoe ik me ook wend of keer, ze blijven me achtervolgen. Ik verborg me ook voor een stem die fluisterde: 'Hoe donker zal het worden als een licht zich laat opbranden of zichzelf dooft?', probeerde dat zachte gefluister weg te duwen. Maar het is er altijd in de schaduwen, bij de grillige lijnen rond mijn ogen.

Ik weet niet hoe of wanneer daglicht te fel wordt, het donker te absoluut, en wat je in stilte ziet te angstaanjagend om over te spreken. Eenzaamheid laat zich soms moeilijk uiten of zien. Ik voel het in mijn lijf en laat mijn vingers zo dicht langs de uitsteeksels lekken als ik durf. Isolering is nog veel erger. Dat is verzengend, verblindend.

Ik trek mijn kleren uit, vouw ze op en stop ze netjes in mijn gescheurde rugzak. Voorzichtig trek ik mijn regenlaarzen uit en stop mijn sokken erin. Ik ben meestal niet zo keurig, maar vandaag vind ik het belangrijk om alles goed te doen.

Gewoontes brokkelen af wanneer je de hoop verliest. Het gehavende staketsel dat ons dagelijks bestaan op zijn plaats houdt, verliest zijn zindelijkheid, zijn orde. De kleine rommel van het leven klit samen tot een stapel verwaarloosde taken. Zelfs kleine rituelen – eten, afwassen, tanden poetsen, haren kammen – kunnen een berg worden waar je niet tegenop lijkt te kunnen. Elke dag zet ik me er weer toe ze te doen. Ik vraag me af wat er gebeurt als ik daarmee stop. Ik staar in de spiegel naar die gedachte. Haar gezicht boezemt me angst in. Haar donkere ogen zijn wijd open en leeg.

Naakt staar ik naar de zee en open mijn bibberende armen voor de wind. Binnenin mij fluistert een stem: 'Keer je om – dit is gevaarlijk. Het kan anders.' Maar ik keer niet om. Mijn hart is ijskoud, verdoofd, maar het moet kloppen. Ik open mijn armen voor de koude omhelzing van de wildernis die de pijn van deze prachtige wereld geneest. Alleen die biedt de nauwe verwantschap die ik al jaren ontbeer.

Uiteindelijk is het eenvoudig. Iedereen moet vast worden gehouden en zijn naam met liefde horen fluisteren. Ik kijk uit over de zee die stijgt en daalt. Ik denk aan hoe vredig het zal zijn om onder die golven te duiken. Ik adem snel terwijl ik naar het water loop. Ik probeer niet naar de lucht te kijken. 'Er is geen weg terug meer,' zeg ik zachtjes tegen mezelf. Ik ben hier niet gekomen om te zwemmen. Ik ben naar de zee gekomen om vast te worden gehouden.

Het is ijzingwekkend om naar jezelf te kijken, naar je zwakheden, in heel je rauwe naaktheid. Om werkelijk te begrijpen dat het leven één felle, rillende ademtocht is.

Het jaagt me angst aan dat ik tot dit punt ben gekomen. Ik weet dat mijn leven anders is dan dat van anderen. Ik heb geleerd om elke dag met minder en minder te leven. Nu leef ik met zo weinig dat ik amper weet wat er ontbreekt.

Er komt een punt dat je weet dat iets niet werkt. Dat moment is geweest en ligt nu achter me, maar ik ben toch doorgegaan, steeds vermoeider, maar strijdend. Het is als watertrappen terwijl de stroom elke dag iets sterker wordt en me langzaam, onweerstaanbaar omlaagtrekt. Ik heb alles werktuiglijk gedaan, omdat we ons allemaal aan één regel houden: je blijft het proberen. Niemand mag opgeven. Je kunt stoppen, maar je mag nooit passen. Elke dag heb ik mijn verwachtingen bijgesteld. Het is als een gecontroleerde hongerstaking. Wanneer je jezelf uithongert, leer je jezelf van je honger los te maken. Je eigen lichaam helpt je. Het is een basaal overlevingsmechanisme. Maar welbeschouwd is een maag iets anders dan een hart. Een hart heeft de warmte van liefde en verwantschap nodig om te kloppen en te gedijen.

Op een dag begonnen mijn benen te rennen. Het was niet het hardlopen dat ik kende. Ik vertrouwde erop dat één glimpje instinct me heel zou houden. Ik opende de deur en liet mijn benen me voeren naar waar ze heen moesten. Ik had geluk. Ze stopten niet toen ik bij water kwam. Ik liep door, van de rotsen af rennend de golven in, en naderhand voelde ik me sterker. Zo niet dagenlang, dan toch ten minste voor een paar korte uren. Ben je eenmaal ijskoud water in geweest, dan lijkt werkelijk alles mogelijk. Je gaat ervan lachen of huilen, soms allebei tegelijk. Je voelt je als een kind dat een belofte is gedaan. De zee is werkelijk. Die zal nooit breken, knakken, stukslaan, doodgaan of eindigen.

Zodra ik naakt op de stenen sta, gaan mijn bewegingen instinctief en met een elegantie die ik amper kan benaderen als ik aan land gekluisterd ben. Water stroomt langs de weg van de minste weerstand. In het water verlies ik al mijn twijfels. Twijfel is gevaarlijk. Die maakt je voorzichtig, waardoor je je dingen gaat afvragen. Vragen leiden tot onzekerheid en angst. Angst laat je aarzelen, of je terugtrekken van wat je roept. Soms weerhoudt angst je ervan te doen wat je moet doen. Je terugtrekken uit het leven houdt je gevangen in je eigen golf, voor altijd bekneld in haar baan, waarover je geen enkele controle hebt. En die machteloosheid is de andere kant van angst: die legt je stem het zwijgen op en zorgt dat je een willig slachtoffer blijft, opgesloten in je eigen beperkingen. De zee krijgt dat slot open. Het bevrijdt alles wat vanbinnen zwijgt en vastgebonden is. In het snelstromende tij ben je daar allemaal vrij van. In de zee ben je eenvoudigweg adem. In de zee is er geen plaats voor angst.

We kennen allemaal crisismomenten. Het is al te makkelijk om een moedig gezicht te trekken terwijl we het eigenlijk al lang niet meer aankunnen, wanneer de dagelijkse strijd achter gesloten deuren plaatsvindt. Soms struikelen zelfs de sterksten onder ons. Als het een onhoudbare tredmolen is geworden, kan het uiteindelijk de enige verstandige oplossing lijken om het leven te verzaken. Ik had alleen gedacht dat dit mij nooit zou overkomen.

Ik ben hier gekomen om me het leven te benemen. Vandaag lijkt dat de enige mogelijkheid die me nog rest. Terwijl ik in de vroege uren stijf, koud en stil wakker lag, voelde ik me alsof alle lucht uit me geperst was, alsof ik gekneveld en strak vastgebonden in een metalen kist lag. Het was angstaanjagend. Ik heb daar een tijd gelegen, amper ademend, niet in staat me te verroeren. Het dapperste wat ik ooit heb gedaan, is mezelf dwingen om op te staan. Er was geen gedachte of reden. Ik wist alleen dat wat dit ook mocht zijn, het niet zo door kon gaan. Het was geen besluit. En toch had ik ernaartoe gewerkt, het voorbereid. De schaduw die al die tijd achter me verrees, me overal volgde, valt nu in slow motion over me heen, als een golf.

Hoe je je ook voorbereidt, je weet nooit hoe je reageert wanneer die schaduw valt. Ik heb er vaak genoeg aan gedacht een scherp mes op mijn pols te zetten, erover gedroomd, ermee gespeeld al die moeilijke jaren na Rabs vertrek. Maar in laatste instantie was dat een stap die te ver ging. Je denkt eerst aan je dierbaren. Ik heb dan wel geen kinderen, maar wel viervoeters die van mij afhankelijk zijn. Ik voelde me schuldig, niet alleen omdat ik serieus overwoog mijn leven te beëindigen, maar ook omdat mijn honden me dan zouden vinden.

Je probeert het zo goed mogelijk op te lossen. Als het dan zo moet gaan, denk je, is het beter om samen te zijn. Ik sloot de uitlaat aan op de binnenkant van de auto en we zaten op een rijtje, Maude en Isla en ik, op de stoelen voorin door de ruit naar buiten te kijken, alsof we een ritje gingen maken. Het verschil was alleen dat de ramen potdicht zaten, de handrem erop stond en de motor door een slang liep te puffen. Het duurde maar een paar minuten voor ik wist dat dit een vergissing was. De lucht kleurt intens blauw wanneer rook achter een voorruit begint te wolken. Ik draaide het contact uit, duwde de deuren open, gooide de sleutels in het gras zodat ik ze niet een-twee-drie zou vinden en stapte kokhalzend uit. En opnieuw sneed het door mijn ziel, voelde ik me verschrikkelijk schuldig. Niet vanwege mijn eigen leven, maar omdat ik me had aangematigd anderen zonder hun toestemming mee te nemen in de dood.

Niemand spreekt van de gedachten die je komen halen wanneer de stilte vanbinnen intreedt en je vastzet onder haar gewicht. Ik vraag me af waarom dat zo is. Ik heb anderen horen praten over een licht in het duister, maar niet over de keerzijde van die munt. Als kind hield ik me meestal in vertrouwen vast aan alles wat troost kon bieden. Een lievelingsbeer, een speeltje, een boek of een boom die me door mijn slaapkamerraam heen in de gaten hield. Toen ik nog heel klein was, praatte ik vaak met God. En toen hield ik daarmee op. Iedereen heeft een onweerlegbare waarheid nodig om zich aan vast te klampen. Wanneer je kindertijd verstoken blijft van antwoorden, word je een soort ekster en vergaar je alles wat aan de buitenkant glinstert en glanst. Ik ben er goed in anderen die glinsterende vondsten toe te bedelen, maar heb het altijd moeilijk gevonden mezelf iets toe te bedelen.

Wanneer ouders onbetrouwbaar en onvoorspelbaar zijn, wanneer de een wegkijkt als de ander je kwaad doet, is vertrouwen én een klein lijfje het slachtoffer. Het innerlijke geraamte loopt onherroepelijk barsten op wanneer bepaalde gebeurtenissen het in de kindertijd ondermijnen. Je tolerantievermogen wordt onwaarneembaar tot voorbij het toelaatbare opgerekt. Het brengt je naar heel ander, volkomen onbekend terrein. Je kijkt hunkerend toe, vol verlangen je veilig te voelen met die flakkerende hoop die constant wordt opgeschort of in zijn loop bevroren en klampt je vast aan het geloof dat vandaag of morgen de wereld er anders uit zal zien. Vertrouwen en intimiteit voelen gevaarlijk aan. Die blijven je vasthouden aan dat almaar wijkende potentieel waarin je hart is verstrikt. Ze zijn verslavend.

Het wereldbeeld dat je ontwikkelt, is verwrongen. Je ontkent dat het duister bestaat, omdat heel je wezen zich vastklampt aan het licht. Het leven is een primitief touwtrekken tussen erbij horen en ontworteld raken. Je aast op glinsterende speeltjes en probeert het kadaver de rug toe te keren. Vertrouwen op een andere waarheid dan die je kent of hebt gecreëerd, kan een ontkenning zijn van de geldigheid of waarde van je eigen leven, kan je stem het zwijgen opleggen. Angst heeft geen speling voor onzekerheid, dus verhul je je eigen vragen en houd je vast aan een onmogelijke regenboog. Het leven waarin je gelooft als je opgroeit, is onrealistisch omdat het is opgebouwd uit hoop en glanzende dromen.

Hier op de rotsen kun je je nergens verbergen, is er geen beschutting, geen bescherming. Achter me kijkt de donkere eilandschaduw dreigend toe. Ik heb haar mijn rug toegekeerd. Ik ben een solitaire wilde vogel, vervreemd aan de rand. Ik roep nog een keer naar mijn eigen soort, maar daar roep ik al zo lang naar dat mijn stem gebarsten is. Toen ze eerst niet kwamen, heb ik geleerd me naar de zachtaardige, gebroken wezens in de natuur te wenden. Toen ik mijn eigen angst voor de ruige wildernis en elementen kwijtraakte, begonnen vertrouwen en liefde uit andere bronnen tot mij te komen. Ik heb vele malen op de rand van deze rotsen gestaan en mijn handen hebben het uitgeschreeuwd naar de zee. Vandaag geeft ze antwoord en begint ze mij zacht te roepen.

Ik hap naar lucht als ik het ijzige water in stap. Het prikt en slaat tegen mijn schenen. Ik schreeuw het uit als het over mijn borstkas en schouders spat, maar ik loop door. Ik sla mijn ogen niet neer. Ik weet dat hoe grimmiger de kou boven water is, hoe zachter de zee zal aanvoelen. In het ijskoude water duiken geeft me een vrede die op niets lijkt wat ik ken. Kou laat geen ruimte voor nadenken. Het rijgt je hoofd en hart prachtig samen en verbindt ze aan elk hier-en-nu. Ik voel me veilig, beschermd en warm. Ik reik naar het zilveren schavot van de zee en verweef me met het zachte stalen geraamte.

Die momenten dat ik in haar koude stroom lig en de zee door me heen vloeit, word ik als een schelp gesponnen, door zout gebrand, door wind omhuld en ontstoken als een gebroken stuk zeetondel waar het licht door schijnt. Ik ben blij eindelijk de pijn van de kou te voelen. Die wast mijn huid en smart weg.

Ik ben een eiland. Ik heb een naam. Mijn stem is niet meer dan een gulle hand wind. Aan de zee geef ik die koude stilte in mij.

Aanvaarding is een wondermooie overgave aan wat komt binnenstromen als het tij. Als het keert en terugglijdt, neemt het je met zich mee. Ik ga gewillig mee. Zijn vergeving is een vriendelijke daad. Deze wildernis is woest en onverzettelijk. De zee is zacht en prachtig. Bleek en kolossaal schijnt de maan. Ik kijk naar de horizon en voel het diepere water roepen. Dus begin ik op het sublieme blauwe donker daarginds af te zwemmen.

In de zeestraat is de wind gaan liggen. De zilveren golven kabbelen voort met een gloeiend zilveren vuur. Ik begin af te drijven terwijl de al zo lang beloofde sneeuw begint te vallen. Het is biologerend om de dikke vlokken te zien rondwervelen. Een zachte kus strijkt langs mijn wang. 'Dank je wel,' zeg ik zachtjes tegen de lucht.

Ik voel slechts vrede terwijl longen naar lucht happen en vlees begint te trillen. Je gaat er voorbij zodat die harde barrière oplost en jij uit puur instinct bestaat. Ik laat mijn lichaam onder water glijden, laat de zee me omarmen. Het water beweegt zo rustig dat ik bespeur hoe het zucht en ademt. Die adem is zo dichtbij en intiem dat hij zacht over mijn lippen speelt. Ik zucht ook terwijl mijn huid zachtjes wordt afgehaald.

Er komt een ogenblik waarop het leven flakkert als een felle, trillende, zingende ademtocht. Het ademt van de wredere, donkerdere wateren. Het fluistert dat als ik doorga, ik nooit opnieuw zal ademen of liefhebben. Of de wind op mijn wangen zal kennen. Of zon en duisternis in mijn ogen voelen schijnen. Het doordrenkt mijn bewustzijn. Het murmelt mijn naam.

Deze adem roept met een andere stem, als een krachtig stromende rivier of grassen wuivend onder de hemel. Als heldere geelbruine ogen die de mijne zoeken of donkere hoeven die over de winterse aarde daveren. Hij ontsteekt een waakvlam in mij die het donker wegsnijdt. Een wilde stem roept met liefde mijn naam.

Die dwingt me in verzet te komen. Ik ben al te lang in het water. Elke vezel in mijn lijf is verstijfd van de kou, maar brandt met een brute pijn. Mijn hoofd zegt me dat ik moet gaan slapen en niet moet vechten. Maar ik vecht wel. Ik vecht omdat mijn hart klopt met de krachtige drang om te overleven. Er komt een punt waarop je je ergens aan moet binden. Dat is geen beslissingsmoment maar een moment van waarheid. Ik blijf zwemmen omdat ik plotseling weet dat ik niet wil sterven. Omdat ik nog altijd liefde heb en kan geven. Omdat ik begrijp dat mijn adem mijn bron is en daarom mijn waardevolste gave.

Het is nooit te laat. Het leven kan onherroepelijk veranderen in één prachtige snak naar lucht. Het komt onaangekondigd, maar je weet het meteen. In het halflicht ademt de zee. Ze stijgt en daalt in een groots, razend geruis en crescendo dat me wakker schrikt en mijn lichaam vult met een onstuimige inblazing. Elke ademtocht is plotseling een sieraad om te worden gekoesterd. Ik keer om en zwem naar de kust. Vanwege alle liefde in mijn hart. Vanwege Maude. Vanwege Isla. En vanwege een belofte: vanwege alles wat ik nog niet weet en vanwege iedereen van wie ik nog zal houden.

De golven dragen me terwijl ik me bij elke slag voorhoud: 'Eén ademtocht, één leven.' Mijn armen beginnen gevoelloos te worden. Ze krampen met stijve, onregelmatige bewegingen waardoor het zwemmen futiel en onbeholpen wordt. Maar de zee is lankmoedig. Als je ademt, laat ze je bovendrijven. Withete pijnnaalden prikken in mijn armen en benen. Langdurige blootstelling aan kou snijdt de bloedsomloop naar je ledematen af. Ik ben dankbaar voor de pijn. Die geselt mijn huid woest tot leven tot in mijn ingewanden.

Ik blijf ademhalen terwijl mijn vingers leeg door het water trekken. Mijn keel is rauw en mijn longen snakken. Ik houd mijn ogen die zout water knipperen gericht op de donkere schaduw van het eiland dat plotseling na alles de enige plek is waar ik wil zijn. Boven me schijnt bleek en kolossaal de blauwe maan. Donkere silhouetten van vogels stromen in groten getale door een maanverlichte scheur in de lucht. Mijn hart sluit zich aan bij die toewijding tot overleven en wringt elke zwaarbevochten ademtocht uit mijn schrijnende longen.

Als ik mij ten slotte het water uit sleur, kan ik het schudden van mijn lijf niet in bedwang houden. Mijn kaken klapperen terwijl mijn gebit trilt. Ik ben een delirium nabij, maar vanbinnen ben ik omgevormd. Mijn huid is ruw, afgeranseld door ontzag en het koude, glinsterende vuur van de liefde.

Zout kan het hardste ijs ontdooien. Tranen kunnen de bevroren stem binnenin bevrijden. Mijn ogen stralen, hete tranen prikken. Eerst wrijf ik ze weg. En dan houd ik ermee op. Ik laat ze stromen omdat ze warm zijn en ik blauw ben van de kou. Ik laat ze stromen omdat ze van mij zijn. Terwijl ik die omslaande golven in mij voel stijgen en dalen, beloof ik mijzelf dat ik mijn adem overal waar die gaat zal volgen. Ik keer me naar de zee en zeg zachtjes: 'Ik ben een eiland. En jij hebt me naar huis gedragen.'

Derde akte

1
Water

De regen valt. Op grote vloedstromen varen wolken vlokschuim over de golven. Terwijl hij op mijn haar spat, hef ik mijn gezicht ernaar op. Het is moeilijker dan je denkt om verse regendruppels in je mond op te vangen. Regen is fris, zoet en verkwikkend, indien gezuiverd met zout. Mijn mond schrijnt, verstijfd en opgezwollen van de ijzige druppels. Ik kijk naar de rimpelende windvlagen tegen tij en de grijze, oprollende golven. Elke dag gooi ik een paar verloren uren in het water. Elke dag vernieuwt dat mijn kracht, stookt het innerlijke veerkracht op en vervult het me met een besef van dankbaarheid voor mijn warme adem en kloppende hart. Het is een jaar en een dag geleden dat ik me op land sleepte, uitgeput, na het lange slopende terugzwemmen uit de engte waaruit ik niet van plan was geweest terug te keren. Het is een zwaar, prachtig jaar geweest.

Ik ben opgetogen omdat ik helemaal naar de door meeuwen geplaagde rotsen ga zwemmen waar de zeehonden in en uit het diepe water glijden. Hun gladde koppen met die grote, vloeibare ogen die in de golven plonzen, brengen me er elke dag toe net iets verder te gaan. Ik weet dat het mijn uithoudingsvermogen op de proef zal stellen om die hele afstand naar de skerry's af te leggen en me bij hen te voegen. Het is verder dan ik ooit heb geprobeerd te zwemmen in de winter. Maanden droom ik er al van om voorbij de natte zandplaten en tenen fuiken te zwemmen het diepe water in, waar het tij keert en aanzwelt en over een richel gebroken rotsen vol zeepokken schuimt. Dit is waar de wildere, scherpziende vogels, de aalscholver en zeekoet, uitrusten nadat ze zijn binnen komen zeilen op de sterke Atlantische stromingen. Hun kreten vermengen zich met het gepiep van een eenzame strandloper en kievit die hier zijn achtergelaten en nu op deze kusten moeten overwinteren.

'Je kunt het,' jut ik mezelf op terwijl de bijtende wind mijn haar in mijn gezicht zwiept. En dan haal ik een paar keer snel adem terwijl ik me met mijn armen om het lijf sla om het bloed op gang te krijgen. Als je aan de waterkant staat, is dat niet het moment voor zenuwen. Ik focus kalm op mijn adem, me ervan bewust dat ik me voldoende heb voorbereid om deze uitdaging aan te gaan.

Het is maar zo'n achthonderd meter heen en weer, maar zonder wetsuit vergt zwemmen in de bittere kou een ander soort uithoudingsvermogen. Afstand meet je niet alleen met externe markeringen in tijd en afgelegde meters, maar ook met een verfijnde innerlijke maat die een grondig begrip vereist van het fysieke en emotionele evenwicht van het lichaam.

In de zee zwemmen is het hele jaar door zwaar in de Hebriden, maar de kou is vandaag bijzonder slopend. Als ik mijn jamthermometer in het water steek, haalt die amper zeven graden. Ik weet dat ik hard zal moeten werken om heen en weer te komen zonder mijn concentratie te verliezen, of mijn innerlijke warmte en kracht, anders loop ik het risico me bloot te stellen aan onderkoeling. Om die reden en voor het comfort heb ik een thermosfles kokendhete thee meegenomen om me direct voor het zwemmen op te warmen. Dat zal mijn binnenste verwarmen en zo een paar minuten bescherming toevoegen. Ik klok het met grote snelle slokken naar binnen. Het is een gewaarwording die voor zover ik me kan voorstellen, vuur slikken het dichtst benadert. Daarna sta ik te gloeien, versterkt en klaar. Ik hef mijn gezicht op naar de plenzende regen en ik denk: niets houdt mij tegen vandaag.

Ik heb hier dagelijks voor getraind, een *core*-sterkte en uithoudingsvermogen opgebouwd om langer in het water te kunnen blijven, me ertoe zettend elke dag een paar minuten verder te gaan. Op de meeste dagen zwem ik naakt, maar in de winter draag ik neopreensokken en drie millimeter dikke handschoenen om mijn handen en voeten af te dekken als ik lang zwem. Deze simpele bescherming helpt me ook tussen de scherpe rotsen door te klauteren die me direct naar het diepe water voeren, zodat ik niet blootgesteld aan de wind vanaf de kant door de ondiepten hoef te waden. Ik houd ervan de zee en de ruige elementen op mijn huid te voelen, maar dat is niet zonder risico.

Het heeft tijd gekost om het zonder wetsuit uit te bouwen tot twintig minuten. Over achthonderd meter zal ik vijfentwintig minuten doen als ik een gestaag tempo aan kan houden. Adrenaline verwarmt mijn lichaam, maar de snijdende winterkou is meedogenloos bij een buitentemperatuur van twee graden. Vandaag heb ik nauwgezet moeten plannen. Met de kelderende temperaturen heb ik besloten mijn zwemtocht in tweeën te breken en op de skerry's op te warmen bij een vuur. Ik heb een waterdichte duikerstas met een vuurslag en droge aanmaakkrullen, een lap zeildoek, een met fleece gevoerd ritszeilpak uit één stuk en een tweede thermos met gloeiendhete koffie. Het extra gewicht zal me in het water langzamer maken, maar ik heb erop getraind.

De omstandigheden zijn goed en het is vloed, dus zal het heen zwemmen me op de proef stellen, maar terug wanneer ik moe begin te raken, zal het makkelijker zijn. De gedachte aan naar binnen vloeiende koffie en een knetterend vuur vervult me met kinderlijke opwinding en maken me belust om van land te steken. De wind en de regen worden in ieder geval zachter door de golven, en het is een opluchting te weten dat de dooi eindelijk heeft ingezet. Dat betekent dat ik een paar waardevolle minuten langer in het water kan blijven, wat ik ook nodig zal hebben, weet ik, samen met de laatste reserves van mijn lichaam. Het is verkwikkend om te horen hoe de smeltende sneeuw van de kliffen gutst, terug donderend naar zijn bron.

Ik heb nooit van koud water gehouden, maar hier ben ik van zijn schokkende, ijzige omhelzing gaan houden. Elke dag sta ik, wat voor weer het ook is, vroeg op en loop ik naar de kust. Ik houd me voor dat ik niet raar ben omdat ik dit doe, maar soms vraag ik het me toch af. Ik houd me voor dat het geen dwangmatige handeling is, maar gewoonweg een onweerstaanbare roep. Ik heb geen dag overgeslagen, ongeacht stormen en de afmattende Hebridische omstandigheden. Ik heb bij sneeuw gezwommen, in ijskoude regen met ijzeldeeltjes die het zicht belemmerden, in tintelende zonneschijn en in dichte, gloeiende, goudgele nevels, en één keer toen de gevoelstemperatuur tot min zestien zakte en de zee aan de randen tot krakend ijs bevroor. Na een poosje denk ik toch dat het misschien niet zozeer verleidelijk is als wel verslavend.

Ik weet dat ik niet de enige ben die hier vragen bij heeft. Iedereen die zich de hele winter door met de zee ophoudt, is er wel zo aan toe dat hij verbeten naar verlossing zoekt. Na een tijdje houd ik mezelf niet langer voor de gek. In werkelijkheid kun je bij die temperaturen pijn niet van genot onderscheiden. Zwemmen in koud water voert je tot de grens van beide. Uiteindelijk is het moeilijk te bepalen wat je nu motiveert, of erachter te komen waarnaar je op zoek bent.

Ik hield me meestal voor: 'Binnenkort houd ik ermee op.' Op den duur besefte ik dat ik dat helemaal niet wilde. Het krijgt me uit bed en de deur uit wanneer de ochtend grijs is en de loden horizon uiterst dun. Het helpt me duidelijke grenzen te stellen. En voor alles leert de zee me vertrouwen te hebben. Ze leert me om me over te geven, niet alleen aan mijn adem, maar aan iets oneindig groters. Ik weet dat als ik bloot in de ijzige kou kan staan, me in de golven kan slingeren en kan blijven zwemmen, ik ga winnen.

Als ik terugkeer op het strand en mijn voeten grip krijgen op de kiezels, voel ik me onverschrokkener dan daarvoor. Moed is de eerste eigenschap die je nodig hebt om je problemen onder ogen te zien. Na het koudwaterzwemmen lijkt alles wat er nog gebeurt in mijn leven, misschien niet makkelijk, maar dan toch in ieder geval te doen. En het is een even goed begin van de dag als alle andere, vind ik. Het beproeft tot hoe ver je kunt gaan, verlegt je tolerantieniveaus en ontspant en versterkt een vezel in je kern die heel je wezen doortrilt, als een soort innerlijke draad die op spanning wordt gebracht. Bloed stroomt als een beschermend schild door mijn lichaam: adem brengt elke cel tot leven.

Er is een moment wanneer ik naar voren stap en mijn voeten even in het natte zand zakken, dat ik iets achterlaat. Ik kijk hoe de zee mijn voetafdrukken vult en die naakte indrukken dan schoon wegspoelt waardoor ik me vanbinnen zo licht als de wind voel. Het is immens bevrijdend om het verdraagzame water in te lopen. Mijn schouders schudden mijn buitenste laag af, al mijn zorgen en beslommeringen, alle kleinigheden van mijn leven. Zwemmen in de winter stelt je vastberadenheid en karakter op de proef. Het vergt de laatste gram van je krachten, en vraagt dan nog meer. Je ontdekt dat je meer hebt te geven dan je ooit voor mogelijk hebt gehouden.

De zee kneedt je vakkundig, boetseert je tot een nieuwe vorm die de klappen kan weerstaan die het leven uitdeelt. Je zachte buitenkant, de elegantie en lichtheid van je wezen, voel je fijner aan zonder schoenen en handschoenen, en dus zijn er zelfs in de koudere maanden dagen dat ik liever zonder enige belemmering zwem. Wanneer ik naakt aan de waterkant sta, komt een moediger bewustzijn tot leven dat een staalblauwe, niet te doven vlam in mijn hart ontsteekt. Het tilt je over de golf van je eigen vrees of verzet heen en stemt je innerlijke kompas opnieuw af. Wat me dan ook mag voortdrijven, ik weet wel dat het een kracht ten goede is. Pas als ik over mijn schouder terugkijk naar de voorbije maanden, besef ik dat ik weer op het juiste spoor zit.

Achter mij hurkt een buizerd in de top van een haagdoorn en hij houdt me zonder te knipperen met zijn gouden ogen in de gaten. 'Anders ik wel,' glimlach ik naar hem als ik merk dat we allebei onze schouders hoog hebben opgetrokken. Zijn aanwezigheid zegt me dat de regen snel zal ophouden en de wolken zullen openscheuren. Mijn hart springt op omdat ik weet hoe stralend de zon zal zijn. De meeuwen die de lucht in gaan en de wind van zich afschudden, bevestigen nog eens dat het wolkendek zal openbreken. Als de regen aan land zou komen, zouden ze beschutting zoeken in de schuilhoek van de baai of bijeenkruipen op de velden.

Mijn voeten schrikken terug van de pijnlijk koude stenen, maar ik breng mijn ademhaling tot rust en concentreer me. Het is eerder een opengaan en een overgave om elke gewaarwording de baas te worden dan een strijd. Ik heb geleerd te vertrouwen in wat deze felle getijden ook op mij afsturen. Tegenwoordig ben ik alleen, maar niet eenzaam. Ik ben zachter voor mezelf. Alleen zijn trekt je aan net als de zee, maar ik ben me er in de loop der jaren anders toe gaan verhouden. In Londen stond alleen zijn voor vrije tijd of ontspanning, een pauze of hoognodig even de druk van de ketel. Toen was het een zeldzaam plezier waarvan genoten moest worden. Nu alleen zijn mijn dagelijkse situatie is, is het ook voortdurend aanwezig. Ik moet erop bedacht zijn dat het niet transformeert tot eenzaamheid die ongemerkt een hart kan binnensijpelen.

Een ruisende windvlaag beroert het wateroppervlak. Aalscholvers vliegen laag, hun pijlvormige lijven zweven een handbreedte boven het omhoog gewende aangezicht van de zee. Als ik kordaat mijn stuntelende handen warm wrijf, duwt Maude haar natte lijf tegen mij aan voor ze ervandoor schiet om opgewonden naar de golven te happen. Elke dag gaan we naar een ander stuk zee. We geven elkaar de vrijheid om te doen wat we moeten doen. Elke dag bedenken en overtreden we onze eigen regels. Iedereen heeft zijn eigen remmingen, angsten of delen van het leven die moeilijk tegemoet te treden zijn. Om verder te komen is het belangrijk om erop af te gaan en ze onder ogen te zien. Elke uitdaging die je bent aangegaan, geeft je de toestemming opnieuw te beginnen.

Mijn tenen zijn bleke schelpen op de rotsen vol zeepokken. Rondom zitten kleine schaaldieren samengedromd als glinsterende natte bloemen. Ik kijk naar de golven die binnen komen rollen op het tij. Achter me laat een otter nat en zacht en glanzend zijn vorm van de rotsen vloeien. Hoewel mijn lijf zich vastklampt aan zijn eigen warmte – en dat neem ik het niet kwalijk – denk ik niet aan wat nog komen moet. Het is een inspanning om dit te doen, maar dat geldt voor alles wat de moeite waard is. Als ik aarzel, als ik aan de kou denk, dan ga ik er niet in. Terwijl ik de stenige ondiepten in stap, hap ik naar lucht, maar ik weet dat ik niet moet stoppen. Ik volg mijn benen die erin waden. Wanneer ik in de golven duik, komt mijn adem in korte, snelle stoten en mijn gezicht schrijnt met de ritmische slagen van beide armen. Mijn hart klopt sneller en mijn van zout prikkende ogen gaan wijd open in de kou.

Ik ben nooit bang geweest voor water. Ik heb leren zwemmen toen ik drie was. Jaren later zwom ik in Londen vaak na het werk in het donker in een buitenbad. Ik ging altijd vlak voor het zwembad dichtging om de dag van me af te laten glijden. Het was daar allemaal heel rechttoe rechtaan. Alleen het noodzakelijke en functionele, maar het was schoon en je kon er kiezen tussen twee lange bassins. Ik betaalde mijn kaartje, stopte het in de tourniquet, duwde de zilvermetalen stang weg, ging linksaf voorbij de frisdrank- en de kauwgomballenautomaat en dan de trap af de kleedruimte in. Ik nam de moeite niet me in een hokje om te kleden, maar schoot zo mijn kleren uit, deed het elastiek met de kluisjessleutel om mijn enkel en waadde blootvoets door het voetbad met die chloorwalm waar je maag van omdraaide, en probeerde niet uit te glijden over de koude tegels.

Naar buiten de avondlucht in stappen deed me altijd naar adem happen. Rondom was het ronken en gonzen van het Londense leven op zichzelf prachtig met het verkeer dat aan de andere kant van de hoge muur langsdenderde. Het was ongelooflijk om daar aan deze kant van die bakstenen het prachtige, donkere, stille water in te staan staren. Ik legde mijn handdoek neer en stak mijn teen even over de rand. Ik haalde een paar keer adem en concentreerde me kijkend naar de damp die de koude lucht in steeg. En dan die maning die je tenen aanzet zich om de rand van het bad te slaan en je benen om zich aan te spannen en op te springen in een lange, open boog. Een kortstondige stilte. En dan het versplinteren van het oppervlak, een glimp van de aflopende betegelde bodem en een golving die voor je uit door het water deint. Ik voelde bij elke trage uitademing een gewicht afwikkelen. Dit was mijn eigen prachtige blauwe decompressiekamer. Ik zwom eindeloze baantjes met steeds een tuimelkeerpunt en draaide om de zoveel banen op mijn rug. De stoom die van het verwarmde water dampte, liet mijn koude adem omslaan in een wolk witte rook. Het was geweldig om onder de avondhemel boven het hart van de hoofdstad te zwemmen, maar soms was zelfs dat weidse perspectief te beperkt.

Als ik er nu aan terugdenk, kan ik bijna niet geloven dat ik zoveel jaar op het droge ben gebleven op dit eiland. Ontmoedigd door de kou ging ik zelden zwemmen in de zee of het loch. Ik nam met plezier een duik op warme dagen, maar zelfs dan hield ik het maar een paar minuten uit. Ik ben niet de enige. Maar weinig eilanders gaan het water in. De zee is ijskoud, het tij sterk en de stromingen komen van de grote Atlantische Oceaan. Als je niet vertrouwd bent met die omstandigheden, is het gevaarlijk.

Maar ik ben nu heel blij dat ik deze kust grondig heb leren

kennen. Elke keer dat het eiland te nauw of te klein voelt, ren ik over de heuvels en stap ik ervan af de golven in. Ik vind er nog onverkend gebied voorbij de binaire noord-zuidopties en gepolariseerde onenigheden van de smalle eilandweg. Soms vraag ik me af of hier wonen anders zou zijn als er ook een rondweg langs de kust was. Het landschap vormt de psyche van zijn bevolking op heel veel manieren. Misschien had het idee van een derde, kronkelige weg dan wortel geschoten in de plaatselijke cultuur. Ik benijdde vroeger de vogels dat ze overal konden opvliegen en landen, op golven en grond. Nu heb ik ook een onbeperkte vrijheid. Die helpt me mijn eigen parameters opnieuw te tekenen met frisse, vloeiende lijnen.

Bij de skerry's is een punt waar de getijden van drie baaien bij elkaar komen en het water van verschillende kanten erin en erdoor raast. Dat kan je in het begin in de war brengen, maar ik heb het water daar in de zomermaanden beproefd. Er is daar geen mui of getijdenstroom. Wanneer ik terugkijk naar het eiland, lijken de rotsen grote bultruggen. De wind is fel, woelt door de donshaartjes op mijn blote nek. Daar en op mijn onbedekte schouders voel ik de gure kou het hevigst. 's Winters zoek ik instinctief het snelle water op. Dat houdt me gefocust met gonzende adrenaline. Stil, kalm water is lastiger om in te zwemmen wanneer de temperatuur verscherpt. Het wiegt je in slaap en mat je af, vereist een sterkere concentratie, inspanning en uithoudingsvermogen. Ik ga altijd kopje-onder. Dat helpt mijn lichaamstemperatuur reguleren.

Ik blijf ademhalen en trek mijn handen door het water. Longen stoten lucht uit als een snik en huid wordt wit. Hier laat de zee terwijl de golven kort gaan deinen, steeds een dunne film over mijn huid stromen. Ik voel me warm en beschermd buiten de scherpe tanden van de wind. Halverwege wordt het water plotseling dieper. Ik ben nu waar de getijden samenkomen. Een grote stroom schemert en verrijst van onderen. Terwijl de zee gaat kolken, word ik opgetild en voorwaarts gedragen als op de ademende rug van een walvis. Het is verkwikkend om te worden vastgehouden en gesteund. De zee spoelt deze baai in en draagt me naar de skerry's zodat ik me amper hoef in te spannen. Die laatste ogenblikken van mijn tocht naar buiten vlieg ik als een vogel.

Bij de skerry's zijn de meeuwen aan het kijven terwijl ze elkaar verdringen en tegen de wind in snerpen. Het water wemelt van de vissen. Zilveren schimmen schieten langs. Verder de zee op rust een vlucht murmelende ganzen kalm ronddrijvend uit. Vogels zijn hun angst voor mensen kwijt als ze in het water liggen. We glijden nieuwsgierig langs elkaar. Ik voel me omarmd door de zee en de lucht en met allebei verbonden.

Ik hijs me de rotsen op en steek een knetterend vuur aan. Een aan de grond vastgemaakt stuk zeildoek houdt de paar takjes die ik heb droog. Er is geen tijd om me af te drogen wanneer de temperatuur zo laag is, en een handdoek is ruw en schrijnt op de huid, dus stap ik meteen in mijn met fleece gevoerde zeilpak en zet mijn muts op. Dat houdt de boel simpel. Ik blijf in beweging terwijl ik hete koffie achteroversla en voel hoe die warmte mijn lijf verwarmt. Op de kust ligt een stevige rugzak met basisbenodigdheden die me na het zwemmen zal helpen herstellen. Een emaillen beker, een thermos warme soep, een waterketel en wat thee, een brok chocola, aanmaakblokjes en -houtjes, en een heleboel droge kleren. Je brengt jezelf een routine bij zodat je na oefening niet meer na hoeft te denken. Je spiergeheugen voert de bewegingen vanzelf uit. Dat is belangrijk omdat kou je langzamer maakt.

Vandaag de dag hecht ik aan mijn leven en neem ik geen risico meer. Ik heb door ervaring geleerd hoe ik me moet beschermen. Er is een tijd geweest dat ik niet zo voorzichtig was. Op mijn knieen zit een wirwar van fijne witte littekenkruisjes waar de rotsen hebben gesneden. Ik weet nu hoe ik onderkoeling moet herkennen. De grens tussen sterke afkoeling en onderkoeling is gevaarlijk dun en het is nog moeilijker in jezelf te herkennen wanneer het echt bedreigend wordt. Daar is mijn lichaam het levende bewijs van.

Ik heb een souvenir in de vorm van een klein stukje dat bevroren is geweest op de knokkel van mijn rechterwijsvinger. Het zal me aan deze prachtige dagen herinneren wanneer ik oud ben. Het stelt niet heel veel voor. Gewoon een klein glad stukje vel op de knokkel, zonder plooitjes of lijntjes, zoals bij een litteken van een snij- of brandwondje. Toen ik net uit het water was, lag het rood open. Ik was wezen zwemmen bij een gevoelstemperatuur die tot min zestien zakte, en mijn handschoen was gescheurd waardoor mijn vingers werden blootgesteld aan de geselende kou van de wind. Je bloedsomloop stopt er in je handen en voeten sneller mee dan je doorhebt. De rest van mijn lichaam was onder water, op mijn hoofd na dat was beschermd door twee wollen mutsen over mijn badmuts heen. De zee was om me heen aan het bevriezen, knapperend met zacht knisperend geruis. Het was zo buitengewoon mooi dat ik, al wist ik dat ik dat niet moest doen, tien minuten langer in het water bleef dan ik had moeten doen. En ik heb er geen spijt van, want het was zo'n stralend, kristallijnen wonder dat je bij blijft – iets wat ik maar eens in mijn leven heb meegemaakt en wat voor altijd in mijn hart en lijf geschroeid blijft staan. Wekenlang bleef mijn knokkel gloeien met een jeukend, irritant gevoel alsof er zich iets onder mijn huid boorde, zo gevoelig dat ik het niet aan kon raken. Nu is het een talisman. Die dag heeft de zee me gezoend en in mijn hand gebeten, haar zilveren gif door mijn aderen laten stromen. In dit brandmerk voel ik dat de zee altijd bij me zal blijven.

Tegenwoordig ren ik altijd over de heuvels naar de kust en maak ik daar een vuur om me warm te houden. Ik neem warme thee of soep voor ik ga zwemmen. Naderhand douche ik met lauw, niet warm water om mijn lichaamswarmte veilig in mijn core te houden. De warmte weg laten vloeien naar de handen en voeten is gevaarlijk omdat het bloed onttrekt aan de organen en het weefsel in je core. Wanneer je te ver bent afgekoeld, of bijna onderkoeld, kan een stroom koud bloed, zelfs wanneer je alweer langzaam aan het opwarmen bent, het hart een fatale schok geven.

Elke dag wanneer ik uit het water kom en me afgedroogd heb en in beschermende, thermische kleding ben gestapt, sla ik mijn bevende armen om Maude's natte lijf om ons allebei op te warmen. Ik zet een klein metalen keteltje op brandende takjes, luister naar het brullen van de golven en het vlagen van de bomen. Kokendhete stoom begint te bubbelen en te zingen. Stuntelende vingers krullen strak rond een beker hete thee. Vaak vraag ik me af terwijl ik in die knetterende vlammen op de stenen staar, hoe we hier in hemelsnaam zijn beland. Het is vreemd om zo alleen en toch zo verzonken te zijn in zo'n prachtig moment. Ik voel me in deze wilde streek completer en verbondener dan ik me ooit bij een ander mens heb gevoeld.

Het kan angstaanjagend zijn om het alleen te moeten redden wanneer je niemand hebt tot wie je je kunt wenden, maar ik heb het idee dat ik de uitdagingen die ik voor mijn kiezen heb gehad, ben aangegaan en dat ze belangrijk zijn geweest in de vorming van de mens die ik ben geworden. Ik weet nu dat je een burn-out krijgt wanneer een lange worsteling plaatsmaakt voor een niet-aflatende, onweerhoudbare aanslag, zoals het oppervlak van een rots uitgesleten wordt door erosie. Je komt weer tevoorschijn met anders gehouwen trekken en iets anders wat vanbinnen is getransformeerd. Sommige van die veranderingen zijn welkom, maar andere kunnen je in rouw dompelen om dat deel van jezelf dat je bent kwijtgeraakt.

Buiten bij de skerry's zijn het licht en het tij aan het keren. Terug in het water grijp ik een rots vast om op adem te komen. Nog verder glijden de zeehonden soepel onder het wateroppervlak, steken hun donkere kop op met hun zwarte knipperende ogen die de hemel weerspiegelen terwijl het water zo van hun koude, gevlekte vacht loopt. We kijken zwijgend naar elkaar tot eentje nieuwsgierig roept, een zingend kirren, melodieuzer dan geblaf. Terwijl hij de donkere diepte in duikt, adem ik een grote teug lucht in, glij ik onder water en volg ik hem die donkere, groengewaaierde wereld daarbeneden in. Verderop in de engte wachten de rijke voedselgronden. Ik weet weer dat hier andere, ongeziene werelden ademhalen; dat er evenveel werelden te bewonen zijn als er kloppende, onzichtbare levens zijn. Tegenwoordig is de zee geen object meer voor mij. Ze heeft een naam en een aanwezigheid die innig is en wordt bemind. Terwijl de zee omhoogkomt naar mij, ga ik open voor haar schoonheid en vloeiende mogelijkheden. Ik ben aan het ontdekken dat het leven minder ingewikkeld wordt zonder dagelijkse omgang met mensen. Zijn eindeloos simpelere ritmes geven me de kans me diep te verbinden met mijn instincten en een oorspronkelijkere stem. Ze geven me de kans dichter naar de lucht, de zon, de wind en de maan te reiken.

Transformatie is regenererend, verlossend en gaat gepaard met strijd. Om verandering te laten plaatsvinden of om een nieuw pad in te slaan moet je de scherpe rand van de pijn van alles wat je voor je kiezen krijgt langs je hart laten schampen. Op sommige dagen voel ik me net een oesterschelp die zichzelf van binnenuit opbouwt uit een handje zand. Elke dag spoelt de zee me glad. Terwijl ze terugtrekt, toont ze me een deel van mezelf dat voor mij nieuw en subtiel anders is. Als je voorbij je angsten gaat, neemt ze je mee naar een wilder gebied. Dat is niet iets voor iedereen. Ik ben niet wie ik was, maar ik ontwikkel me nog steeds.

'Dit is pas het begin,' zeg ik zacht tegen de zee. 'We zijn nog maar net samen op weg.' En dan tuur ik naar de zeehonden die onder het tij glijden en bedenk ik dat ik nog veel verder moet zwemmen.

2
Vuur

Een zware niet-aflatende vorst heeft het eiland in zijn greep. Elke ochtend sta ik in duisternis op en trippel ik op mijn wollen kiltsokken in mijn dikke thermische ondergoed naar beneden naar de keuken. Een lege thermos staat op de keukentafel op me te wachten, samen met andere onmisbare zaken als lucifers, een vuurslag, een handje droge aanmaakkrullen, een rauw ontbijt voor een hapjespan en een kleine metalen ketel om me van binnenuit op te warmen.

Ik weet hoe belangrijk het is om wanneer ik terugkom van het zwemmen in beweging te blijven. Vandaag pak ik twee jutezakken in die ooit dienstdeden als postzakken en nog altijd stug en bestendig zijn, gooi een zware, Schots geruite plaid over mijn schouder en haal een versleten zadel tevoorschijn terwijl Maude's poten de deur uit schieten voor mijn hoge schoenen een stralend bevroren wereld in knoerpen. Bij het hek houd ik halt terwijl mijn stem roepend weerklinkt over de croft. Even is het stil en dan komt er gehinnik. Hoeven komen aandaveren over de bevroren aarde en dan staat mijn Highland-merrie voor me met opengesperde neusgaten en briesende adem. Waardoor je haar prachtige wildheid ondergaat.

Fola is donker in de schaduw maar glinstert van de rijp, haar lange wimpers knipperen loom terwijl haar hoofd tegen de plaid en het zadel duwt. Haar manen zijn stijf bevroren en als ze haar nek buigt, knettert het op haar rug van de ijskrullen. 'Ben je zover?' mompel ik, en ze werpt haar hoofd omhoog, draait en zwaait hoog met haar staart. Ik stel me voor hoe het zou zijn als we altijd zo zouden hebben gereisd, elke ochtend bij dageraad in het zadel voor de tocht naar waar we zouden moeten zijn. Onze adem wolkt wit terwijl ik kordaat over haar dikke vacht ga met mijn handen vol kloofjes. Trillende ijssplinters regenen op ons neer in witte lichtflikkeringen. Onze silhouetten worden belicht door een gouden gloed terwijl de zon begint op te komen en de dag immens prachtig aanvoelt in al zijn fysiekheid en zuivere eenvoud. Ik kijk uit over het land en erken dat het mij van alles voorziet wat ik niet alleen nodig heb om van te leven, maar ook om te gedijen. De granieten bergen die de horizon omlijsten worden tot iets onbetekenends gehouwen door de bovenaardse vlammende ringen die de rijzende zon werpt. Daaronder is de zilveren zee een flikkerende spiegel van glas.

Het is vreemd dat het uitspansel in staat is onze diepe atavistische instincten te prikkelen, en daarbij uit onze oeroude impulsen en voorouderlijke herinneringen put om een diepliggende geest tot leven te brengen. Heel even voelt het alsof ik dit moment eerder heb meegemaakt, en dat niets me ooit nog zal verrassen. 'Ik ken dit land,' fluistert mijn hart en de tijd voelt plotseling aan als een lichtflikkeringetje maar tegelijk als iets enorm uitgestrekts.

Het is een tijd van het jaar dat je de seizoenen kunt voelen verglijden dankzij de schuine as van de aarde en dat iets anders ontwaakt in je eigen bewustzijn. De grond is nog bevroren, maar je kunt voelen dat aarde zich roert in het donker, al het leven dat daarbeneden ontkiemt, alsof het ernaar snakt om naar boven te komen, door de korst van de wereld heen te breken en deze verlammende onderwerping aan de kou open te laten barsten door de warmte van nieuwe groeisels.

De ijskoude lucht kleurt rood en brandt het topje van mijn neus en vingers. Snel trek ik de riemen van het zadel en de buikriem aan. Het is een immense voldoening om het leer zacht als boter gaatje na gaatje door de ring te voelen glijden dankzij al die uren dat ik was in het vergankelijke oppervlak heb gewreven. Als ik mijn handwerk inspecteer, glimlach ik. 'Wat vind jij ervan?' vraag ik Fola terwijl ze nieuwsgierig de ruwe jutezakken bekijkt die aan de uitrusting zijn gehaakt waarmee ze is gezadeld. Het is een primitieve constructie, maar hij werkt. Haar voorhoef gaat omhoog en schraapt over de harde grond, dus aai ik haar en zeg: 'Lopen maar, meisje.' Haar neus blaast blauwe wolken uit als ze vooruitschiet en Maude als een schaduw achter ons aan komt snellen. We gaan in het bos aanmaakhout en afgewaaide takken verzamelen, en stapels stekelbrem en gaspeldoorn.

De winter duurt lang op de eilanden. Met de zon die om drie uur 's middags ondergaat en 's ochtends pas na negen uur opkomt, kan elke dag aanvoelen alsof je met weinig proviand een hoge bergpas over moet. Je moet de wintermaanden niet onderschatten. Het is belangrijk om je erop voor te bereiden, mentaal én praktisch. De winter heeft hier met zijn vaalgele, bleke licht wel 'de tijd van de kleine zon' geheten. Het weer kan je geest in zijn ban houden. Ik ben dol op de koude, glinsterende dagen wanneer de grond bevroren is en een dik pak sneeuw over de heuvels valt. Het is een tijd van stilte en kalmte, waarin de aarde tot bedaren komt en haar levenssap vergaart. Maar ondanks al die schoonheid lijkt er soms geen einde te komen aan die lange, donkere maanden.

Een halfjaar lang, van oktober tot maart, accentueert de zee deze insluiting door het donker. Het tij slaat hard op het eiland. Op rustige avonden betekent een beperkt vaarschema dat de laatste geplande afvaart naar het vasteland om halfzeven vertrekt. Elk jaar slaan stormen ons los van het vasteland. Toen ik nog maar net op het eiland zat, hinderde het me om afgesneden te raken van de rest van de wereld. Het duister resoneert en laat zich ver weg van de stedelijke centra heviger voelen. Ik was nog niet gewend aan de stormen, had me nog niet aangepast aan lange periodes waarin de zee en de wind huishielden en die tot gevolg hadden dat vaarten werden geschrapt, de elektriciteit uitviel en telefoonkabels knapten. Hoe langer het onstuimige weer aanhield in die begindagen, hoe sterker ik het overeenkomstige emotionele tekort en inzakkende moreel voelde. Kou kan niet alleen onze lichamen letsel aandoen, maar ook onze emotionele veerkracht en ons evenwicht. Het spoort je niet alleen aan om voorzorgen te treffen, zoals levensmiddelen en brandstof aanvullen en efficiënt zijn in je planning en je taken, het zet je er ook toe aan om na te denken over je eigen nietigheid en je plaats, niet alleen op dit eilandje, maar ook als een mens die hunkert naar contact met anderen in de wereld. Er gaat niets boven een storm om je eens met je neus op je eigen kwetsbaarheid te drukken en je te manen je veerkracht te versterken.

Wanneer ik terugdenk aan mijn eerste kerst op het eiland, lijken die jaren met Rab zo lang geleden. We waren zo jong, naïef en kinderlijk in onze gretigheid onze eerste festiviteiten op het eiland mee te maken – alsof we er echt bij hoorden – dat we er uit vrije wil voor kozen om Kerstmis niet bij onze eigen familie door te brengen. Ook al hadden we maar heel weinig, we hadden elkaar en daarom heel veel. Nu lijken die momenten verre naklanken uit een andere wereld.

Mijn eerste winter alleen na het vertrek van Rab was de koudste en strengste die ik me kan herinneren. Dit was de winter dat de verwarmingstank leeg kwam te staan en de brandstofwagen pas over zes weken zou komen. Dat maakte ook niets uit, aangezien ik sowieso geen geld had voor de olie. Dus was het dat jaar tot aan de lente koud in huis. Soms maak je er gewoon maar het beste van. Ik hulde me in dikke lagen kleren en dekens, leefde op soep en sliep met meerdere jassen aan en mutsen op. Toen de kolen op raakten, stookte ik met het aanmaakhout dat ik in het bos bijeen had geraapt. Ik bond met een touw een grote bos bij elkaar. Het deed mijn gebroken handen te veel pijn om het te tillen, dus bond ik het touw om mijn middel en liep ik de hele bos achter me aan slepend langzaam terug naar boven aan de croft.

Zo voelde het leven toen voor mij aan: zwaar, omslachtig en onbeholpen. Maar ik heb geleerd dat als je volhoudt, de last lichter wordt en je vaardigheden en kracht mettertijd groter worden. Die moeilijke jaren zijn voorbij en ik hoef ze nooit meer terug. En toch vormden ze een buitengewone, waardevolle periode. En zo nu en dan mis ik ze omdat ze iets rauws, elementairs hadden, om de grimmige schoonheid. De moeilijkste jaren geven ons soms een kracht die we anders nooit zouden kennen. Er is altijd een donkere tijd in het leven, maar daardoor schijnt het licht des te feller wanneer het komt.

Dit jaar vind ik het niet moeilijk die rustige winteruren te vullen. De lampen staan er netjes bij voor wanneer de elektriciteit uitvalt. Lucifers ontbranden kalm in het donker. Kaarsen worden aangestoken en petroleumkousjes flikkeren helder. Het bestieren van de croft onderverdelen in een reeks kleine taken die te doen zijn, maakt de dagelijkse klussen makkelijker en is te verkiezen boven een enorme waslijst die nogal overweldigend kan zijn. Elke ochtend geef ik mezelf drie opdrachten die ik aan het einde van de dag wil hebben geklaard, naast de gewone dagelijkse taken zoals brandhout verzamelen, de croft rondwandelen, schoonmaken, uitmesten, en de ronde maken om bij de dieren te kijken. Fruitbomen en planten, groenten en kruiden vereisen het hele jaar door aandacht en onderhoud. Op de lange avonden pak ik de bijenwas erbij om het gebarsten leer van Fola's tuig mee in te wrijven. Maude en Isla liggen te dommelen bij het vuur en trekken in dromen met hun poten. Dit jaar slaapt er een kip binnen boven op een stoelleuning. Ik lees hardop. Ik speel kaartspelletjes en schud de kaarten. Ik maak het stapeltje te verstellen kleren kleiner. Ik schrijf gedichten. Kaarslicht is zacht op witte pagina's. Ik tuur in de flakkerende vlammen.

Vuur trekt je blik naar zich toe in het donker. De zintuiglijke prikkeling door zijn hitte en vlammen is de grote oproep tot het leven. Die ontsteekt een sprankje moed of hoop. En wanneer je 's avonds dicht bij een vuur uitrust, ben je geborgen, veilig voor alles wat buiten zijn flakkerende gloed ligt. Je weet dat de wolven er nog zijn, maar zolang dat licht blijft branden, kan niets je kwaad doen.

Ik ben blij met de hulp die Fola me nu biedt met het vergaren van de houtvoorraden die mijn vuur de winternachten lang brandend houden. Het vergt enige oefening om het gedroogde hout in de geïmproviseerde zadelzakken te stoppen. De verdeling van het gewicht is belangrijk. We maken elke dag meerdere tochten, lopen van het bos tot in de heuvels boven het loch. De gaspeldoorn staat op de heuvel ertegenover. Hij slingert als een gouden pad over de heuvels wanneer alles kaal is: een symbool van hoop. Hij past zich opmerkelijk goed aan zijn omgeving aan en verspreidt zijn zaadvormende bloemen ver van de ouderplant om er zeker van te zijn dat ze onafhankelijk en zelfstandig gedijen. Zijn doornen zijn te scherp en onhandelbaar om in de zakken te stoppen, dus pluk ik de stralende gouden bloemen om eraan te zuigen. Ze smaken naar zonneschijn, bittere amandelen en honing. Later kook ik boven op de heuvel water in het keteltje en laat ik er een paar meetrekken in een heerlijke thee.

Ik leg een vuur aan op de heuvel. Ik ben verschillende soorten vuur aan het oefenen, en ik ben van plan een hele nacht buiten wakker door te brengen onder het toeziend oog van de sterren. Die eerste vonk zover krijgen dat hij ontvlamt, kan lastig zijn, vooral als het een vochtige dag is, dus ben ik goed voorbereid. Mijn zakken zitten vol gedroogde tondel, mos, korstmos, berkenbast, twijgjes, droog gras en stro. Wanneer je hout heel dun schilt met een mes, krult het om in verende kronkels die heerlijk ruiken, naar vanille-extract vermengd met verse bladeren. Ik schaaf de binnenbast weg zodat wat resteert in kleine reepjes loskomt die makkelijker vlam vatten. Berk krult naar binnen wanneer het heet is en zijn vlam dooft zichzelf snel, dus maak ik het plat en vouw ik het tot een waaier, rand over rand, om de vlam langer in leven te houden. Als Maude aan het verharen is, kan haar dikke vacht net als schapenwol geplukt worden door voorzichtig aan de losse stukjes te trekken die makkelijk loskomen in je handen. Ik vergaar een handvol en rol die op mijn hand tot een balletje dat zelfs in nat weer vonkend en knetterend vlam vat met een paar slagen van mijn vuursteen en vuurslag.

Vuur kunnen maken is een belangrijke vaardigheid en een goede manier om jezelf ervan te doordringen dat je alles aankunt en voor alles klaar bent. Ik word er steeds bekwamer in en probeer nu verschillende vuurconstructies uit. Ik ben ook mijn vaardigheden in het maken van een schuilplaats aan het verbeteren. Dat helpt me allemaal om effectief te improviseren, om me te kunnen aanpassen en te kunnen reageren op mijn omgeving. Het bevordert een vindingrijkheid en open manier van denken die het praktische én geestelijke uithoudingsvermogen versterkt, en geloof in de wereld, zelfverzekerdheid en zelfvertrouwen voortbrengt. Wanneer je op je gemak in je omgeving kunt leven, waar dat ook maar is, dan heb je het vertrouwen dat wat je ook overkomt, je het zult redden.

’s Ochtends steek ik een kaars aan en spreek ik uit waar ik die dag op hoop en wat ik van plan ben. Dat maakt me bewust van mijn eigen stilte en vraagt me die te verbreken met klanken en beweging. Ik tol schommelend met mijn lichaam in de rondte en gebruik mijn armen om omhoog te komen en te draaien. Het is bevrijdend om je lichaam vrij te zien en te voelen bewegen en een heel scala aan uitdrukkingen en bewegingen te laten onderzoeken, en het voelt heerlijk. Het versterkt de intenties die ik net heb uitgesproken. Ik word steeds stoutmoediger terwijl ik experimenteer met manieren om mezelf sterker te maken door als een dagelijks ritueel mijn eigen op werk en spel geënte tradities te smeden.

Elke avond ga ik wandelen in het donker bij maanlicht om mijn nachtzicht te beproeven, een oefening die me dwingt mijn comfortzone te verlaten. Ik blijf met opzet weg van de hier en daar flonkerende lichten van het eiland als mijn voeten de donkere heuvels en velden voorbij mijn croft betreden. Dat helpt me vertrouwd te raken met het eiland bij nacht, me overal onafhankelijk en veilig te voelen. Wanneer ik bij een lievelingsplek kom, ga ik daar zitten. Ik neem geen staaflamp of een andere zaklamp met batterij mee. Ik gebruik het liefst natuurlijke verlichting, zoals een olielantaarn die zachter schijnt en mijn ogen vormen en schaduwen laat ontwaren. De kleine wilde dieren worden er ook minder schichtig van. Ik luister naar de uilen en ganzen in het donker. Ik ben even stil als de herten.

Op een dag wind ik oude katoenen lappen en pluisjes strak om dikke takken, dompel ze onder in petroleum en besproei de stof lichtjes met alcohol. Die avond steek ik ze aan en ga ik de marklijnen en de grenzen van de croft af met een brandende toorts. Het heeft iets schitterends primitiefs om puur vuur rond te dragen. Dat gloeiende baken is een glorieus anachronisme. Het verankert mijn voeten in de grond. Het verbindt mijn ogen met licht. Het laat mijn hart steeds verder het duister in reiken.

Ik loop over de croft, brand vlammen over het land. 'Dit is mijn thuis!' roep ik de wind toe. Die avond brandt het vuur mijn angst weg. Er is iets waarmee ik aan de slag moet en ik weet dat het hoog tijd is.

De volgende ochtend klop ik om negen uur aan bij een deur. Mijn hart bonkt in mijn borstkas. Ik houd mezelf vurig voor dat ik de vlam in mijn hart brandend moet houden. Ik wil dit niet doen. Maar ik weet dat het moet.

'We moeten praten,' zeg ik rustig als de deur opengaat.

Het is even stil.

'Er valt niks te praten,' komt uiteindelijk het korzelige antwoord.

'Was dat maar zo, maar we weten allebei dat dat niet waar is.'

En dan zeg ik zijn naam. De man kijkt me nauwlettend aan en het ongeloof flikkert in zijn blik. Maar vervolgens kijkt hij weg waardoor ik merk dat hij zich geneert. Was dat maar niet zo. Gêne is gevaarlijk. Die grenst aan trots. Je kunt een vuur bedwingen door muren te bouwen en barrières op te trekken. Ik weet dat mijn vlam zal smoren als ik die muren niet heel snel afbreek. Heel voorzichtig leg ik mijn hand op zijn arm.

'Toe,' zeg ik. 'Hier moet een einde aan komen.'

En dan zie ik de angst opdoemen in zijn ogen. 'Ach, barst maar. Ik praat niet met jou.'

'Ik ga niet weg voor we elkaar de hand hebben geschud,' zeg ik kalm. 'Ik ken je amper. Ik woon alleen. Ik heb niemand die dit voor mij kan doen. Stel nu dat iemand, een man, net zo'n ruzie had met jouw dochter? Dan wil je dat die twist ophoudt.'

Hij kijkt me van opzij aan. En dan wrijft hij langzaam over zijn gezicht.

Ik laat mijn hart niet op hol slaan. Dit is pas één deur. Er komen er nog meer. Maar er hoeft er slechts één open te gaan om een golf van verandering op gang te brengen.

'Ik ga hier niet weg,' zeg ik nog eens, 'voor we gaan zitten om er bij een pot thee over te praten.'

Ik wacht, ik sta te trillen. Het kan elk ogenblik helemaal misgaan. Ik wil wegrennen. Ik wil overal zijn behalve hier.

'Alsjeblieft,' zeg ik.

En dan voltrekt zich een wonder. Hij haalt zijn schouders op. De deur gaat open en hij doet een stap naar achteren om me binnen te laten. 'Nou, als je niet gaat, kun je maar beter binnenkomen,' zegt hij. 'Er een scène van maken, daar heb ik al helemaal geen zin in.'

'Dank je wel.'

En ik loop achter hem aan op nog trillende benen.

Vuur moet oplaaien voor het dooft. Wrok is als een vuur dat smeult en dan spontaan ontbrandt. Het is angstaanjagend wanneer het op jou is gericht. En die hitte brandt. In de loop der jaren heb ik geprobeerd deze man en zijn naasten te ontwijken, maar dat is moeilijk als er weinig ruimte is. Er zijn momenten dat de paden elkaar wel moeten kruisen. Elke keer dat je met wrok te maken krijgt, maar die niet het hoofd biedt, wordt het steeds moeilijker om nog gewoon te doen. Hij gedijt bij harde muren, scheiding en verschil, deelt het bed met angst en de vrees voor verandering, steigert bij beroering door vriendelijkheid, maar de hitte kan vervliegen als je het vuur dooft met begrip. Ik houd me voor dat ik mijn kans moet grijpen en moet blijven praten, dat ik nergens bang voor hoef te zijn. Ik vertrouw op die heldere vlam van waarheid in mijn hart.

'Jij vindt jezelf heel wat, hè,' zegt hij tegen me, net als de avond dat hij naar me uithaalde en me tegen de vlakte probeerde te slaan. Ik heb het niet over die avond. Ik weet dat ik dat niet moet doen omdat ons gesprek er dan op zit.

'Ik luister, maar je moet me wel helpen. Je blijft dat zeggen, maar waarom weet ik niet. Leg me eens uit waarmee ik je heb beledigd.'

'Je hebt de show verpest met je ram,' verheft zijn stem zich boos. 'Je liegt, loopt te beweren dat je bekroond bent met prijzen die je helemaal niet hebt gewonnen.'

'Maar het jurylid heeft die prijzen toegekend. Ik heb die scores niet verzonnen.'

'Niet die zilveren plak,' snauwt hij. 'Die prijs heb je gestolen, egoïstische trut die je bent.'

'Maar ik heb het certificaat,' zeg ik en ik laat hem er een foto van zien op mijn telefoon.

Hij staart ernaar en dan weer naar mij. 'Hoe kom je daaraan?' Zijn ogen glanzen verbolgen.

'Er is een hoop whisky gedronken die dag,' opper ik. 'Misschien zijn sommige dingen al gaande weer vergeten.'

'Je bent gewoon een egoïstische trut! Je kunt me nog meer vertellen, maar die heb jij niet gewonnen.' En dan vouwt hij zijn armen over elkaar. 'Je hebt ook altijd je woordje klaar, hè? Daarom krijg je ook de hele zooi waar je hier om vraagt.'

Mijn hart slaat over. Ik slik. Zweet staat in mijn handpalmen. 'Laat me even uitpraten. Het enige wat ik heb gedaan, was komen opdagen en de show ondersteunen met mijn beesten en sportief meedoen. Ik had niet hoeven komen, maar dat heb ik wel gedaan omdat ik mijn enthousiasme wilde tonen en wilde deelnemen.'

'Je wilde gewoon winnen,' zegt hij woedend.

'En wat dat nog?' antwoord ik. 'Jij ook, en alle anderen die meededen. Ik heb hard gewerkt om mijn ram te kunnen hanteren. Ik heb hem ingeschreven om mezelf te bewijzen dat ik dat kon. Dat wist je niet, hè? Dat het me pijn heeft gedaan, dat ik omver werd gestoten?'

Hij geeft geen antwoord.

'En wat heb je eraan, nu hij dood is,' zegt hij ten slotte.

Ik kijk hem recht aan. 'Ja, hij is dood. Had ik hem maar nooit ingeschreven.'

Onze blikken haken in elkaar. Ik voel me koud en misselijk en de muren komen op me af, maar ik dwing me zijn blik vast te houden.

'Laten we hier nu een eind aan maken,' zeg ik. 'Er zijn geen winnaars en verliezers. Niet in deze kamer, en niet op dit eiland. Ik woon hier en ik woon hier al veertien jaar. Je mag me misschien niet en we blijven wellicht altijd van mening verschillen, maar laten we proberen elkaar respect te tonen. Ik heb evenveel recht om hier te zijn als ieder ander. Ik heb geen familie en niemand staat aan mijn kant. Ik ben je vriend dan niet, maar we kunnen op zijn minst fatsoenlijk tegen elkaar doen en dit achter ons laten – alles, al die wrok en de heleboel – voor eens en voor altijd.'

Hij kijkt weg en schudt het hoofd. 'Ach.'

Ik wacht. Ik houd mezelf voor: niet opgeven – niet nu, nu je zo dichtbij bent. En dan doe ik het. Ik steek mijn hand uit.

'Hier,' bied ik hem aan. 'Een bestand. Pak aan, hand erop.'

We kijken allebei naar mijn hand, verbijsterd. Wanneer hij hem niet aanneemt, laat ik hem in de ruimte tussen ons in hangen, met mijn hart bonzend in mijn borstkas terwijl het moment aan het vervliegen is. Het is ondraaglijk. Ik vraag me af of ik me nu te veel blootstel. Het daagt me dat hij nu de macht heeft in deze situatie. Als hij het hoofd schudt en nee zegt tegen mij, heb ik geen mogelijkheden meer.

Ik sta daar met mijn uitgestoken hand als een gebaar van vrede en probeer niet aan al die jaren te denken die zijn verstreken. Ik probeer niet aan dat eerste bezoek aan de croft te denken jaren geleden, toen twee mannen dronken uit een trekker op de grond vielen en er een schermutseling ontstond op het erf. Ik probeer niet aan die ogen te denken die vijandig op mij focusten. Ik ben bang, maar ik houd stand. Ik ben veertien jaar dit gesprek met deze man en anderen uit de weg gegaan. Ik moet dit doorzetten. Ik concentreer me helemaal en probeer alle positieve energie die ik kan vergaren naar deze kamer te halen. Ik stel me voor dat ik een vuur aanmaak met al mijn aandacht en concentratie. Ik blaas zachtjes op die sputterende vlam.

'Toe,' zeg ik, 'wil je me hier niet in tegemoetkomen? Het is tijd dat we een einde maken aan deze strijd.'

Weer gaat er een ogenblik voorbij. En dan schudt hij het hoofd en staart hij me verbeten aan. 'Goed, vooruit dan maar,' zegt hij en eindelijk schudt hij mij de hand. Ik ben bijna misselijk van opluchting. Mijn hart bonst en ik voel me opgemonterd door iets wat ik niet helemaal kan benoemen. Het is een gevoel dat lijkt op het bereiken van de top van een berg: alles in je is uitgeput, maar je geest raakt plotseling aangestoken door een opgetogenheid die je nooit had verwacht te zullen voelen.

Het is een moeilijke afwikkeling geweest en op dit moment

valt er niets te zeggen. Diep vanbinnen weet ik niet zeker of dit bestand voorgoed zal houden. Woede kan opbranden, maar alleen als er een vriendschap of iets wat daarop lijkt voor in de plaats komt en die wordt onderhouden. Het voelt aan als hoop, of zelfs als een belofte. Het is een begin, houd ik mijzelf voor.

Wanneer ik thuiskom, loop ik te trillen. Ik zet wat sterke koffie en terwijl ik die naar binnen sta te slokken, dringt zich met zo'n klaarheid een idee op dat ik mijn beker neerzet. Het is tijd om het verleden te verbranden, denk ik. Dit jaar wil ik niet wachten tot mijn rituele vreugdevuur het lammeren afsluit. Ik voel een dringende noodzaak om het huis nu te reinigen van alles wat overbodig is. Ik wrik een lade los en leeg die op het bureau. Hij zit vol brieven die ik heb bewaard toen ik ze aan Rab schreef. Die staan vol met hoop, pijn, liefde en verraad. Ik lees een paar woorden, en dan een paar bladzijdes. En dan stop ik ze in een doos.

Ik haal meedogenloos het huis leeg. Als een voorwerp me droef, boos of bedrukt maakt, gooi ik het naar buiten. Al snel ligt daar een stapel oude meubels, kleren, dozen met prulletjes, mappen vol vergelende rekeningen en andere papieren. Ik heb jullie niet meer nodig, denk ik. Het is vreemd hoe tastbaar de last van het verleden plotseling is. In het ontstane vacuüm voelt het huis lichter en leger.

Naderhand brand ik salie en loop ik elke kamer door met mijn rokende toorts kruiden in mijn hand en reinig ik de ruimte met de rook. Ik laad de pick-up vol met al die wrakstukken buiten op het gras, open het hek van de croft en rijd over de velden een steil graspad op tussen de zichtbare rotsen en keien door zigzaggend naar de top van de heuvel. Vanavond ga ik mijn eigen vuur aanleggen met knetterende gaspeldoorn, sprokkel- en timmerhout, en het in lichterlaaie zetten op de heuvel boven het loch. Ik ga bij die vlammen zitten dicht bij mijn lievelingses, tot de sintels helder nagloeien in de dageraad van de nieuwe dag.

Het is een prachtige nacht, helder met een wassende halvemaan die boven de bergen opkomt. Wanneer ik een lucifer afstrijk, begint de stekelbrem te knetteren en spetteren. Op mijn hurken gezeten blaas ik door de kom van mijn handen zijn witte vlammen aan. Wanneer de stekels van de gaspeldoorn vlam vatten, brullen de vlammen al snel. Ik stapel er armen vol rijshout, stukken meubels, brieven en foto's op. Wanneer de wind opsteekt, komt de hele brandstapel tot ontsteking. Hij brandt met een verschroeiende hitte.

Als de vlammen gaan liggen, vlij ik vijf dikke blokken in de vorm van een ster in het midden om er een rustiger brandend vuur van te maken waarop ik een stoofpot kan koken. Wanneer het duister valt en de hemel zich verdiept, zal ik er twee lange stukken in leggen met elk een uitgeholde groef in de lengte gevuld met droog schaafsel en knisperend korstmors, de een op de ander met elk uiteinde rustend op een kei om ze van de grond te houden. Die zullen de hele nacht blijven branden. Het is een prachtige manier om warm te blijven zonder dat je het vuur constant hoeft te voeden. Een stuk achter me in het duister de bleke gloed van Fola die het gras kort graast.

Om middernacht open ik een klein houten kistje. Binnenin liggen twee stukjes papier. Ik fluister zacht hun naam. Ik lees de dromen van lang geleden hardop. Ik kus de schelpen. Ik sluit mijn ogen. Ik stel me piepkleine handjes voor die naar de mijne reiken en piepkleine slapende oogjes. 'Vaarwel,' fluister ik. 'Het was ons niet gegeven in dit leven.' Ik sta op en hef het kistje voorzichtig op naar de lucht. Ik zie het in de vlammen vallen en die dromen vlam vatten. Het doet pijn om afscheid van hen te nemen, maar het is ook merkwaardig bevrijdend. Ik blijf bij hen met hun felle gouden vlammen flikkerend in mijn ogen.

Wanneer de zon opkomt, is mijn deken wit van de rijp. Van het vuur zijn nu alleen nog smeulende sintels over. Ik strijk er zand over en doe de sintels in een oude melkemmer. Ik ga op pad met die hete asresten en verspreid hun gloeiende leven over de croft. Ik fluister een wens bij het rokende sissen van elke vonk op de glinsterende rijp. De buizerds roepen in de hoge passen van de bergen. Hun kreten echoën op de wind. Het is het geluid van zonlicht en heel de rauwe belofte van de lente. Ik blaas wolken berijpte adem uit. Ik hef mijn armen omhoog en ik laat mijn stem de wind toezingen. Licht is mijn hart terwijl ik de schapen roep om gevoerd te worden. Ik zie de zon opkomen in het oosten terwijl de Morgenster helder aan de hemel staat te branden.

3
Familie

Terwijl ik op mijn tenen naar de deur loop, aarzel ik. 'Naar beneden,' zeg ik zachtjes tegen Maude die opgewonden langs me naar voren dringt. Haar heldere ogen smeken me, maar ik schud mijn hoofd. Haar pootjes schieten weg over de houten traptreden. Ik hoor haar stoppen op de onderste en zie haar zich omdraaien. Ze richt haar blik op mij en wacht, met een vraag in haar ogen. Dit is iets ongewoons voor ons allebei: er is nog iemand in het huis. Ik leg mijn hand op de deurkruk en duw de deur zachtjes open. Ik gebruik deze slaapkamer over het algemeen niet. Hier sliepen Rab en ik vroeger. Het is mijn lievelingskamer, in het oudste stuk van het huis. Soms sta ik bij het raam naar de tuin en de zee te turen. De croft lijkt hier heel dichtbij, alsof de muren dunner zijn. Je hoort elk zuchtje in de lage dakrand.

Binnen is hij spaarzaam gemeubileerd. De oude kast met zijn piepkleine paarlemoeren bloemetjes, een anoniem geschenk bij onze housewarming, steekt donker af tegen de pioenmuren. Een oude vrouw ligt te slapen op het bed. Haar mond staat open en haar lange, witte haar zwerft over het kussen. Het is mijn moeder. Ze is ouder en brozer dan ik me herinner. Ze is bijna tachtig maar slapend ziet ze eruit als een kind. Zachtjes trek ik de dekens nog iets dichter om haar heen. Mijn ogen gaan haar gezicht af. Het is amper te geloven dat ze hier is. Dit bezoek is een zeldzaamheid. De laatste keer dat mijn moeder op de croft op bezoek is geweest, was toen mijn vader nog leefde, ruim acht jaar geleden. Ik houd mijn adem in, wil de tijd vertragen. En dan verroert ze zich. Ik wil haar niet laten schrikken als ze wakker wordt, dus loop ik op mijn tenen de trap weer af.

De tafel is gedekt met kopjes en borden, een melkkannetje en een suikerpot. Ik heb de theepot opgewarmd, maar dan herinner ik me dat mijn moeder niet van thee houdt, dus zet ik hem weg. Ze drinkt alleen koffie. Zwart, sterk, even dik als lampenolie. 'De legerpleur van mijn vader,' lachte ze altijd.

We hebben maar een paar dagen samen. Ik doe heel erg mijn best ze gedenkwaardig, zinvol te maken. Ik wil elk ogenblik vullen met een weefsel van kleine herinneringen dat die uren samen zal binden en nooit zal breken. Het is merkwaardig hoe diep de liefde kan zitten en ze toch heel broos kan aanvoelen. Het is als een draad die versleten is met uiteenrafelende vezels aan de binnenkant. Op het ene moment houd je hem nog vast en het volgende sta je met twee afgebroken stukken in je handen. Ik probeer heel mijn leven al om hier wijs uit te worden. Ik ben jaren bezig geweest ons nauwer met elkaar te verweven, maar elke keer laat zij los, of rafelen de uiteindes uiteen. Elke keer dat die draad breekt, knoop ik hem weer aan elkaar. 'Hier,' zeg ik terwijl ik hem haar aanreik, 'dat is jouw uiteinde.'

Ik wil haar zoveel vragen stellen nu er nog tijd voor is. Daardoor weet ik niet goed waar ik moet beginnen. Het besef dat het te laat is komt pas wanneer het te laat is. En het is moeilijker een leven uit te pluizen wanneer het geheugen zijn eigen gang gaat.

De laatste tijd merk ik dat het geheugen zowel selectief als vergeetachtig kan zijn. Het kiest zorgvuldig wat het verbergt. Soms vraag ik me af of we ons alleen de dingen herinneren die belangrijk zijn voor ons. Wat voor ons belangrijk is kan iets anders zijn dan wat er voor anderen toe doet. Mijn moeder weet niet wie ik ben. Wanneer ze wakker wordt, zal ik het haar weer vertellen. 'Hallo, mam,' zal ik zeggen. En dan zal ik me voorstellen. Het is handig om te weten wie er is aan het begin van de dag, en om eraan herinnerd te worden waar je ook alweer verblijft als het bed niet vertrouwd voelt. Zelfs als ik nog eens heb gezegd hoe ik heet, is ze een paar minuten later vaak al vergeten wie ik ben. Elke dag verloopt onze tocht anders dan de dag ervoor, maar dat is altijd hetzelfde. Later, als ze 'Sorry, maar ik weet niet wie u bent' zegt, beginnen we opnieuw, en soms vraag ik me af of het belangrijker voor mij is dat zij weet wie ik ben dan voor haar. Maar dat doet er niet toe, want ik zie al aan haar gezicht dat ze aan iets of iemand anders denkt, en dat dit moment alweer voorbij is.

Heel mijn leven heb ik mijn moeder nooit horen zeggen: 'Ik hou van je.' Ik weet dat die liefde tussen ons er is, maar ik hunker ernaar haar die woorden te horen uitspreken. Als kind vond ik het elke avond voor het slapen altijd moeilijk mijn mond rond die woorden te krijgen. Ik stotterde verschrikkelijk als ik gespannen was, wat thuis vaak zo was. Ik denk dat dit geboren is toen die woorden van liefde niet kwamen: toen ik zes was, stotterde ik alleen bij de beginletters van die woorden. 'Ik hou van jou' is een erkenning, maar in mijn hart was het een vraag. Elke keer dat het is bedoeld als een vraag en geen beantwoordende echo krijgt, wordt het moeilijker om het te zeggen.

En nu kom ik, wanneer ik naar mijn moeder kijk, tot het trieste besef dat 'ik hou van jou' geen vraag kan zijn. Als je die woorden als reactie hoort, omdat jij daarom vraagt, dan verliezen ze aan betekenis. Liefde is een geschenk. Daar kun je niet om vragen. Ze moet vrijelijk worden geschonken.

Het is lastig geweest om te regelen dat mijn moeder hier kan zijn. Ik heb gedaan wat ik maar kon om het te laten lukken. Thuis, in de gezinswoning waar ik ben opgegroeid, is er de klok rond verzorging en een secuur afgestemde dagelijkse gang van zaken. Mijn moeder heeft jaren geleden besloten dat ze liever in het huis wil blijven wonen waar wij zijn opgegroeid dan ergens in de buurt van waar haar kinderen toen woonden. We hebben stuk voor stuk woonruimte bij ons in de omgeving geregeld om dat mogelijk te maken, maar die wees ze allemaal af. 'Ik wil hier blijven', hield ze vol en daarmee was de kous af. Ik heb die beslissing van haar altijd begrepen en geëerbiedigd, maar het maakt het leven stukken ingewikkelder en het is des te moelijker om als familie met haar achteruitgang om te gaan. Maar onderhuids heb ik altijd geweten dat het de enige oplossing is omdat zij al ruim vijftig jaar in dat huis woont. Het is haar thuis. Dat betekent dat zelfs als haar geest niet altijd zeker is van het precieze patroon van elke dag, haar lichaam wel weet waar ze is en waar ze heen kan. Dat kan ik me wel voorstellen. Het is vast alsof je, wanneer de elektriciteit uitvalt, in het donker met je vingers over de muur klopt op zoek naar bepaalde markeringspunten. In het duister is mijn lichaam nu in staat de fysieke ruimte van de croft als onzichtbare braille te lezen, en mijn voeten weten waar ze lopen.

Mijn zus is bezorgd. 'Vijf dagen, anders wordt het te veel voor haar.'

'Maar ik wil haar graag twee weken hier hebben,' zeg ik. We kibbelen en overleggen samen, en dat is des te moeilijker omdat we elkaar maar zelden spreken.

Ten slotte komen we tot een compromis en komt ze voor een week. Ik ben opgetogen, maar ik ben ook gespannen. Behalve ziek is mijn moeder bijna blind. Dat betekent dat we deze week onafscheidelijk zullen zijn en ik haar de klok rond zal moeten verzorgen. Niet alleen vind ik het fijn om dat te doen, maar ik weet ook dat ik het moet doen om me met het verleden te verzoenen.

Mijn huis is niet doorsnee. Er zitten trapjes en verborgen

hoekjes in. Dus moet ik er altijd zijn, mocht ze vallen. Er is nog altijd veel niet af. Kasten, gerei en inrichting zoals die in een moderne keuken en hedendaags huis gebruikelijk zijn, ontbreken. Maar het is eerlijk, zij het wat onbehouwen. 'We redden ons wel,' zeg ik. 'Ik zal mijn best doen.' Mijn moeder heeft hulp nodig bij het aankleden, de dagelijkse hygiëne, wassen, eten klaarmaken en eraan denken dat ze het ook eet, naast de talloze kleine aspecten van de zorg.

Je kan haar maar tot op zekere hoogte haar gang laten gaan, anders gaan de draden rafelen. Wanneer je alzheimer hebt, kunnen de ontbrekende stukjes in je leven je alert en verontrust maken. Je kunt de hele dag bezig zijn naar iets te zoeken wat je vermoedt kwijt te zijn geraakt. Met opengesperde ogen spiedend naar iets wat dat lege gat zou kunnen vullen. Pas dan kun je vergeten waar je naar zoekt en waarom je het moest hebben. 'Hier, neem dit maar,' zeg ik wanneer ik vingers in haar handtas zie graven. Ik zou die tas graag bij haar weghalen, maar hij is net de lievelingsknuffel van een kind. Weten dat hij er is, geeft mijn moeder het gevoel dat ze veilig is. Soms vergeet ze dat hij vlak bij haar staat, dus moet ik haar daaraan herinneren. Het is vreemd dat een tas even levend kan lijken als een ademende mens die naast je zit.

Zo vaak het maar kan, geef ik haar iets om vast te houden. Voorzichtig vouw ik mijn handen om die van haar heen. 'Kijk, zacht hè?' zeg ik. En dan ontspant ze en glimlacht. 'Ja, prachtig zacht.' Haar handen onderzoeken het nauwgezet en kijken dan vol verwondering naar mij. En samen aaien we wat het ook maar is. Een teddybeer, een lievelingsvest of een gerieflijke wollen muts. Dat verenigt ons in dat ogenblik dat we daar zo voor de haard zitten. En daar ben ik dankbaar voor. Want uiteindelijk is het enige wat we elkaar in dit leven kunnen bieden, mededogen, en zijn er eindeloos veel manieren om liefde uit te drukken en te kennen.

Het is niet makkelijk om voor iemand te zorgen, maar elke

minuut is waardevol. Ik wilde dat ik haar kon zeggen: 'Ik heb niet meegemaakt wat jij hebt ervaren, maar ik denk dat ik het begrijp.' Ik weet nog dat ik moeite had met de basale praktische dingen. Er is een tijd geweest waarin ik na al die vernietigende verliezen worstelde met mijn geestelijke gezondheid en de pijn en de tegenspoed van wonen in een vijandige omgeving, en dat lezen, spreken en dingen in volgorde plaatsen me te veel waren. Mijn geheugen was aan gort. Ik vergat de kleinste en de grootste dingen. Ik was onzeker van mezelf. Een deel van me, gehavend en gebroken, is uiteengevallen in scherpe glassplinters. Ik begrijp nu hoe heel alledaagse aspecten van een leven niet alleen eng, maar ook hopeloos verwarrend kunnen zijn. Ik wil haar zeggen: 'Het is goed, we redden ons wel.' Maar ik weet dat ik alleen moet zeggen wat ertoe doet. Dus zeg ik haar: 'Ik hou van je. Ik ben er.'

Alzheimer leert je zuinig te zijn met woorden; de waarde van taal. Ik wil nooit spijt hebben dat ik het niet heb geprobeerd. Elke avond dat ze hier bij mij is op de croft weet ik dat ik haar gerust moet stellen. Ik praat met haar, houd haar hand vast, stop haar in en doe het licht uit. Het is alsof je voor een klein kind zorgt. Het vervult een behoefte in mij die al die tijd heeft zitten wachten om in deze gebaren van liefde te voorzien. Het is verbijsterend om me zo gelukkig te voelen en bijna in tranen te zijn om zoiets simpels. Bij mijn moeder kan ik nu voor een ander mens zorgen op een manier waar ik altijd naar heb verlangd. Zulke kleine contacten kunnen herinneringen smeden die je een leven lang bijblijven.

Ik moet anticiperen op wat ze nodig heeft. Op de avond van de dag dat ze aankwam, heb ik haar niet ingestopt en heeft ze de hele nacht onbedekt boven op de dekens gelegen. Ik werd er bang van toen ik haar daar 's ochtends rillend en hopeloos verkild zag liggen. Ze begreep niet dat ze onder het dekbed, de dekens en tussen de lakens moest kruipen. De dikke stenen muren van het huis maken het veel kouder dan zij gewend is. Ik houd het vuur aan, stapel de blokken en kolen hoog op. Het fornuis loeit als een draak. Een dikke stapel dekens en doeken ligt op de bank en leunstoel. Ik trek ze dichter bij het vuur. Alleen door mijn handen naar de hare uit te steken kan ik aan haar voelen of ze het warm of koud heeft. Daardoor weet ik ook of ze iets moet eten of drinken. Je verliest warmte als je bloedsuikerspiegel daalt. Dus houd ik om de zoveel minuten haar handen vast. Dat is een band tussen ons. Het maakt me blij dat ik een excuus heb om haar vast te houden. Nu ze ziek is, trekt ze haar handen niet terug. Ze schrikt niet terug. Soms vraag ik me af of ze nog weet dat er een tijd is geweest dat ze dat wel deed. Dat doet er niet meer toe. Ik word er verdrietig, maar tegelijkertijd ook blij van dat ik nu die fysieke nabijheid heb. En wanneer het tot me doordringt dat ik geen excuus nodig heb om haar aan te raken, komt dat als een openbaring. Ze is mijn moeder en ik houd van haar, en handen zijn ervoor om te worden vastgehouden.

Ik leer mijn moeder nu kennen zoals ik haar nog nooit heb gekend, leer dat stuk van haar kennen dat ze me nooit heeft laten zien. Ze verschilt zoveel van de moeder die ze vroeger was. En ook daar word ik verdrietig en blij van. En ik raak er in de war van. Ik voel me schuldig omdat het een ziekte is die op manieren waarop zij het altijd af heeft laten weten, mij nu mijn moeder geeft. Zo kan alzheimer zijn. Die kan een uniek geschenk construeren uit de gerafelde draden van het verleden. Zijn patroon, zijn schering en inslag, verschilt vaak van die we hebben gekend.

Ziekte is voor iedereen een andere ervaring. Geheugenverlies is verwoestend, maar ondanks alle hartzeer die het met zich meebrengt, geeft het me wel de kans intiemere gesprekken met haar te voeren dan ik ooit heb gehad. Het bevrijdt haar op manieren die ik nooit voor mogelijk heb gehouden, geeft haar de vrijheid om dingen anders te doen. Op een ochtend staan we af te wassen en laat ik een beker vallen. Mijn handen zijn minder gevoelig na de breuken en ik laat de hele tijd van alles vallen. Ik oefen elke dag om ze sterker te maken en taken weer in de vingers te krijgen die ik vroeger vanzelfsprekend vond, maar ik weet dat ze nooit meer helemaal de oude zullen worden. Sommige handelingen zijn soms nog steeds moeilijk. Serviesgoed vasthouden, iets dichtknopen, bladzijdes omslaan of deksels losdraaien.

Ik zie de porseleinen beker op de vloer uiteenspatten. Ik reageer niet. Het meeste serviesgoed is beschadigd of eindigt in stukken als drainage onder in plantenpotten buiten. Maar mijn moeder reageert wel. Ze schiet in de lach. 'Kut!' roept ze en dan lacht ze weer terwijl ze het woord keer op keer rondschalt en begint te dansen. Ze tolt rond door de keuken en plotseling schiet ik in de lach en dans ik met haar mee. Het is een prachtig moment. Als we naderhand onze tranen wegvegen, ben ik onuitsprekelijk blij. Ik neem mijn moeder stevig in mijn armen.

De tijd is uit elkaar gerafeld de afgelopen paar dagen. Ik loop niet meer gelijk met het eenvoudige ritme van vaste dagelijkse bezigheden die mijn leven verankeren. Maar dat doet er niet toe. Het is een onbetaalbaar geschenk om ongestoord deze tijd met mijn moeder te kunnen doorbrengen.

Dat ze bij mij is, heeft ook andere voordelen op nauwelijks bespeurbare manieren die ik niet had voorzien. Haar aanwezigheid maakt dat ik iets gemeen heb met de rest van de gemeenschap. Zij zien dat ik ook familiebanden heb, een nauwe verwante die mijn steun nodig heeft, en dat lijkt ertoe te doen. Het maakt mij minder vreemd. Ik merk dat er een ander licht op mij schijnt, dat misschien tot een minieme verandering of dooi in de verhoudingen zal leiden, door simpele gesprekjes die uit interesse of louter nieuwsgierigheid voortkomen, wanneer we buiten in de weer zijn of in het winkeltje staan. 'Is dat je moeder?' is een welkome uitnodiging tot contact, hoe kortstondig dan ook. Haar ziekte is onmiskenbaar, net als mijn zorg voor haar. Alleen al uit de verte gezien worden wanneer ik langzaam hand in hand met haar loop, plaatst me in een vertrouwde context. Ik voel dat ik opnieuw word ingeschat. Ik realiseer me dat het leggen van dit verband belangrijk kan zijn voor anderen. En hoe belangrijk hun nieuwe inschatting ook voor mij kan zijn.

Op onze laatste avond zitten mijn moeder en ik bij elkaar, net als altijd. We zijn gehuld in dekens. Het huis is niet warm, maar het vuur is aan en er staat een warme maaltijd op het fornuis. Ik heb een kartonnen doos met foto's opgedoken. Oude, vervaagde, witgerande afdrukken. Ik geef ze aan haar door zodat zij ze kan vasthouden terwijl ik ze voor haar beschrijf. Terwijl ik haar elk vierkantje overhandig, zie ik mijn moeders ogen oplichten. Een paar minuten lang is ze verzonken in het verleden. Ik bekijk die vreemde beelden stuk voor stuk, familiefoto's uit mijn jeugd. We staan oplettend en afzonderlijk, elk op ons eigen plekje, naar de camera te staren. Bleke gezichten, opengesperde ogen, angstig, zwijgend. Ik weet dat mijn broer dichterbij wil staan, maar hij is op zijn hoede, alert. Hij hield zijn blik altijd op de deur gericht want als het fout gaat, zelfs als het je zus is die tegen de grond wordt geslagen, dan vlucht je. Ik voel me blij en verdrietig bij mijn terugkeer naar die tijd. Het is mijn jeugd. Op het moment zelf aanvaard je gewoon dat het leven zo in elkaar zit.

'Hoe gaat het,' vraag ik mijn moeder, 'nu in je hoofd? Wil je me dat vertellen? Dan kan ik je helpen. Ik wil proberen het te begrijpen.'

Ze denkt even na. 'Het is alsof je in een wereld leeft zonder enige band met iemand of iets. Het is eenzaam. Alsof er niemand is.'

Ik moet begrijpen waarom mijn jeugd zo ongelukkig en moeilijk was. Waarom zo'n cruciale band ontbrak. Ik weet niet waarom dat er na zo'n lange tijd nog toe doet. Maar het is wel zo. Ik vraag me af of het misschien komt doordat ongeacht hoeveel tijd er is verstreken en hoe oud je bent, iets binnen in je altijd het kind zal blijven dat je ooit bent geweest. Bij mijn moeder strekt dat deel van mij nog altijd verlegen de armen uit, wachtend op haar goedkeuring en liefde. Liefde en bevestiging voor altijd onlosmakelijk verstrengeld. Het is helend om te weten dat ze nu zich niet af zal wenden.

Als kind zocht ik bij gebrek aan troost mijn toevlucht bij mijn lievelingsboom. Die was sterk, hoog, getrouw en strekte zijn takken als wachtende, open armen naar mij uit bij mijn slaapkamerraam. Of ik nu wakker was of sliep, ik voelde dat hij over mij waakte. Hij zag mijn jeugd door mijn ogen. Elke avond sloeg ik mijn handen om hem heen, drukte ik mijn lippen tegen zijn bast en stortte ik mijn geheimen en leed bij hem uit. Weten dat er iemand naar me luisterde, hielp me. Hij was het eerste wat ik zag zodra ik mijn ogen opende. Het klinkt misschien vreemd, maar ik ben ervan overtuigd dat die prachtige geest op mij heeft gepast. Hij heeft mij geholpen zoals volwassenen dat nooit hadden gekund. Hij heeft me het belang van de wilde natuur al jong bijgebracht. Wanneer je nergens anders je toevlucht kunt zoeken, ontdek je dat het helpt om je pijn niet alleen maar te verdringen. Hij heeft me geholpen omhoog naar de lucht te kijken en troost te zoeken in wat stil leeft.

Ik weet dat ik mijn moeder niet alle vragen kan stellen waarop ik een antwoord nodig heb. Maar er is er één waarvan ik altijd spijt zal krijgen als ik hem niet stel. Ik heb me heel vaak voorgesteld hoe dat dan in zijn werk zou gaan. Ik kom dichterbij zitten. Ik haal adem. Ik weet niet of ze het zal toegeven. Ik weet niet of ze het zich nog wel herinnert. Het is moeilijk om je moeder te vragen waarom ze weg heeft gekeken.

'Ik wist het niet,' zegt ze me, met grote ogen die naar me staren.

'Maar hoe kon je het niet weten?'

'Het gebeurde nooit voor mijn ogen. Ik heb er nooit aan gedacht dat hij je iets aan zou doen.'

Ik loop rood aan. Dit is verwarrend. Eerlijk gezegd begrijp ik wel hoe haar geheugen een verhaal heeft gevormd dat zij kan accepteren, want in mijn hoofd heb ook ik die aanblik en die geluiden gewist.

Terwijl we daar stil zitten, hoor ik mezelf zeggen: 'Het geeft niet. We zijn nu hier.' De tranen springen in mijn ogen. Die paar vervliegende ogenblikken lang stroomt haar geest prachtig helder. We kijken elkaar in de ogen. Ik weet dat zij mij ziet en ik zie haar, precies zoals we zijn.

Ik wil haar vragen: 'Wat dacht je toen je voor het eerst naar mij in jouw armen keek?' Mijn moeder heeft me een keer verteld dat ze niet klaar voor mij was en verbolgen was dat ik ter wereld ging komen. Die woorden zijn me bijgebleven, maar diep vanbinnen weet ik dat ik niet twijfel aan haar liefde, maar aan haar bereidheid of vermogen die te tonen. Als ik haar daarnaar vraag, zou het een vergeefse vraag zijn. Dan vraag ik haar eigenlijk een versie van haar waarheid te verwoorden die ik beter kan begrijpen.

Vervolgens overweeg ik of ik haar moet vragen naar haar relatie met mijn vader. Maar dat doe ik niet, omdat ik besef dat ik dat niet wil weten. Haar liefde voor mijn vader is de mijne niet.

Ik wil vragen: 'Ben je gelukkig geweest in je leven?', zodat ik kan begrijpen hoe zij naar de wereld kijkt. Maar ze is altijd nogal op zichzelf geweest en ik wil haar niet kleineren door dat deel van haar aard weg te nemen.

De moeilijkste vraag is de vraag die ik niet kan stellen. Waarin alle andere zijn gedistilleerd. 'Mam, heb je echt van me gehouden? Zoveel dat als er iets met me zou gebeuren, jij het dan zou laten ophouden, omdat het anders je hart zou breken?'

Uiteindelijk, als dit alle tijd is die mij nog rest met mijn moeder, hoef ik haar niets te vragen. Want diep vanbinnen weet ik alles al wat ik moet weten. Wanneer je je moeder voor een paar ogenblikken terughebt, is dat een moment dat te waardevol voor woorden is. Dus houd ik haar gewoon vast.

4
Aarde

Het gras krast langs mijn blote benen wanneer ik zwaar op het hek leun. Als de klink omhoogkomt, geeft mijn hand de grendel een zet. Ik kijk terug over mijn schouder vol zomersproeten en het zweet loopt in mijn ogen. Het licht is vlak waardoor de glazige lucht trilt van een droge, knisperende hitte. Het is volop zomer, het ruige hart van het jaar, en door zijn harde korst heen snakt de door de zon uitgedroogde aarde naar vocht. In de afgelopen weken zijn de ondiepe bronnen geleidelijk droog komen te staan. Het gras is verschroeid en zwart geworden naast de gloeiende stenen. Zelfs de zilveren essenbladeren verwelken. Ik ben vroeg opgestaan om de ooien in de frisse dageraad binnen te halen voor het scheren. Maar de hitte neemt al toe.

Wanneer ik de ooien rustig langs de lage stenen muur drijf die langs de westelijke marklijn van de croft loopt, biedt het bladerdak van de bomen maar amper beschutting. Het is een en al gehijg, zwoegende flanken, opengesperde roze, snuivende neusgaten. Aan hun voeten hapt Maude met haar tong slap aan de zijkant van haar bek in staccato gepuf naar lucht. Zesenveertig vachten moeten van deze zware, zwetende lijven worden geschoren. De scherpe, indringende geur van lanoline gonst al hoog en een warme sirocco komt aanwaaien over de croft en doortrekt de lucht met stof, verse mest en bijtende urine. Ik giet een fles water leeg over mijn hoofd en spat het in mijn gloeiende gezicht.

De schuur is niet groot genoeg om zulke aantallen in onder te brengen en te scheren. Daar is de *fank*, de schaapskooi, altijd voor gebruikt en die traditie heeft tot gevolg gehad dat ik nooit heb overwogen het anders te doen. Maar de zware apparatuur op een geïmproviseerd frame vastmaken en ervoor zorgen dat die goed is aangesloten op het elektriciteitsnet is geen sinecure en daar heb ik hulp bij nodig. Rondom de fank staan hoge bomen, maar die hangen niet over en dus moet ik om een stabiel geraamte te krijgen die enorm lange ladders gebruiken die van de hooizolder gesleept moeten worden. De resulterende constructie ziet er hachelijk én indrukwekkend uit, al was het alleen maar vanwege de enorme omvang en schaal. Wanneer het ding klaar is, hijs ik me de zes meter hoge ladder op om kabels vast te maken aan de bomen zodat het veilig is om de stroom in te schakelen.

Boven mijn hoofd lijst het primitieve, vierkanten bouwsel de heldere lucht in. Op het eerste gezicht ziet het er misschien niet heel deugdelijk uit, maar ik heb me ervan vergewist dat alles strak is vastgeknoopt met paktouw en gezekerd met dubbele knopen. Je doet niets op goed geluk bij het scheren. Zodra de zoemende motor loopt, rommelt niemand maar wat aan met vlijmscherpe scheermessen: het gaat erom dat je alles elke keer goed doet. De scheerkabels zijn door de bomen gedrapeerd, verbonden met een zwarte kabel die naar de stoppenkast in de schuur kronkelt. De motor is oud en log, maar hij start meteen gladjes.

Eindelijk steek ik mijn duim op naar de jonge boer die beneden staat. 'Hij kan,' roep ik. Hij knikt en gaat met zijn hand door de zware tas aan zijn voeten. Behoedzaam plengt hij olie op de geslepen scheermessen en kammen. Ik ben blij met zijn hulp. Ik zou het scheren dolgraag zelf doen, maar het is een ambacht van grote bedrevenheid waarin ik niet ben opgeleid en dat ik niet beheers. Soms moet je erkennen wat je wel kunt en wat niet. Dat was jarenlang moeilijk voor me, omdat ik vond dat ik alles moest doen. Het is een opluchting om die last neer te kunnen leggen en te voelen dat ik me tot anderen kan wenden, in gelijke mate hulp kan aanbieden en aanvaarden wanneer en waar dat nodig is, zoals wie het land bewerken altijd hebben gedaan. Zo'n dienstenruil vindt meestal nog plaats binnen families of andere hechte verhoudingen, maar ik betaal altijd voor de hulp die ik krijg. Dat maakt het makkelijker om steun te vragen en om duidelijke grenzen te stellen. Een goede buur staat achter een goed hek.

De boer die vandaag mijn schapen voor me scheert, is een tijd weggeweest om op het vasteland te werken en is gewapend met een paar verfrissende, onbekrompen ideeën naar het eiland teruggekomen. Hij is toegewijd, betrouwbaar en eraan gewend om op één ochtend honderden schapen te scheren. Zijn ontspannen houding en bredere kijk op de zaken maakten het me dit jaar makkelijker om alles voor het scheren te regelen.

Nu de stelling in elkaar zit, resteren alleen de laatste mechanische checks nog. Ik kijk toe hoe sterke handen vaardig de beschermkammen bevestigen zodat ze in het handapparaat voorbij de scheerkop komen. De glanzende messen zijn schoon en scherp, bungelend aan de motor die boven de scheerder hangt. Terwijl hij de randen afveegt, haalt hij uit een zak een doosje tevoorschijn. 'Teer, om keepjes mee te besproeien,' legt hij uit. Ik heb zelf al een voorraadje teerspray in een emmer, maar ik ben geroerd door zijn voorzorgen. Hoe bekwaam de scheerder ook is, scherpe messen verwonden zachte huid zo nu en dan. Teerspray bedekt de bloedende snee en weerhoudt vleesvliegen ervan bloed te zuigen en witte eitjes in het open vleeswondje te leggen.

Ik pak een ooi beet onder haar kin en stuur haar de centrale kooi in. 'Klaar?' vraag ik. De boer knikt en haalt haar dan voorzichtig onderuit door haar nek snel te draaien en tegen haar achterste te duwen, zodat ze op de rubberen scheermat komt te liggen. 'Zo, lass,' zegt hij rustig tegen de ooi. 'Laten we die zware last eens van je afhalen.' Ik kijk toe hoe hij haar teder over haar gezicht aaiend tot bedaren brengt.

'Wat?' lacht hij als hij mijn verbaasde blik opvangt. 'Ze hebben het door als je ze goed behandelt. Dan gedragen ze zich verstandig.' Het bemoedigt me om te zien hoe de schapen reageren op zijn rustige behandeling. Het is de laatste tijd een van de paar welkome tekenen dat het eiland langzaam aan het veranderen is. 'Trekken!' roept hij. Ik geef een rukje aan het koord en subiet begint de motor te snorren. Hij maakt een laag spinnend geluid. En dan ontspan ik, terwijl ik gebiologeerd toekijk hoe de dikke wol als water van de huid golft. Dit belangrijke ritueel waarin een levend dier van zijn vacht wordt ontdaan geef ik mijn volle aandacht. Terwijl ik zie hoe al die wol op de scheermat rolt, voel ik alle maanden en jaren van me af vallen.

Ik ben blij om die dikke vachten geschoren te zien worden en dat de ooien het gevaar van warmtestuwing wordt bespaard. Het bevrijdt ons allemaal van een gevoel van zwaarte, en het kondigt een tijdje rust aan voor de lammerenverkoop begint. Ik heb geen ram, maar tot mijn verrassing heb ik wel zes lammetjes. Hoewel er geen hekken open zijn blijven staan of gaten in de afrastering zijn ontstaan, is de ram van iemand anders op de een of andere manier op de croft gekomen. Ik houd het stil en integreer de lammeren gewoon in de kudde. Mijn schapen worden niet meer verkocht voor vlees. Van dat pad ben ik lang geleden afgestapt. Tegenwoordig voorziet het scheren me van ruwe wol voor handwerkzaamheden. Er hebben kritische geluiden geklonken dat ik de croft verwaarloos door niet te lammeren, waardoor de komst van de lammetjes me niet helemaal toevallig lijkt, maar ik bewijs me met daden, niet met woorden. Het kost tijd voor veranderingen aanvaard worden, maar ik ben vol vertrouwen dat die aanvaarding op een dag komt.

Het scheren is een oude dans. Het stelt je uithoudingsvermogen, vaardigheid en vastberadenheid op de proef. De ooi leunt tegen het lichaam van de scheerder aan, zorgvuldig tegen zijn benen en armen geklemd met haar vier poten van de grond. De zachte, kleine krullen die van de buik vallen zijn kort en dikker dan de rest van de vacht en gaan weg. Als de buik en de lendenen geschoren zijn, wordt haar kop naar achteren gehouden en gonzen de messen soepeltjes van het borstbeen omhoog naar de hals. Een snel rukje tilt haar voorpoot op zodat die klem zit achter de elleboog van de scheerder. De messen nestelen zich diep in de vacht op de zachte huid van de oksels. Ik houd mijn adem in, teerspray bij de hand, maar deze ooi wordt zonder dat er iets voorvalt soepel op haar rug gerold. De scheerder gaat bekwaam en methodisch te werk. Het zweet druipt van zijn voorhoofd terwijl hij met de scheerkop in lange, doorgaande halen van de achterflank naar de kop gaat. De wol ruikt heerlijk. Het is een rijke, volle, rijpe geur. Terwijl ik mijn neus erin steek, denk ik aan al die strenge vorst die daar overheen is gegaan.

Het werpen van een vacht is een hele kunst. Wanneer de scheerder hem aan de kant legt, til ik hem op en spreid ik hem uit met de schone zijde onder en probeer ik de zachte, onaangetaste randen niet te laten inscheuren terwijl ik vuil en mest er snel vanaf werk. Mijn handen duiken het volle gewicht in met mijn vingers die de ongerechtigheden – met mestkorsten vastgeklitte plukken wol – eruit plukken terwijl ik nog meer troep losmaak uit die rompvacht. Ik verwijder de zweetklissen en andere minder wenselijke stukjes van de vacht, met stekelnoten, zaden, gedroogde bladeren en kleine twijgjes die in de wol zijn verstrikt. Een kleine stoffige hoop gebruik ik later om rond aardbeiplanten te leggen, als muls voor mijn groentebedden en om tochtgaten te dichten in de muren van het huis.

Als de vacht eenmaal geschoond is, vouw ik de buitenranden van beide kanten naar het midden. Dan wordt de vacht opgerold vanaf het achterend naar de nek, het nekwol wordt zorgvuldig gescheiden en in de vacht gestopt, en er gaat een touwtje om. Als de vacht is opgerold, steek ik een gladde stok in een pot blauwe hars en zet ik de signatuur van de croft op de zojuist geschoren ooi. Eén lik tussen de rechterschouder en de ruggengraat zorgt ervoor dat in een oogopslag duidelijk is waar de ooi thuishoort, zodat je haar niet hoeft te vangen om haar oormerk en kuddenummer na te gaan. Er zijn tijden geweest dat dit als afschrikmiddel werd gebruikt om te voorkomen dat verdwaalde dieren door andere kuddes werden toegeëigend. Ik heb verhalen gehoord over knokpartijen om schapen en zelfs dat een hele kudde ooit van een heuvel zou zijn verdwenen om vervolgens tien kilometer verderop te worden teruggevonden. Tegenwoordig is het rustig op het eiland en dwalen schapen niet meer af. Het boerenbedrijf is niet langer de pijler waarop het eiland rust, en het heeft ook niet meer zo'n overheersende invloed op de gemeenschap als vroeger. De bevolking wordt geleidelijk kleiner, de samenstelling verandert en de gevechten die vroeger zo vaak werden gestreden om elk polletje gras, behoren langzamerhand tot het verleden.

De vachten zijn zwaar en omvangrijk. De wol wordt meestal in een grote zak gestopt en voor een paar magere centen van de Wool Board met een vrachtwagen afgevoerd. Er is een oud gezegde dat de wol op de rug van een schaap al van de Wool Board is voor ze geschoren is. Dit jaar heb ik besloten om niet al mijn wol aan de Wool Board te verkopen. Dat dekt amper de kosten van het scheren. In plaats daarvan pak ik twee derde van de wolopbrengst apart in en dat dek ik af. Dit zijn de beste vachten. Die zal ik nauwlettend opnieuw met mijn vingers doorkammen en wassen met pasgevallen regenwater. Dan zal ik ze buiten plat neerleggen om aan de wind te drogen.

Ik zal de wol kaarden, plukken loshalen en haar behoedzaam bewerken tot fijn gekamde wol. Als die eenmaal tot een bol is gerold, draai ik haar voorzichtig tot strengen. Gedurende de winter zal ik met anderen bij elkaar komen om de wol te spinnen. Het werkt ontspannend om garen op een wiel te spinnen met de ritmische klik van de trapper. Van sommige vachten maak ik zachte wollen doeken, dekens en kleden. Soms bied ik een basale ruil aan waarbij vaklui in het huis komen logeren en mij onderwijzen. Het is een fijne manier om anderen te leren kennen en het zet een andere poort open naar het croftjaar, dat zich dan vult met zachte stemmen, gelach, stralende draadjes en verhalen.

Terwijl het lage schijnsel van de vroege ochtenden oplicht en de nevel wegbrandt in een opgloeiende schittering die verrijst tot een broze navolgende boog zon, pluk ik heel kleine, verse blaadjes van de haagdoorntoppen en scherpe sleedoorn waarin de strakke knoppen op kluitjes zitten. Mijn mouwen haken aan hun stekels. Het is verbazingwekkend hoe hard de croft werkkleren laat slijten. Naaien is een dagelijks karweitje, maar het is ook meer. Het is een meditatieve handeling. Ik ben geen goede naaister, maar ik vind het ontspannend. Het is een metafoor voor het leven: van elke soort steek leer je met zijn soepele duik in de stof een andere les. Je leert bijvoorbeeld dat het vaak slim is om als je een rijgsteek hanteert die losse draadlengte vast te zetten met een achtersteek. Daardoor komt hij niet los, en kan elke steek de harde wrijving van het dagelijks leven weerstaan. Het verankert wat je verricht en daardoor telt elke steek mee.

Vandaag de dag is het eiland aan het veranderen, nu een nieuwe generatie volwassen wordt, met een instroom van internationale vrijwilligers die op de crofts en boerderijen komen werken, en de opkomst van een bescheiden maar opbloeiend toerisme. Het heeft een ander gezicht. Het doet er minder toe als je geen familie hebt hier. Ik leef hier vrij zonder toestemming van anderen te vragen en onder mijn eigen voorwaarden. Ik maak mijn eigen tradities en sluit mijn eigen vriendschappen die standvastig, vertrouwenswaardig en betrouwbaar zijn.

Wanneer ik terugdenk aan die beginjaren op de croft, vraag ik me af hoe we het gered hebben. Het was in veel opzichten een tijd van vrijheid, maar het was emotioneel zwaar en lichamelijk uitputtend. We moesten nog heel veel leren, heel veel bleef onzichtbaar en heel vaak wisten we niet welke koers we moesten kiezen. De inspanningen die sommige van die zware jaren vergden waren slopend, maar ze brachten ook essentiële vaardigheden bij en een eerste vermoeden van de volharding die vereist is om hier te kunnen gedijen. Die jaren alleen hebben me alles geleerd wat in mijn leven van waarde is.

Het helpt om de seizoenen te voelen veranderen, hoe je handen kloven krijgen, je wangen schraal worden. Ik ben nog steeds aan het leren. De natuur kent geen harde hoeken. Misschien zoek ik daarom de wildernis op voor ik mensen opzoek. De wereld van de natuur brengt me een vrede die ik verder niet ken.

Ik maak me geen zorgen om wat elke dag zal brengen. Ik neem de tijden van ontbering en overvloed zoals ze komen. Je zorgen maken kost energie. Het vermindert en verzwakt je visie en kracht. Ik probeer open te staan en flexibel te zijn. Dan kan elke dag soepeltjes verlopen wanneer je laag bij de grond leeft. Het stelt je in staat om instinctief en proactief met de natuur te werken. Zolang je op je pure instincten bent afgestemd, zal elke dag zich zoals bedoeld ontvouwen.

Ik ben aan het oefenen om als aarde te zijn. Als ik het koud heb, steek ik een vuur aan. Als ik pijn heb, adem ik in en uit en laat ik mijn tranen stromen. Als ik angstig ben, ga ik dichter naar de bron van mijn angst toe. Als ik alleen ben, ga ik naar buiten de wilde natuur in voor haar troost en gezelschap.

Als het scheren eenmaal gedaan is, schop ik mijn schoenen uit en rol ik mijn sokken af. De zon bespikkelt mijn voeten. Ik lig in het gras en kijk hoe de witte wolken over de heuvels jagen.

Soms koester ik de droom dat ik op een dag wanneer ik te oud word om nog te werken, dit land aan een jong gezin met een kind geef. Ik droom ervan de schoonheid van deze grond te delen in een verwantschap van vertrouwen. Mijn handen zijn de toekomst aan het ondersteunen geweest. Zaden, eikels, berkenveren en esdoornvleugels planten. Bomen plant ik voor de komende generatie: als onderdak voor de wilde dieren. Ik begrijp nu dat zolang je weet waar je je toevlucht, inspiratie en bescherming moet zoeken, het land een prachtige, verdraagzame plek is.

5
Lucht

Het is midden op de ochtend. Het golfplaten dak van de oude lammerschuur heeft het zwaar in rukwinden uit het noordoosten die ongewoon zijn aan het eind van de zomer. Het stof op het erf komt omhoog in wervelvlagen; de zware lucht is zwanger en verzadigd van de dikke geur van regen. Maar afgezien van een kogelgrijs floers blijft de lucht helder. Het is verwarrend als je naar de hemel kijkt en ontdekt dat het weer met zichzelf overhoopligt. Dat zet je instinct op scherp. Ik weet dat er een storm in alle hevigheid zal losbarsten en over de horizon zal komen aanjagen, niet alleen doordat ik de meeuwen zie schuilen achter de voederbakken, of omdat de schapen beschutting zoeken in het bos aan de zuidwestkant van de croft, of simpelweg omdat ik het kwik zie dalen in het glas. Ik weet het door dat alles, maar vooral door de doffe, loden prikkeling in mijn mond die het speeksel naar mijn smaakpapillen stuwt. Ik draai mijn gezicht omhoog om de lucht nog scherper te ruiken en te proeven. Die stompe smaak is een voorbode van narigheid of verandering.

Tegenwoordig is mijn instinct volautomatisch aangesloten op een interne bibliotheek van natuuraanwijzingen, dus luister ik en let ik op de kleinste signalen die mijn lichaam opneemt. Soms voel ik me net lakmoespapier dat het vocht en de druk in de atmosfeer absorbeert. Vandaag blijft er een vanbinnen strakgespannen ijzerdraadje adrenaline trekken. Ik luister naar het gonzen en beven van de dunne platen op het schuurdak die woest tegen hun bouten en moeren rammelen, zich krommen en kronkelen in een poging zichzelf te bevrijden. Om de paar minuten kreunt en trilt het dak voor het opgolft tot een boerende stuip. Het is angstaanjagend om die oude, versleten metalen constructie zichzelf aan stukken te zien scheuren. Het vergane, verroeste metaal desintegreert, minieme schilfers snipperen voor mijn ogen los terwijl kleine puntige stukjes versplinteren. Het dreigde al jaren zichzelf te vernietigen. Het is geen enorme schuur, zes meter hoog misschien, maar met elke rukwind rammelt het dak, slaat het woest tegen de afbrokkelende bovenkanten van de muren. En om de paar minuten tilt een enorme windstoot de platen op als twee grote vleugels. Zo gaat het al uren. Ik heb het opgegeven om te proberen het vast te maken.

Mijn trouwe slang die zijn naam nu eer aan doet met al zijn gezwiep en gekronkel, is een vriend op wie ik mij verlaat, en die in alle jaren alles heeft gegeven. Hij heeft het gebinte verankerd met zijn uiteindes uitgerold en vastgebonden aan enorme keien, een oude roestende trekker en een massiefstalen bekapbox van een ton, en houdt het hele dak zo op zijn plek gespannen. Ik heb bij gebrek aan financiële middelen voor een nieuw schuurdak alle wrakken van de croft verzameld voor deze op goed geluk gemaakte veiligheidsvoorziening. Het is een vreemde genegenheid, maar ik ben zeer gehecht aan dit stuk slang. Het heeft me al vaker van een ramp gered dan ik me kan herinneren. We hebben samen tot het einde doorgeknokt, de voorbije veertien jaar gevochten tegen de meest extreme, slopende weersomstandigheden.

Terwijl ik met het hart in mijn keel toekijk en probeer te peilen wat ik in hemelsnaam moet doen, daalt er een gewichtig idee neer. Er valt niets meer te doen. En dat is zo absoluut dat het me merkwaardigerwijs rust en kracht geeft. Er is altijd een punt dat je niet meer terugkunt en je plotseling over je eigen vermoeidheid heen stapt, over je aarzeling of het gevoel dat je tekortschiet heen, om je angst aan te grijpen. En tot slot scheert het dak van de muren, stort het op de grond ineen en slaat de voortrazende wind zijn klauwen in het holle bouwsel. Ik tast diep in mijn zak, haal er een scherp mes uit en terwijl de metalen platen razen en tieren, snij ik ze los. Ik kan er niet bij dat dit echt gebeurt. Het enige wat ik voel, is gelukzalige opluchting. Het gewicht van dat dak heeft al die jaren op mij gerust. Het laten gaan geeft een gevoel van vrijheid. Weer een ding waaraan ik geen energie meer hoef te verspillen om het vast te houden.

Het dak komt schuddend in stuipsnokken van de muren afzetten. Ik verstijf, weet niet of er nog meer gaat komen. De scherpe kartelranden die als cirkelzaagbladen door de lucht vliegen, brengen het gevaar met zich mee van ernstige schade of lelijke verwondingen. Niet in stukken breken, denk ik het toe, als de afzonderlijke platen beginnen te trillen. Het dak is niet meer in de hand te houden als het zichzelf uiteen gaat rijten. Elke plaat kan in seconden een arm of been afhakken. Goddank staan de dieren veilig in het bos te schuilen waar ze niets kan overkomen.

Uren later veeg ik losgerukte stukken metaal en takken met een staaldraadbezem bij elkaar. Het is griezelig rustig op het erf in het stralende licht dat door een spetterend regentje komt sijpelen. De aan flarden gewaaide wolken zijn verdwenen en de vernieling en wrakstukken die zijn achtergelaten, zijn nu volop zichtbaar. Een boom ligt met zijn in tweeën gespleten stam pal voor een hek. De schuur, een desolaat, kletsnat, stenen karkas, ziet er nog ouder en grimmig mooi uit. Alsof alle jaren ervanaf zijn gerold, en het kale staketsel tot zijn oorsprong is teruggehouwen. Binnen plonst het in emmers van druipend water en stro ligt besmeurd en doorweekt op het erf. Gelukkig is het hooi beschermd door een zware, geteerde zeildoek. Wat nu? vraag ik me af, verbijsterd en ontdaan van de ravage. Alsof het een antwoord is, klinkt er boven me een rumoer dat me opschrikt. Een kleine vlucht zwanen vliegt voorbij en hun vleugels slaan ritmisch door de lucht als op een lier. De lucht door de uiteinden van hun vleugels vibreert en gonst. Het is een moment als in een droom. Zwanen zien is van oudsher een teken van voorspoed, geluk en liefde, dus vraag ik me af of een groep in de lucht hetzelfde voorspelt. Neem me mee, denk ik, terwijl ik ze nakijk. Het is een buitengewoon gezicht, die zware lichamen zo gracieus en gewichtloos te zien.

Ik weet dat ik me geen zorgen hoef te maken. De wind staat voor mij symbool voor de ademtocht van verandering. Hij heeft de schuur van zijn verleden ontdaan en mij in drie luttele uren gedwongen me het leven op de croft anders te gaan voorstellen. Soms noopt de wereld ons te werk te gaan volgens haar principe van vernietiging en verandering. Om een ruimte leeg te maken, een sleur af te werpen of om simpelweg los te laten zodat een andere toekomst die leegte kan gaan vullen. De aanblik van de zwanen herinnert me eraan dat als je boven de chaos uit kunt stijgen, het mysterieuze stromen van de wind een bron van kracht en vernieuwing kan zijn.

Ik ga vol op de rem staan en hang dan aan het open portier uit de wagen. Ik laat de sleutel in het contact zitten en de motor draaien en zoek snel maar rustig de berm af in de richting van waar ik ben gekomen. Heb ik het echt gezien? Ik vraag het me af terwijl mijn ogen het steile talud afkammen. Plotseling is hij daar, zwarte natte veren op een ineengekrompen hoopje tegen de lage stenen wal. Als ik neerhurk, tilt hij zijn verfomfaaide kopje op en kijkt hij me aan. Eerst denk ik dat het een jong roekje is, met onwaarschijnlijk prachtige melkblauwe ogen. Zijn vleugel is ingescheurd en zijn poot en klauw beschadigd. Hij beweegt niet als ik behoedzaam zijn vleugel uitvouw. Hij heeft amper echte veren, is een en al donzige pluizigheid met zijn kop diep tussen zijn schouders. Ik probeer hem overeind te zetten, maar hij valt op zijn kant. En dan voel ik hoe koud en uitgemergeld zijn lijfje is. Ik vouw mijn pullover tot een wieg, schep hem er voorzichtig in en zet hem in de wagen. Ik denk er niet over na. De vogel is ziek en hij heeft hulp nodig. Terwijl ik de tien kilometer terugrijd naar de croft, staart hij constant naar mij omhoog zonder zijn blik van mijn gezicht te wenden. Die dag raak ik verliefd.

Zodra ik thuis ben, vul ik een steelpannetje met water om een vers ei in hard te koken. Wanneer dat is afgekoeld, pel ik hem en stop ik kleine stukjes een voor een diep in het opengesperde keelgat van de vogel. Waarom weet ik niet, maar het dankbare gorgelende geluid dat hij maakt als hij slikt, doet mijn hart smelten. Zijn snavel is lang met een echte punt aan het eind, maar toch is hij zacht, fijn en weifelend. Pas dan valt me een grijze ruche veren op zijn kruin, nek en rug op. Een zweem van twijfel bekruipt me. Ik bekijk hem nauwlettend en diep vanbinnen weet ik dat het geen roek is, maar een bonte kraai.

Op het eiland zijn bonte kraaien berucht omdat ze pasgeboren lammetjes zouden verminken, en worden ze direct afgeschoten. Ik vraag me af wat ik zal doen als hij beter is. Zonder moeder wordt hij afhankelijk van mij en zal hij niet voor zichzelf kunnen zorgen. En als hij tam wordt, zal hij niet voldoende op zijn hoede zijn voor mensen en loopt hij grote kans te worden verwond of gedood. 'Maak je maar geen zorgen,' stel ik hem gerust. 'Eerst maar eens beter worden voor we iets op de rest verzinnen.' Ik blijf hopen dat die grijze veren op de een of andere manier nog zullen weggaan. Ik aai over de borstelige zwarte boven zijn snavel. 'Die hebben roeken ook,' houd ik mij hoopvol voor. Maar wanneer een boer aan komt kloppen om een spuit penicilline voor een ziek lam te lenen, heeft hij aan één blik op de vogel genoeg om argwanend te vragen: 'Waarom zit er in jezusnaam zo'n bonte hier binnen?'

'Het is een roek,' zeg ik langs mijn neus weg en dan sla ik een oude handdoek beschermend om hem heen waarmee ik zijn ontluikende grijze mantel bedek. Mijn vogel knipoogt naar me en leunt tegen me aan. Ik pak de medicatie uit de koelkast. Wanneer dieren ziek zijn en de veterinaire kist van het eiland leeg begint te raken, is het goed als je bij je buren langs kunt voor hulp. Het is een moment dat oude vijandigheden overbrugt wanneer hulp veel waardevoller is.

De boer komt dichterbij. 'Dat is geen roek,' zegt hij. 'De enige goeie kraai is er een met z'n nek omgedraaid.'

'Hij is ziek,' verzucht ik. 'Het gaat me wel lukken om hem weer wild te maken. Dat beloof ik.'

Als het middag is, heb ik de rillingen. Mijn vingers jeuken en ik krab me tot bloedens toe. Het voelt alsof iets onder mijn huid me opeet. Als ik opkijk, zie ik mijn kraai naar me kijken vanuit zijn kleine open kooi met een bedje van stro en gras bij de keukendeur. Hij is te ziek om op een stok te zitten, dus heb ik een stapeltje stokjes voor hem gemaakt waar hij op neer kan hurken.

Ik til hem op en onderzoek hem nauwkeurig. Wanneer ik de donzige pluisjes en pas groeiende veren opzij houd, zit zijn kale, gepokte huid onder de mijten die zo klein zijn dat ze bijna onzichtbaar zijn. In de plooien van een los vel in het zachte holletje tussen nek en schouders zit een donkere vlieg te gonzen, zich dik en slaapdronken tegoed te doen aan een open vleeswond. Ik ril helemaal, maar weet dat ik dit aan moet pakken. Ik neem de kraai mee naar de schuur zonder dak en maak hem schoon met een zachte doek. Ik vind nog drie vliegen en geen enkel deel van zijn lijf dat niet onder de parasieten zit. Ik heb een medicijnkast met antibiotica, pijnstillers en een lotion tegen mijten, die ik toedien. 'Het spijt me,' zeg ik hem, 'maar je zult tot morgenochtend hier moeten blijven.'

Ik ververs de kooi, het voer en nestel hem erin, en dan trek ik buiten op het erf alles uit en spuit ik me van top tot teen met water schoon. Daarna ren ik naar de zee en spring ik in de golven. Later die avond verbrand ik de kleren die ik aanhad. Gelukkig ben ik niet meer aan het krabben. Het is zo'n opluchting om van die verschrikkelijke plaag af te zijn. Tot de kraai beter is en vrij van die parasieten, wikkel ik hem in een handdoek en draag ik handschoenen. Elke ochtend verplaats ik zijn kooi naar het verse gras onder de bomen. Hij zit naar me te kijken en lijkt aandachtig te luisteren naar alles wat ik zeg. Het kost vijf dagen tijd om zijn lijf van dat ongedierte te bevrijden. Ik breng hem niet meer terug het huis in omdat ik hem niet wil vervreemden van zijn natuurlijke omgeving. 'Je kunt hem niet houden,' houd ik me streng voor, en toch zou ik het maar al te graag doen. Hij is een prachtige metgezel, intelligent en toegenegen.

Ik draag hem mee over de croft. Het duurt weken voor hij kan lopen of vliegen, alleen onhandig hippen lukt. Dus vindt hij het best om rustig in mijn armen te zitten. Wanneer ik buiten aan het graven ben, zit hij op de grond naar me te kijken. Hij is dol op ei, zwarte kevers en kleine stukjes meloen, maar hij is echt verzot op blauwe druiven. Hoe groter hij wordt, hoe onmiskenbaarder zijn tekening wordt.

'Aan wie we zijn kunnen we niks doen,' zeg ik hem.

Ik noem hem Feannag, Gaelisch voor kraai, en kort dat in tot Fea.

Op een dag doet Fea een poging tot een korte vlucht in de tuin. Zijn vleugels willen hem niet dragen. Hij probeert te landen in een boom, maar valt op de grond. Ik til hem op, geef hem voer en zet hem in de laagste takken van de grove den bij de wilde bessen. Ik heb een plan in gedachten en vanochtend besluit ik het uit te proberen. Ik heb in een fauna-onderzoek gelezen dat in tegenstelling tot de gangbare mening kraaien jongen niet aanvallen om ze te verminken of te doden. Ze bestoken ze simpelweg om ze ertoe aan te zetten een flink stuk van de grond een veilig heenkomen te zoeken. Mijn navorsingen opperen dat kraaien een buitengewoon complexe, verfijnde sociale structuur kennen. Ze paren voor het leven en een enkele keer zorgen ze voor verweesde, zieke of gewonde jongen van buiten hun directe familienetwerk en onderhouden en adopteren ze die zelfs.

Mijn hoop is dat een andere kraai Fea zal horen roepen wanneer hij honger heeft, en hem dan opzoekt en te eten geeft. Het is een gok, maar het is de enige kans die ik heb. Lang heb ik niet: na ongeveer een uur zal hij zwakker worden. Het is een stralend mooie dag, winderig en fris. 'Ik zie je, hoor,' zeg ik terwijl hij uit de boom naar mij zit te kijken. Eerst schuifelt hij wat heen en weer, herschikt hij wat kleine takjes om lekkerder te zitten. Als er bijna een uur is verstreken, begint hij om voedsel te roepen, zijn kreten worden almaar wanhopiger. Ik dwing me om me niet te verroeren, maar het is een kwelling om hem te horen roepen en te weten dat hij kan zien dat ik hem niet kom helpen. Plotseling landt er een gedruis van vleugels een paar takken boven hem. Het is een enorme, volwassen bonte kraai. Ik kijk toe hoe ze op hem af gaat, omlaag hipt om bij hem te komen. Terwijl ze van opzij steeds dichter bij hem kruipt, steekt ze haar snavel uit. Ik ben doodsbang dat ze hem iets aandoet. Fea roept en flappert triestig met zijn vleugels. Dan wendt ze zich onbegrijpelijkerwijs schouderophalend af en vliegt weg over de heuvel. Ik kan dit niet aanzien. Zijn stem klinkt steeds schriller en harder tot hij uiteindelijk ophoudt met roepen en ineenkruipt. Blijven roepen, spoor ik hem zwijgend aan. Gebruik je stem, want hoe moet iemand je anders vinden?

Een halfuur later begint hij opnieuw en al heel snel komt dezelfde enorme vogel weer naar hem toe. Alleen deze keer probeert hij bij haar te komen, maar glipt hij omlaag tussen de takken door. Ik dwing me stil te blijven zitten. Ik ben doodsbang dat hij zichzelf verwondt, maar een laag takje breekt zijn val. De volwassene hopt omlaag naar hem toe en zet steeds een stap dichterbij tot ze tegenover hem staat. Als hij zijn vleugels uitstrekt, zijn snavel opent en dat diepe gorgelende geluid begint te maken, nijgt ze naar voren en stouwt ze haar snavel in zijn keel. Het is een uitzonderlijk moment. Ik grijp naar mijn camera om het vast te leggen zodat ik het later nog eens beter kan nakijken.

Nadat de volwassen vogel is weggevlogen, zit Fea er met zijn honger gestild op zijn gemak bij. In de paar volgende uren kijk ik toe als hij herhaaldelijk wordt gevoerd als reactie op zijn geroep. Afgaand op de steeds langere intervallen besef ik dat zijn voedsel vullender is dan wat ik hem geef. Ik ben opgetogen want ik weet dat hij nu een kans maakt om niet alleen te overleven, maar ook om door zijn eigen soort te worden opgenomen. En ik ben ontzettend blij dat het risico dat ik heb genomen de moeite waard is geweest en dat ik getuige ben geweest van een buitengewoon barmhartige daad die veel mensen niet voor mogelijk zouden houden.

Een week later komt Fea me opzoeken in de tuin. Hij kan amper vliegen, maar een korte, klunzige proefvlucht van de boom naar de groentebedden lukt meestal wel. Ik praat tegen hem en hij kijkt aandachtig naar mij. Ik weet dat het vast goed met hem gaat en ik ben blij dat, ook al heeft hij me niet meer nodig, hij er toch voor kiest om gezellig dicht bij me te zitten. Voor dieren en voor mensen is de belangrijkste toevlucht bij gevaar de bescherming van de groep of het familieverband. Het isolement is voor de corvusfamilie evenzeer een gruwel als voor ons. Deze ervaring toont aan dat empathie met en acceptatie van afgezonderde, kwetsbare individuen ook buiten bloedverwantschappen of familiegroepen mogelijk is. Dat is een geweldig bemoedigende ontdekking.

Ik sta bij het raam naar de vogels te kijken. De bladeren zijn gaan vallen en in de stralende zonneschijn en wind wervelen schaduwen en losgerukt loof over het erf. Cleodie, mijn spreeuw, leert langzamerhand hoe ze moet eten, hangend aan het draadframe dat mijn klimroos ondersteunt, en pikt noten, zaadjes en druiven uit mijn voederbakjes. Ik heb Cleodie op de grond gevonden toen ze een paar weken oud, piepklein vogeltje was. Ik besef dat ze niet gewend is aan het luidruchtige gevecht om eten, aangezien ze daar niet om heeft kunnen wedijveren met broertjes en zusjes in het nest. Het is een genoegen om haar nu het luchtruim en de bomen te zien verkennen. Maar ze wordt voor het eerst echt op de proef gesteld: ze moet leren overleven in de koude maanden die binnen komen vlagen nu het jaar afsterft.

Plotseling duikt er een sperwer op de voederbakjes en tot mijn verschrikking spreidt Cleodie haar vleugels uit en gilt ze voor haar leven. Instinctief spring ik naar voren om op het raam te kloppen. Voor ik er ben, schrikt mijn bewegende schaduw de roofvogel al op en draait hij zich vliegensvlug om, verlengen zijn geelbruine vleugels zich tot een gracieus opvliegen en wiekt hij weg over de rozen en moestuin. Mijn benen stormen de keuken uit het erf op. Meteen zie ik een enorme kraai op het schuurtje zitten. Het is Feannags pleegmoeder. Ze krast plots twee keer snel na elkaar. Ik herken dit direct als een alarmkreet, maar besef dat ze niet reageert op mijn aanwezigheid, die haar vertrouwd is in deze omgeving, maar op een andere indringer. Ze duikt moeiteloos de lucht in en vliegt weg achter de sperwer aan.

Ik sta verbaasd te turen naar waar zij hem onbevreesd achtervolgt, hoger vliegt en dan omlaag zoeft om hem van achteren aan te vallen. Langzaam wervelen ze over de croft weg de verte in. Ik kijk naar hoe ze elkaar vliegend te lijf gaan in een meedogenloze poging het territorium uit te breiden en de ander te overheersen. Deze dodelijke tweestrijd voert ze rondcirkelend op de wind steeds hoger tot ze kleine stippen in de lucht zijn. Wanneer de kraai terugkeert op de croft, nadat ze met succes haar hegemonie heeft gevestigd, is het een opluchting om te weten dat de zangvogels voorlopig niets te duchten hebben van de sperwer en de rust is hersteld.

Het is een herinnering aan de vreemde krachten die er altijd, vaak ongezien, spelen in het landschap. Dat rondcirkelende gevecht liet mij zien dat predatie en bescherming twee kanten zijn van een en hetzelfde instinct. De kraai is ook een roofvogel. Het beschermen van haar domein is voor haar een kwestie van eigenbelang: in de lente zal ze zich voeden met de eieren van de zangvogels die ze nu verdedigt. Vandaag heeft de sperwer de zangvogels aangevallen en heeft de kraai hem bedwongen. Morgen kan er een nieuw duel plaatsvinden met een andere afloop. Deze krachten zijn voortdurend in beweging in zowel het menselijke als het wilde landschap. Een eiland blijft voor altijd een goed behoed, veranderend domein waarvan ik en de vogels elk een onlosmakelijk onderdeel vormen.

6
Sterren

Opnieuw is er een seizoen voorbij. Het is het einde van de herfst en de vachten van de ooien zitten weer in de war en vol klitten van droge bladeren, heide en distels die mijn vingers bekrassen en prikken als ik hun knopen ontwar. Grote hazelnoten rollen over de keukentafel, gladde glanzende bruine bollen compacte zoetheid. Voedsel zoek ik nu voor mijn plezier en dagen verlopen rustig terwijl buiten de bladeren vallen. Ze worden korter en de avond valt snel na de zonsondergang die de luchtluiken sluit.

Ik zit op een lage, in elkaar geflanste kruk bij de flikkerende haard. De donkere lucht buiten voelt plotseling adembenemend dichtbij. In mijn schoot ligt op mijn handen een kistje. Als ik het deksel open, glanst het donkere hout aan de binnenkant weelderig tegen de karmijnrode bekleding van velours de panne. Ik klik de veiligheidsschuifjes weg om de strijkstok los te maken die precies in zijn holte past. De punt van bot, bedraad met een lint van paardenhaar, gloeit bleek als de winterzon. Als mijn vingers de strakke rand gladstrijken, geeft hij een zachte, knisperende fluistering af die me doet denken aan het begin van de zomer: aan de grassen die wild en vrij over de croft golven, en de wind die door Fola's manen en staart waait.

Het is een prachtig instrument. Perfect gevormd uit diep glanzend hout, aan elk uiteinde gerond als een rijpe vrucht. Mijn duim tokkelt er voorzichtig op en ontlokt een vibrerende, zoemende klank. Zijn stem is warm, levendig en kenmerkend, aangenamer dan het geluid van een viool. Aarzelend breng ik het dichterbij en haal ik de stok over zijn romp zodat ik het sap uit het houten kader kan horen galmen. Als ik de stok schuiner houd, trilt de stem. Ik luister naar zijn weerklank, even diep als de donkere, poreuze nachthemel. Voor mij is deze altviool waardevoller dan al het andere wat ik bezit. Hij zingt met zijn eigen heldere, prachtige toon, laat het verleden overgaan in het heden, verheft me en vervoert me.

Het telefoontje kwam uit de lucht vallen. Het was een van Cristalls dochters in Nieuw-Zeeland. Ik liep aan haar te denken en toen belde ze alsof ze die gedachte had gehoord. Haar stem deed me schrikken, zo erg lijkt die op die van haar moeder. Even helder als de zang van een vogel, stijgend en dalend, precies zoals ik me hem herinner, plotseling zo levend en aanwezig dat de tranen me in de ogen sprongen. 'Ik heb je gemist,' vertel ik haar. 'Ik heb jou ook gemist,' zegt ze. Een poosje waren we elkaar uit het oog verloren. Terugkijkend denk ik dat ons verdriet nog te rauw voor ons was om het aan te kunnen het in de ander weerspiegeld te zien. Soms moet je het verleden loslaten om een toekomst te kunnen bouwen. Ik werd met stomheid geslagen toen ze me uitlegde dat er een som geld aan mij was nagelaten. 'Ze zou gewild hebben dat jij dit kreeg,' vertelde Cristalls dochter me. 'Jij was haar andere dochter. Ik weet hoeveel jullie voor elkaar betekenden. Het is terecht dat jij het krijgt.'

Toen ik de telefoon neerlegde, trilde mijn hand. Het was

moeilijk om te bedenken wat ik met zo'n verbijsterend gul geschenk moest doen. Ik wilde zeker weten dat het verstandig werd gebruikt, voor iets blijvends, en niet werd verkwist. Ik liep naar het bos en ging midden in een ring van balsempopulieren zitten, waar ik vaak heen ga om na te denken of te dromen. Het helpt me om helderheid in mijn ideeën te brengen.

Toen de schenking binnenkwam, heb ik eerst geld gedoneerd aan Cristalls favoriete goede doelen, vervolgens ben ik er jaren niet aan gekomen terwijl ik erover piekerde wat ik ermee moest. Ik wist diep vanbinnen dat ik iets zou willen wat ons verleden met mijn heden zou verweven, maar met wat of hoe was moeilijk te bedenken. Ik ging terug naar al onze gedeelde herinneringen, aan wandelen, bomen en bladeren zaaien, koken, schilderen, schaken, flessen wijn leegdrinken tijdens lange uren die we samen pratend doorbrachten. Op een dag zat ik buiten met Isla te kijken en te luisteren naar de vogels. Het gezang deed me denken aan hoeveel we van muziek hielden en dat die ons in staat leek te stellen de wilde natuur beter aan te voelen.

Muziek onttrekt alles wat onharmonisch is aan je gedachten en slecht barrières. Ze beroert het hart zonder daarvoor woorden nodig te hebben. Je voelt haar in je hele wezen. Ze biedt je een uitweg, een diepgewortelde vrijheid om je uit te drukken, en ze helpt je je door ervaringen heen te werken waarover je moeilijk kunt praten. Ik heb als klein kind piano leren spelen, maar hier op het eiland heb ik na Cristalls dood jarenlang niet kunnen spelen. Mettertijd ben ik gaan inzien dat muziek je ook gezelschap houdt.

Plotseling wist ik wat ik ging doen met Cristalls geschenk.

Het is bepaald niet niks om een instrument vast te houden waarvan je geen idee hebt hoe je het bespeelt. Ik heb de altviool gekozen juist omdat die mij vreemd is. Ik wil met een leeg doek beginnen, het instrument zonder enig vooraf opgevat idee, enig vooroordeel of enige kennis benaderen. Mijn vingers voelen lomp als ik de strijkstok oppak en toch voelt de aanraking door het paardenhaar vertrouwd. De eerste keer dat ik hem over de snaren haal, klinkt het als een aarzelende vraag. Ik weet niet hoe ik daarop moet antwoorden, dus strijk ik nog een keer, en nog een keer, tot de kamer vibreert van de mogelijkheden. Mijn huid tintelt als ik naar die klank luister. De eerste paar maanden lijk ik er alleen maar open vragen aan te kunnen ontlokken. Het is komisch en frustrerend om geen dialoog aan te kunnen gaan. Ik blijf proberen om dat gesprek van de grond te krijgen. Op den duur beloont mijn geduld me. Het is het begin van een prachtige relatie.

Ik beloof mezelf dat ik op het gehoor zal leren spelen en niet van bladmuziek. Daardoor luister je aandachtiger. 'Geen papier,' zeg ik nee schuddend tegen de viool. 'Ik wil alleen dat we samen iets scheppen.'

Er zingt een onopgeloste spanning uit een instrument wanneer je het voor het eerst bespeelt. Het klinkt misschien vreemd, maar al heb ik er geen enkele vaardigheid in, toch ontsluit de altviool iets in mij wat al veel te lang is weggestopt. Wanneer je zoveel jaren in afzondering hebt geleefd, kan elk nieuw menselijk contact eerst ongemakkelijk voelen en moeilijk. Alsof je midden in een orkest op een podium wordt gezet. Je tilt je strijkstok op of opent je mond om te gaan zingen, maar zodra je begint besef je dat het orkest een heel ander muziekstuk speelt dat jij niet kent. Net als muziek is sociaal verkeer een vaardigheid die door oefening verbetert. Precies zoals je elke noot moet leren om ze allemaal tot een vloeiend muziekstuk te kunnen smeden, zo moet je ook het praten over ditjes en datjes repeteren en de signalen en sociale concepties die deel uitmaken van elke korte ontmoeting. Je moet jezelf de dynamiek eigen maken van ritme, intonering, toonhoogte en toon. Als je weinig oefent kan dat lastig zijn. Ik wens, verlang ernaar verbinding te maken, en toch sla ik soms een verkeerde toon aan of strijk ik uit de maat van mijn eigen timing. Ik jut mezelf op, ook al is het vermoeiend. Ik ben praten gewoon niet gewend. Ik heb nooit gedacht dat taal me moeite zou gaan kosten. Het is een schok om te beseffen dat wat ik ooit vanzelfsprekend achtte, dat ik daar nu aan werken moet.

Op mijn alt spelen helpt me om op dat podium te stappen, om lastige stukken in de muziek te herkennen en te hanteren. 'Je kunt het,' houd ik mezelf voor. 'Het is belangrijk om zonder angst en spijt te leven.' Maar soms is dat makkelijker gezegd dan gedaan. Eenzaamheid is moeilijk op te splitsen in de samenstellende delen, maar elke dag zie ik wanneer ik een combinatie van noten oefen, dat ze is opgebouwd uit een op het gevoel werkend akkoordenschema van wantrouwen, leed en gebrek aan sociale steun.

Met het toenemen van mijn zelfvertrouwen kan ik vloeiender spelen en een prachtige klank voortbrengen die gonst van geestelijke en creatieve groei en energie, en het verlangen naar gezelschap voedt. Muziek gaat om je kwetsbaar opstellen in een veilige ruimte. Het gaat om de uitdaging onder ogen zien en die doorspelen tot de noten samenvloeien. Niet het aantal sociale relaties dat je hebt, begrijp ik nu, laat je je vol of leeg, eenzaam of tevreden voelen, maar hoe die verbindingen hardop klinken in je hart, en of die tonen zuiver of vals zijn.

Het fijne van de altviool is dat hij in tegenstelling tot de piano licht en draagbaar is. Elke avond wanneer ik voor de haard sta te spelen, flikkert er een gedachte. Ik vraag me af of dit de sleutel is die de deur zal openen naar een brede muzikale gemeenschap. Aan die gedachte houd ik mij stevig vast. Ik droom ervan met anderen te kunnen spelen.

De winter is een tijd om naar binnen te trekken, maar ik begin me een andere manier voor te stellen om de lange, donkere, koude maanden door te komen. Het eiland is aan het veranderen en ik ook. In november worden de kliffen nog scherper gehouwen door de zoute wolken water en de winden die van de zee komen snerpen. De dopjes van de heide steken feller af terwijl het gras afsterft en de verbruinende heuvels donkeren. Hazen schieten steels over de velden en de kale kusten glinsteren van aan de rotsen vastgeklampte alikruiken en napslakken. Het kiezelstrand ligt bezaaid met slagpennen van de grauwe gans en de luchten trekken naar het noorden. De wind zingt door de oude ploegen die achter zijn gelaten, als een onzichtbaar weefgetouw dat de draden van het land en zijn herinneringen nog steeds samen windt, elke dag een ander verleden en heden weeft. Ik hoor het gerinkel van zwaar gareel en de bitse kreten die de gebogen hoofden aanvuurden van de oude ploegpaarden die lijdzaam deze velden bewerkten. Het stemt nederig als je aan de eenvoudige geneugten en ontberingen van die vervlogen jaren denkt.

Mijn ogen acclimatiseren zich van nature aan het donker. Het winterland ligt stil en roerloos te rusten. Achter een rotsige landtong klieft een scherp zonlichtzwaard een pad, goudgeel opgloeiend als een mythisch beest. Ik kijk toe hoe de donkere lijn van het landschap dieper en harder wordt. Een oeroude ruïne die ooit mannen, vrouwen en kinderen in woeste tijden beschutte, fakkelt stralend tegen de einder. Ik ben blij dat die tijden van angst en strijd voorbij zijn. Het landschap doet niet aan dikdoenerij. Het doet geen valse beloftes. Ik herken in zijn krasse eenvoud een manier van leven waar ik een liefde voor ben gaan koesteren die niet in woorden is uit te drukken.

Ik vraag me af of het onze alledaagse relaties zijn die ons helpen onze eigen grillen en eigenaardigheden te normaliseren. We verlangen verdraagzaamheid voor trekjes die verschillen van die van anderen. En toch zijn we ondanks onze sociale gewoontes net als de vogels op onze hoede voor verschil en anders-zijn. Er zijn tijden geweest dat ik me het groepje mensen hier meestal voorstelde als zeekoeten die op een rots zijn neergestreken: we kijken hoe het tij komt en gaat, kibbelen en leggen het weer bij terwijl de zon elke dag opkomt en ondergaat. Nu begrijp ik dat we zoals de vogels ook gehoor geven aan onze eigen roeping. Er is altijd een moment om er alleen op uit te vliegen of om op zoek te gaan naar die wildernis voorbij de horizon. Maar evengoed heeft elk van ons anderen nodig om een toevluchtsoord en een thuis te creëren.

Muziek leert me om anderen met een luisterend oor te benaderen, hun unieke vibraties op te pikken. Het is even subtiel als met een stemvork slaan en de resonantie in je voelen rondgaan, zoals wanneer je een welkom of een waarschuwing probeert te horen in vogelzang. Dat pelt de oppervlakkigheid, gekunsteldheid weg en legt een bedoeling bloot. Ik merk dat sommige mensen zuivere noten afgeven die op een hoge of middenfrequentie resoneren. Ze halen je dichterbij met een warme toon die jouw unieke trilling helpt te harmoniseren met die van hen. Ik merk dat ik mijn ogen opsla, dat mijn stem helderder klinkt, mijn kaak ontspant en mijn armen en benen zachter worden. Andere stemmen klinken dunner, uit de toon of dissonant, in tegenspraak met wat hun woorden of gezichten te kennen geven. Sommige zijn schel en duwen je openlijk van zich af. Het verandert de manier waarop ik denk, voel en reageer op anderen. Ik hoor de klanken niet alleen, ik luister ook dieper. En ik merk dat dit verwante levens dichter bij het mijne brengt. En te midden van die muzikale dialoog begin ik me de klank van mijn wilde roep eigen te maken.

Ik blijf verlegener en meer op mijn hoede dan ik vroeger was. Ik ga zelden uit en breng mijn dagen op de croft alleen door. Soms doet dat me stilstaan bij hoe grondig en onherroepelijk onze ervaringen ons kunnen veranderen. Soms stemt het me alleen maar droevig. Ik weet nog dat toen ik nog maar net op het eiland zat, ik bang was dat dit zou gebeuren; dat Rab en ik anders zouden worden dan hoe we onszelf kenden. Soms moet je wanneer je een muziekstuk kwijt of vergeten bent, terug naar het begin en je vingers leren het weer te spelen.

Vertrouwen is een gouden, in mij na-ijlende noot. Geluk is een sterk dominantakkoord, een van de mooiste die ik ken. Het bergt de mogelijkheid in zich dat onzekerheden, kwellingen en zorgen zullen worden opgelost. Het geeft donkere, rusteloze mineurakkoorden een opbeurend slot. Ik ben nog aan het improviseren met vergeving. Ik denk dat die een toonsoort heeft die ik nog aan het leren ben. Ik probeer het verleden los te laten. Het is moeilijk maar het gaat mettertijd makkelijker, en dat is bemoedigend. Maar sommige dingen kosten meer tijd. Ik heb goede hoop dat ik op een dag weer net zo vol vertrouwen en hartelijk ben als ik vroeger was. Soms moet je de mouwen opstropen en gewoon blijven proberen om beter te worden in wat je het moeilijkst vindt.

Wanneer ik de lampen aansteek, komt de maan op boven de bergen. Ze schijnt bleek, helder op het zoetwatermeer ten zuiden van de croft en de zilveren zee in de verte. Een groepje donkere hoofden staat rond de vuurgloed. Hun silhouetten tekenen zich hard af tegen de flikkerende gouden vlammen. De gaspeldoorn knettert in een enorm staketsel van stokken en takken. Ik sta boven op de heuvel naast mijn lievelingses waar ik nog niet heel lang geleden waakte terwijl andere vlammen mij zuiverden van de attributen van mijn vorige leven.

Vannacht word ik omringd door muziek en plezier, door harmonieuze stemmen, violen, een fluit en gitaren. Als ik naar mijn boom kijk, weet ik zeker dat hij luistert terwijl hij zachtjes zijn bladeren laat ruisen. Achter ons grazen de ooien het korte gras af. Aan mijn voeten stralen de ogen van Maude in de weerspiegeling van de geelgoudlichtende vlammen. Ik denk: alles en iedereen die ik heb is nu op dit moment hier bij mij. Ik glimlach terwijl ik mijn alt onder mijn kin stop en mijn strijkstok optil. Deze vriendschappen krijgen nog vorm en ik ben nog jong en onervaren in het strijken, maar ik heb een lange weg afgelegd om dit stralende gesternte te vinden. Ik hoop dat ik altijd het licht van mijn eigen ster in dat glinsterende patroon zal kunnen voegen.

7
Zon en maan

Mijn vingers waaieren het kluwen van kleine worteltjes uit. Ze zijn bleek, doorschijnend, bedekt met fijne trilhaartjes. Ik blaas er zacht op. Terwijl mijn vingertop voorzichtig warme aarde tegen de ranke steel aan drukt, fluister ik: 'Leef prachtig.' En dan benevel ik de bladeren van de zilverberk met een wolk vers regenwater en zet ik hem in de zon. Zijn stijgende sap zal gedijen bij het planten vlak voor het midden van de maand. Het is er een van de vele die op een dag naast het huis op de croft zullen staan in een grote, zilver en goud geschakeerde kring van berken. Zijn stralende schors is een teken van hoop voor de toekomst; zijn seizoensveranderingen staan voor vertrouwen in de natuurlijke gang van de kosmos en het grote levenswiel.

Ik plant nu volgens het natuurlijke ritme van de zon en de maan. De zon is warm op mijn blote huid terwijl mijn handen zachte koordjes in en uit een visnet weven. Dat is dik, grof en ruw door wind en weer. Het ruikt naar de fuiken, zout en een koud lopend tij, ook al wordt het tegenwoordig gewassen met plonzen zoetwater. De lathyrus zit al goed in blad en de eerste bloemen gaan open terwijl ik oude wilgenteensteunen door de wirwar van kronkelende stelen rijg. Ik aard de kleine kweek aan de voet aan en druk mijn vingers neer rond de wortels die de voedingsstoffen voor zijn groei en bloei zullen aanvoeren.

Ik begin te leren hoe ik meer in overeenstemming met grote, onzichtbare ritmes kan leven. Terwijl ik de grond aandruk, overpeins ik dat al het leven, de ontkieming, groei, bloei en het sterven, wordt beïnvloed door water en licht, dat dit allemaal onmogelijk zou zijn zonder de zon en maan. Zaden planten in de juiste tijd van de maand scheelt enorm veel in hun groei. Ik voel me helemaal verankerd als ik zo aan het werk ben. In de zee zwemmen heeft me tweeënhalf jaar dagelijks ondergedompeld in deze ritmes van het oceaangetijde dat harmonieus stijgt en daalt met de maanfasen.

Een jaar is verstreken sinds ik de alt als geschenk in mijn bezit kreeg. Het is zeven jaar geleden dat Cristall is omgekomen in het verkeer. Wanneer ik opkijk, valt er een zwaluw uit de lucht die vervolgens tollend ronddraait en op het uiteinde van zijn vleugels sierlijk omhoog de schuur in glijdt. De terugkeer van de zwaluwen is betoverend. Het voelt aan als een belofte. Het heeft iets wondermooois om die kale nesten weer vol te zien raken.

De lente is altijd een tijd van hoop in het jaar. De croft heeft er nog nooit zo prachtig uitgezien. Die dag valt er iets wat mijn blik heeft vertroebeld van mijn ogen. Ik heb hier zoveel te bieden, denk ik. Frisse lucht, een prachtig thuis, een rustige omgeving. Vriendschappen die, ook al zijn ze nog pril, steun geven, echt zijn, waar je van op aan kunt. Bovenal weet ik dat ik liefde kan geven. Ik kan verder niets bedenken wat ik nog nodig zou kunnen hebben om de droom uit te laten komen die ik alle dagen heb gekoesterd. Jaren zijn voorbijgegaan en ik heb die droom nog steeds niet laten varen. Dat gevoel van verlangen heeft mijn leven ingekapseld en zijn structuur en vorm veranderd.

Jaren voor ik op natuurlijke wijze een kind probeerde te krijgen, heb ik inlichtingen ingewonnen over adoptie. Met mijn eerdere ernstige verwondingen was ik bang dat ik, ook al zou ik in verwachting kunnen raken, de baby misschien niet zou kunnen voldragen. Later besloot ik dat ik eerst wilde proberen of ik zwanger kon worden en blijven, maar diep vanbinnen maakte ik me nog steeds zorgen. Ik heb jaren aan deze strijd om moeder te worden gegeven en er alleen maar een hoop hartzeer aan overgehouden. Kort nadat we op het eiland waren gekomen, heb ik een aanvraag ingediend voor een buitenlandse adoptie. Ik koos voor China, waar door het eenkindbeleid meisjesbaby's het gevaar liepen in een weeshuis te belanden of te worden verstoten of vermoord. Ik had de succesvolle buitenlandse adoptie door een vriendin met grote belangstelling gevolgd en haar dochtertje van een peuter zien opgroeien tot een prachtig tienermeisje. Ik heb de risico's, problemen, uitdagingen, successen en onvoorziene omstandigheden van deze route uit eerste hand vernomen. Het zat me dwars dat verstoring van de moederband en -cultuur daar onderdeel van was. Maar in die tijd beschikten de weeshuizen over wanhopig weinig middelen, ontbrak het aan basisbenodigdheden, geneesmiddelen en zorg. Het vooruitzicht op de lange termijn voor kinderen die niet door plaatselijke gezinnen of buitenlandse aanvragers werden geadopteerd, was onaanvaardbaar. Ik heb alles tot op elk niveau uitgezocht. De dag dat ik toestemming kreeg om adoptieouder te worden en het lange wachten begon, werd mijn droom om moeder te worden in mijn hoofd een harde belofte.

Ik schreef een dagboek voor mijn kind dat het begin van haar tocht naar ons vastlegde. Waar het om ging, waren niet de woorden zelf, maar het gevoel dat ze wekten. Elke avond fluisterde ik: 'Ik wil dat je weet dat je heel deze periode van wachten niet alleen maar een idee voor me bent. Voor mij ben je echt.' Ik was van plan op een dag haar dit dagboek te geven en het met haar te lezen zodat ze altijd zou weten dat ze gepland en bemind was.

Het gaf niet dat het proces traag verliep omdat dat me zeker deed weten dat de strikte regelgeving werd nageleefd die moest voorkomen dat het systeem werd misbruikt. Ik verwachtte dat het minstens anderhalf jaar zou duren en ik was gewaarschuwd dat een einddatum op zich zou kunnen laten wachten, maar elk jaar werd mijn aanvraag weer goedgekeurd en vernieuwd. Na vijf jaar begon ik me toch zorgen te maken. Ik wilde het niet opgeven, bang dat een plaatsing misschien maar een paar maanden verder weg was. Nadat ik al zo lang had gewacht, kon ik dat idee niet verdragen. Ik troostte mezelf met de gedachte dat als ik geluk had mijn dochter al een broertje of zusje zou kunnen hebben die dankzij mijn onvruchtbaarheidsbehandeling was geboren. Ik heb altijd meer kinderen willen hebben. Alleen begon toen mijn relatie in te storten en ik verloor elk embryo. Na Rabs vertrek hoopte ik als alleenstaande ouder nog te kunnen blijven adopteren, maar helaas werd mijn aanvraag toen verworpen vanwege de verandering in mijn situatie. Dat was een verschrikkelijke tegenslag. Ik had negen jaar op haar gewacht toen ik haar moest laten gaan.

Tegen die tijd stond mijn kleine meisje al in mijn hart gestikt. Plotseling moest ik al die steken gaan lostornen. Daar worstelde ik mee. Het was te pijnlijk. Bijna vierduizend draden – een voor elke dag die ik me had voorbereid en toen op mijn kind had gewacht – die nu diep in het weefsel zaten ingebed. Wanneer steken al zo lang in een stof zitten, blijft hun contour zelfs nadat ze zijn verwijderd zichtbaar. In mijn hart staan nog altijd de witte littekens van dat stikwerk, en wat haar aan mij heeft gebonden en mij aan haar, is onuitwisbaar.

Ik had nooit gedacht dat een kind krijgen zo moeilijk zou zijn. Het lijkt anderen heel natuurlijk te gebeuren. Ik heb altijd nauwe banden gesmeed met kleine kinderen. 'Er zijn zoveel manieren waarop je betrokken kunt zijn bij het leven van anderen,' houd ik me voor. Maar het verlangen naar een kind van mijzelf dooft niet. 'Je zou een geweldige moeder zijn,' zegt een vriendin. 'Volg je hart.' En ik weet dat ze gelijk heeft. Dat is het enige wat je kunt doen in het leven. Het is belangrijk om te leven zonder spijt, om te blijven vertrouwen en voor alles open te staan in de wetenschap dat niets wat voor jou is bedoeld, ooit aan je voorbij zal gaan. Tegenwoordig leef ik volgens dat credo.

Ik ga binnenlandse adoptiebureaus verkennen.

'U woont te ver weg,' zegt er een me. 'U zit buiten ons eenuursverzorgingsgebied.'

Ik bel een volgende. 'U staat als kandidaat niet boven aan onze lijst,' delen ze me mee.

'Dat geeft niet,' zeg ik. 'Ik wil er best als tweede op staan.'

'Het is alleen zo dat in de meeste gevallen twee ouders de voorkeur krijgen om een kind groot te brengen.'

'Dat begrijp ik. Maar ik heb een hoop liefde te geven en een prachtig thuis.'

We maken een afspraak om verder te praten. Ik heb goede hoop. Ik ben weliswaar maar in mijn eentje, denk ik, maar ik heb liefde en energie zat en een netwerk om me heen dat me sterker maakt en steunt. En dat is zo. Die zware, eenzame jaren zijn voorbij. Ik bespreek mijn besluit met een goede vriendin. Zij heeft drie jonge kinderen en ik ben dol op ze. 'Alsjeblieft.' Een van hen steekt een vel papier naar me uit. 'Dit ben jij.'

Ze heeft me getekend als een vogel. Ik voer een jong kuikentje. 'Dit is je baby,' zegt ze.

Het is zo'n bijzonder cadeau dat ik het inlijst. Soms wordt het leven tot zijn essentie teruggebracht als je het ziet door de ogen van een kind.

Ik besluit deze periode te markeren door iets moois te creëren. Ik ga een quilt maken. Op een dag hoop ik deze zachte stof om mijn zoon of dochter te slaan. Ik heb de eerste lap uitgeknipt. Het is een vogelmoeder. Ik naai met een rijgsteek een appliqué op een mooi stuk stof met een dessin van guirlandes van bladeren en bessen.

'Willen jullie ook een lap maken?' vraag ik mijn broer, zus, hun kinderen en een groepje goede vriendinnen. Ik heb de vorm voor elk van hen uitgeknipt. 'Het is aan jullie hoe je het invult,' zeg ik ze. Elk stuk van hen zal ik afwisselen met andere die ik maak. Wanneer ik de quilt uitspreid, kijk ik vaak naar het ontwerp en het patroon. In het hart van de quilt laat ik het leeg. Ik hoop dat die lege lap op een dag zal worden gevuld en ik de randen permanent zal kunnen vastnaaien.

Elk jaar plant ik een nieuwe boom op de croft. Op een dag zal er een bos voor ons staan om samen doorheen te wandelen. Op een dag zal ik een schommel maken en aan de takken van die bomen hangen zodat de wind hem kan aanblazen. Als ik klaar ben met planten, loop ik naar de heuvel. Tegenwoordig noem ik die de Vuurheuvel. Daar spreek ik al mijn wensen uit die de lucht mag horen, waar de zon en maan getuige van mogen zijn.

De wind fluistert door de bladeren van mijn prachtige es. Deze boom staat mij na. Ik kom elke dag bij hem zitten om na te denken over alles wat mijn leven nog zal gaan vullen. Zijn bevallige vorm en de stijging van zijn sap staan op mijn pols getatoeeerd, in mijn lijf geschreven. Het voelt krachtig en helend om dit symbool, deze band op mijn huid te dragen. Het zal voor altijd bij me blijven, deel van mij zijn. Ik kijk hoe de wind over de rimpelende huid van water strijkt die tegen de zilveren oevers van het loch kabbelt. De zwaluwen stijgen en dalen in die frisse ruche van glinsterend water en wit zand. De zee glimt op tot helemaal aan de horizon en eroverheen. Ik open mijn armen naar de wind en werp mijn wens in zijn stroming. Ik geef mijn hart aan de zon en maan. Iets moois komt vaak wanneer we dit het minst verwachten.

8
Wild

De herten zijn op de loop, donkere hoeven kreuken de aarde, schoppen twijgjes en gevallen blad in de lucht, slaan kiezels los en schampen over de keien bij het keren van het tij. In het maanlicht komen hun schaduwen de heuvel over golven vlak voor ik hun dampend leven ontwaar. Ze springen snel, rijten varens uiteen, compacte lijven die uit het duister denderen voor ze trillend tot rimpelende stilstand komen in het koude water. Ik zuig lucht naar binnen, voel hun alerte aanwezigheid, glanzende natte gewei, omspoeld door het donkere schuim. Een fijne ademnevel wolkt uit hun opengesperde neusgaten terwijl ze daar trots staan met de pezen aan de strot kloppend van het vuur van hun geren. Hun strakke flanken glanzen donker, glinsterend van zweet. Ik hunker ernaar me uit te strekken en ze aan te raken. Het is een aanlokkelijk moment dat me uittilt boven de kille greep van de zee.

In het water ben ik niet te onderscheiden, zijn mijn harde lijnen en randen opgelost onder het koude vuur van de sterren. Zwemmen in het donker voelt als een wedergeboorte, een mooier deel van jezelf dat gehuld in duister en maanlicht wordt gereinigd door een koude, glinsterende vruchtwaterzee. Het doordringt je van een gevoel van verwondering, biedt een kans een wildere, dapperdere en prachtigere wereld te betreden waarin we ons hebben bevrijd van alles wat ons tegenhoudt of verdrukt. In maanlicht zwemmen is betoverend. In het ijskoude water neemt je eigen lichamelijkheid verregaand bezit van je en toch wordt je geest vrijgemaakt om wijd en zijd te reizen voorbij grenzen of beperkingen die je jezelf hebt opgelegd. Het is een prachtige gewaarwording om te voelen hoe mijn huid gewassen wordt en door zout gezoend. Net als de vogels verliezen de viervoeters hun angst voor je wanneer je in het water bent en benaderen ze je anders; dat deel van mij dat een dreigend roofdier is, is onschadelijk gemaakt. We komen elkaar hier tegen en die paar kostelijke minuten lang ben ik, ook al lig ik levend en wel te ademen in de golven, onzichtbaar. Ik tuur naar de schimmen van de herten die zich scherp aftekenen tegen de heldere marmeren kuststrook. De sterke spieren in hun nekken spannen aan als ze hun trotse koppen optillen om de wind aan de rand van de zee op te snuiven terwijl ze hun lange voortanden, wit als botten, ontbloten.

Ik heb herten nog nooit van zo dichtbij gezien. Het water is donker, glanzend en fluweelzacht. Nu de zee zuchtend over mijn vel kabbelt, is mijn mensengeur niet te ruiken, maar met de wind die van achter hen komt proef ik nog een zweem van hun onwelriekende muskusgeur. Die is zoet, sterk en scherp, als vochtige bladeren die tot vet, fijn slijk fermenteren. Ik kan hun raspende adem de lucht horen verzengen. Het is een hoog, ruig, wild geluid op zoek naar alles wat op gevaar duidt. Ik vraag me af of herten zowel mensenadem als onze huid kunnen ruiken.

Eén hinde houdt halt, spitst de oren, tuit de lippen, de blik strak gericht en kijkt een ogenblik naar mijn bleke huid die in het water drijft. Wat ziet ze? Ik verroer me niet, laat alleen de golven me optillen en vasthouden zodat alleen mijn donkere hoofd en ogen te zien zijn, rustend op de rand van het tij. Als onze blikken elkaar kruisen, spert ze haar neusgaten, gaan de lippen van elkaar alsof ze alarm wil briezen. Ik laat mijn schouders afhangen, ontspan mijn ogen. Niet genoeg om alleen waarneming aan te geven en geen waakzaamheid, maar wel om mijn intentie te neutraliseren zodat ze mijn aanwezigheid niet zal bespeuren of als een dreiging zal zien. Als ik uitademend mijn longen leeg, zakt mijn drijfvermogen en glip ik zachtjes onder het oppervlak. Langzaam gaat haar hoofd weer omlaag en knabbelt ze aan het zilveren gras op de oever. Terwijl ik heen en weer dobber met het tij, zie ik dat ze een jong zoogt.

Deze schuwe, prachtige beesten boeien me al evenveel jaren als ze me weten te ontsnappen. Ze trekken me enkel aan om dan weer weg te stuiven en in hun geheime achterland van aarde, blad, knappende tak en verende heide op te gaan. Ik ben vol ontzag voor hun veerkracht. Dit jaar heeft er een bruut, bloederig afschot plaatsgevonden dat hun aantal gedecimeerd heeft; een particulier georganiseerde afslachting ten behoeve van de bescherming van nieuw aangeplante bomen op een marginaal aantal kleine crofts en boerderijen. Een kudde van dertig beesten is teruggebracht tot een schamele vier hindes. Ik heb geluk dat ik deze ontsnapten zie. Nu achteraf zijn ze op hun hoede.

Ooit was het eiland bedekt met bomen die de herten beschermden in hun rijke struikgewassen. Ik heb met een scherpe kling mijn eigen weg gekapt door vergeten of verloren paden die terugvoeren naar een andere wereld van mythes, legendes en volksgeloof. Oude teksten prijzen de geweien en hoorns van de inheemse herten als robuust gerond, schroevend van groei en even indrukwekkend als die van de eland. In de tijden van weleer waren de herten de heilige hoeders van dit eiland, werden ze vereerd vanwege hun sjamanenkracht. Hun geweien verhieven zich naar de hemel, kroonden de aarde en vormden zo een symbool van geestelijk gezag. Terwijl de bomen als timmerhout, halffabricaat en brandstof werden geveld en verbrand, raakten de herten hun habitat kwijt. Daarmee raakte het eiland misschien wel zijn oude wijsheid en oeroude hart kwijt.

Tegenwoordig blijken de herten, wanneer ze terugzwemmen naar het eiland, vogelvrij te zijn verklaard. Schuw en angstig lopen ze rond. Diep vanbinnen verwelkom ik hen. 'Kom,' zeg ik zachtjes. 'De oude tijden zijn nog niet helemaal voorbij.'

Tijdens de jaren dat ik mij wijdde aan het volgen van hun stille paden, aanwijzingen vergaarde en naar een glimp zocht van hun verborgen maar dappere aanwezigheid, stuitte ik bij zonsopgang op hen, terwijl ze sluiks liepen te peuzelen in het hart van het eiland, in en uit het schemerduister doken en voortgedreven door een felle honger vrijelijk graasden. Zo'n zeldzame waarneming is in een paar minuten voorbij, aangezien ze maar al te vaak schrikken en wegvluchten, hoewel ze langer te bestuderen zijn als je stilletjes naar ze op zoek gaat en op afstand blijft.

Soms pluk ik een borstelig stukje vacht van het prikkeldraad en strijk ik met mijn vingers over de ruige toeven. Het haar is ruw, dik en stijf, ivoorwit en turfzwart als een staalborstel.

Het vergt oefening en volharding om herten door dit landschap te volgen. Een hoef van een hert is in drieën opgedeeld: de wandhoorn, de zoolhoorn en de straal, maar de voetafdruk die hij achterlaat bestaat simpelweg uit een halve maan tegenover nog een halve maan in twee sierlijke helften. Hun sporen zijn groter dan de gekloven wiggen van een schaap en bezaaid met donkere, opgezwollen keutels, die groter en harder zijn dan die van andere herkauwers. Het duurt een tijdje voor ik doorheb wat plotseling erg voor de hand ligt. Overdag zijn mijn ogen gesloten voor hun heimelijke strooptochten, terwijl in het donker het eiland tot leven komt met zacht geritsel en vertrappen van sprokkelhout en een hijgende, flakkerende asem. Tijdens mijn avondwandelingen over het eiland trippel ik zachtjes rond met gespitste oren en de ogen wijd open voor een glimp van hun donkere gestaltes. Nu ik geleerd heb mijn ogen te laten acclimatiseren aan het donker, brengt nachtzicht me een partituur van schaduwen die resoneert met een doorlatende klank.

Wanneer je jezelf onttrekt aan het lawaai van de moderne wereld, ontdek je niet alleen maar een innerlijke wereld, maar ook een diep bewustzijn van de instincten die we zijn kwijtgeraakt. Daarop afstemmen vergt tijd en stilte. Met al onze zintuigen aanwezig zijn geeft ons de kans ons de wereld anders voor te stellen en er anders te wonen. Deze intuïtie ligt te rusten in ons allemaal. Als we daarmee in verbinding komen, kunnen we onze wildere instincten en ons diepere ongeremde zelf aanboren.

Na een tijdje wordt het een tweede natuur. Onze eigen lichaamstaal aanpassen vereist oefening, maar het kan worden geleerd door zorgvuldige waarneming waarmee we een zeker begrip van dierengedrag rijker worden, en met vallen en opstaan zodat we de kans krijgen dichter bij een heleboel soorten te komen. Dagelijks met dieren werken is een prachtige manier om een andere zienswijze in je blik te laten sijpelen en je bewustzijn ervan te doordrenken.

Ik hoop dat ik op een dag de herten zal kunnen benaderen, hun gedrag kan bestuderen en een rol kan spelen in het zoeken naar manieren waarop we allemaal samen op dit eiland kunnen wonen en gedijen. In de oude overlevering is een hert dat je pad kruist, in lichamelijke vorm of in een droom, een heilige boodschapper. Het is een verschijning die naar men zei mededogen zou wekken. De hertengeest staat voor het overwinnen van hindernissen met vreedzame middelen ten overstaan van de aarde en al haar elementen en seizoenen. Bij elke jaarwende betoon ik de herten eer. Ik ben eraan gewend geraakt door dicht bij de ruige elementen en de wereld van de natuur te leven om deze oude overtuigingen, rites en rituelen te eren. Dat helpt me om mijn blik te verruimen en te blijven openstaan voor nieuwe manieren om intuïtief, lichamelijk en geestelijk in verbinding te staan met alles wat wild is om ons heen en binnen in ons.

Ik sta op de boot terug uit Oban. De zee is levendig en de vloed maakt het water dieper. Daarboven begint de lucht te donkeren terwijl het zachte schemerlicht op de golven valt. Ik ben onderweg naar huis van mijn adoptie-afspraak. Er is nog een lange weg te gaan, maar het is een begin en elke reis moet met één moedige stap beginnen. Ik weet dat ergens in de wereld een andere stem op de mijne wacht. Ik adem de glinsterende zoute nevel in en bedenk hoe verfrissend, opbeurend en stimulerend verandering is.

De meeuwen gaan er weer op uit. Ze komen aanwaaien met een zuidoostelijke wind. Maar ze vliegen tegen de wind in en laten zich er niet op meedrijven, wat mij vertelt dat ze op zoek zijn naar een rijke visgrond of een veilige haven. Het doet me denken aan toen ik voor het eerst naar het eiland kwam, op reis en op zoek naar een anker aan de overkant van een onbekende zeepassage. Ik weet dat ik na die eerste, prachtige, moeilijke tijden nu veel verder ben gekomen en ik besef dat ik al die stralende, zware jaren stuk voor stuk mijn dank ben verschuldigd. Alles moet kapotgaan om zich te kunnen vernieuwen.

De opgewekte kreten van de meeuwen, vlekken veren en stralende rinkelende klanken verstrengeld in de met zon gevulde netten van een vissersboot, dat is in een notendop hoe vrijelijk en alom de wilde natuur aan ons wordt geschonken. Toch vergeten we dat vaak terwijl we op deze aarde rondlopen, slaan we nooit onze ogen op om naar haar open kansen te kijken. Van leven in de wildernis leer je om te kijken waar je je voeten zet, te luisteren, niet slechts met je ogen en oren maar met dat verfijnde instinct dat nog dieper in je zit dan je hart. Het enige wat moet gebeuren om ons los te knopen van alles wat onze verbinding verbreekt of ons leven uit onze prachtige aarde ontwortelt, is dat dierlijke instinct ontdekken. Ergens thuis zijn is uiteindelijk eenvoudig. En toch kooien we onszelf, onderwerpen we onze intuïtie aan onze rationele geest in onze worsteling met de alledaagse en existentiële zorgen die bijna alle aspecten van ons leven beheersen. Wat tijd reserveren om onze innerlijke eerste zelf aan te boren, dat deel van ons dat met onze omgeving resoneert, is de eerste stap naar de vrijheid die zovelen van ons ontgaat, op weg naar het terugwinnen van onze wilde geest en stem.

Luisterend naar de meeuwen stel ik me al die andere eilanden voor waarnaar die zilte lucht ze zou kunnen voeren, ver weg tot waar de lucht aan de zee raakt en nog een oneindige afstand verder. Als ik ze nu hoor, denk ik nooit meer dat ze in de rouw zijn, zoals ik in het begin dacht. Er is een tijd geweest dat ik ernaar snakte dit eiland te verlaten, maar een samenloop van omstandigheden legde me aan banden tot dat gevoel verdween. Onder het ronken van de motor keer ik me naar de kliffen, de stranden onderaan en de kleine, ongerepte inhammen die ik nu door en door ken, waar ik zoveel van houd. De golvende grassen van het eiland, zijn harde stenen aangezicht, heuvels en dalen staan in mijn hart gegrift, zijn zilte winden en woeste getijden hebben mijn lijf doordrenkt.

Vandaag de dag word ik waar ik ook sta, gewiegd door de ritmische stem van het land en het zuchten van de kabbelende, deinende zee die zich opent, naar mij toe en van mij af. 'Ik weet niet wat er komen gaat, maar ik ben er klaar voor,' prevel ik. Terwijl de meeuwen luid krijsend over het glinsterende water zweven om de lucht te klieven naar de contouren en beschutting van het eiland, kijk ik naar de lege luchten waar zij hun opgewekte, rauwe kreten doorheen rijgen. Ik houd mijn armen omhoog en roep naar de wind. Mijn stem verenigt zich met die van hen, slingert zijn eigen wilde kreet over de golven.

Ik kan niet weten wat de toekomst in petto heeft, of wie er misschien komt om met mij op te lopen. Op sommige dagen vraag ik me af of ik voorbestemd ben hier altijd alleen te blijven, een eiland in een zee van afzondering, of dat op een dag een handje zich zal uitstrekken om zich vast te houden aan de mijne. Wanneer ik mijn ogen dichtdoe, zie ik ons schelpen uitzoeken op het strand, of natte emmers vullen met kokkels voor het avondeten, of onze armen naar de golven opsteken en naar de meeuwen roepen. Soms hoor ik in gesprek met mijn eigen lage stem een andere hogere stem die zijn eigen verwonderde vragen zingt terwijl we samen alle geheimen ontdekken die ons prachtige eiland herbergt.

'Elk eiland wordt vastgehouden door zijn zee,' zeg ik zacht tegen de wind. 'En op een dag die niet ver weg meer is, zal je prachtige tij mij komen halen.'

Dank

Bij het schrijven van dit boek heb ik veel steun en bemoediging gehad van vrienden: eerste inspiratie van Antoinette Wysocki; een vroeg gesprek met mijn goede vriend Tree Sheriff; de ongelofelijke steun van Eleanor Mills, die ook al vroeg pleitte voor mijn werk. Hun liefde en ondersteuning kwamen op een tijd dat die er echt toe deden, en waarzonder dit boek misschien wel nooit zou zijn geschreven.

In het bijzonder wil ik mijn agent, Sarah Williams van het Sophie Hicks Agency, bedanken voor haar toewijding, zorg en opmerkelijke manier om te bewerkstelligen dat ik terug bleef gaan naar het rauwe verhaal, dichter naar een aantal waarheden trok die moeilijk waren om onder ogen te zien en al helemaal om te vertellen. En voor de ongelofelijke steun, begeleiding en expertise van mijn uitgever Susanna Wadeson, redacteur Helena Gonda, bureauredacteur Caroline North, publiciteitsmedewerker Tabitha Pelly en het hele team van Transworld. Dit is ons boek – ik heb veel geluk dat ik zo'n familie heb gevonden om mee samen te werken en zo'n prachtig huis om het bij onder te brengen.

Dank je, mijn beste Rab – voor die zware, prachtige eilandjaren en voor je grootmoedigheid, herverbinding en vriendschap, ontstaan door het samen lezen van dit boek.

Mijn dank ook aan de eilandgemeenschap, voor de goede momenten en voor die die tot problemen en strijd leidden. Jullie unieke invloed heeft een grote rol gespeeld bij het helpen vormgeven van wie ik ben en het ontdekken van mijn stem. Om het eiland mijn thuis te noemen. En te weten dat ergens thuishoren voor ons allemaal een andere weg is.

Liefs en dank, Jane Garrett en de vrouwen van de retraite My Heart is in the Highlands aan wie ik een eerste versie voorlas. En mijn dank aan Achara Tait en familie en aan Georgina Martin voor jullie vriendschap en omdat jullie je radar op het westen bleven richten; en aan Sarah Belfield die me opbeurde.

En aan al mijn andere hechte constellaties van liefde, inspiratie en steun. Mijn bijzondere dank aan Damian en Tassya, en aan mijn familie, aan Elena Bonham Carter, voor je prachtige hart en wijsheid, en vooral aan David en Ginnie Ogilvy, Liz Baring en familie – gewoon omdat jullie er zijn.

Het meest heb ik geput uit de natuur om mij heen: de woeste zee, de ruige elementen, de sterke bergen, de wilde dieren en planten en de veranderende seizoenen. Prachtige momenten – daar alleen staan, kracht en moed uit deze bron putten, zien hoe de zon opkomt en het tij zo verwelkomend aan komt rollen – hebben me geholpen weer mijn plaats op de wereld te vinden.

Bovenal is dit boek opgedragen aan Cristall die mijn inspiratiebron was. En aan Maude, mijn geliefde hond, vriend en trouwe metgezel die altijd aan mijn zijde is geweest.